STRATEGIC ANALYSIS
HITOTSUBASHI MBA PROGRAM KUNITACHI

一橋MBA
戦略ケースブック

沼上 幹
＋
一橋MBA戦略ワークショップ
著

東洋経済新報社

はしがき

アベノミクスによって、日本経済が活況を呈し、本格的な発展軌道に乗るのか、それとも一時的な効果しか得られずに、あっという間に失速してしまうのか。いや、それどころか、投資が活発になっているように見えるだけで、その他の実質面では短期的な効果すら出ていないという声も聞こえている。日本経済の行く末にはいまだに不確実性がつきまとっているということであろう。

その不確実性の源泉は、もちろん国際経済の状況などもあるが、このマクロ経済政策の下で日本の企業経営者たちがどのように行動するかというところにもある。マクロ経済がどのように推移するのかは、単に金融政策や財政政策に依存するばかりではなく、経営者たちがどのような意思決定を行ない、どのように経営管理をするのかに依存しているのである。

ここでいう「経営者」とは、大規模企業のトップばかりではない。中堅企業・中小企業のトップ・マネジメント、大企業の中の事業部長やプロダクト・マネジャーなども、「経営者」層の厚みを構成する人々である。さらには、目の前にあるビジネス・チャンスを活用して、環境の機会と脅威を自社の強みと弱みに結びつけて考え、なすべき活動の選択肢を生成し、それを選び取っていく、という作業をしているすべての人が、何らかの意味で「経営」をしている人である。そういった「経営者」層がどれほどの力量をもっているのかが、その国の経済の底力を規定していると考えられる。

経営者の力量は、最終的に経営意思決定の現場でどれほどの経験を積むかに依存している。だから、本を読んだからといって即座に経営者の力量が高まるわけではない。しかしながら企業の意思決定の現場にいる人々が日々の意思決定を通じて、現実の体験からどれだけ体系的に学んでいくことができるかという点は、明らかに概念とフレームワークを学んでいるかどうかに依存する。もちろんすべての概念とフレームワークを自作するという手もあるのだろうが、実際には過去に蓄積されたものを活用し、そこに自分なりのアレンジを加えていったほうがはるかに効率的である。しかも、特定の業界のみで使える概念とフレームワークではなく、多様な業種で活用できるという一般性という点でも、

過去に蓄積され、時代を経て多様な業種の経験を通じて篩にかけられ、生き
残ってきた概念には価値があるはずである。

　しかし、その種の概念とフレームワークは簡単には身につかない。どのよう
な道具も自分で使ってみて初めて体になじんでくるように、経営の意思決定の
ための概念とフレームワークも自分で何度も使いながら自分の頭になじんでく
るものである。本を読んだだけでは、「知っている」かもしれないが「使える」
にはならない。プラクティスを繰り返さないとならないのである。そのプラク
ティスを繰り返すには、見本があるとよい。自ら分析を繰り返して戦略思考力
を鍛えようと思っている人が、まず初めに見本として参考にする分析例を示す
ことが、この本を作成した基本的なねらいである。

　本書はまさにこのプラクティスの結果として生成してきた本である。現実と
理論の絶え間ない往復運動を厳しく繰り返し、その結果として到達した分析結
果がここに盛り込まれている。これから経営者へと成長していきたいと考えて
いる若きビジネス・パーソンにとって、戦略思考のプラクティスを始める上で
役立つ見本例が多数収録されているはずである。残念ながら今から見本を見て
プラクティスを始めても、学習の効果が顕れるには時間がかかるから、アベノ
ミクスの効果を底上げするのには間に合わないだろう。しかし、日本経済はア
ベノミクスだけで発展するわけではない。日本経済が長期的に健全な発展を達
成する基盤を構築するためには、戦略思考力の高いビジネス・パーソンが日々
増え続け、分厚い人材層を形成していかなければならない。このストラテジス
トたちの層を長期的に厚く創りあげていくことを著者たちは期待している。本
書を通じて、日本の次世代の経営者層の厚みが一層充実していくことを心から
祈っている。

　　2015年1月　国立にて

　　　　　　　　　　　　　　　　　　　　　　　　　沼上　幹

目次

はしがき　iii

序　章　戦略思考力の高度化をめざして　　1

第1章　エコシステム全体をとらえる　マーケティング戦略　　7
──食器用洗剤及び衣料用洗剤を事例として

第1節　P&G参入による食器用洗剤市場の激変　9

第2節　P&Gのマーケティング戦略の分析　12
1　ジョイのマーケティング戦略　12
2　ジョイ発売後の競争の分析　19

第3節　食器用洗剤とは異なる展開を見せた衣料用洗剤市場　26
1　食器用洗剤市場との類似性　26
2　食器用洗剤市場との相違点　30

第4節　衣料用洗剤市場におけるマーケティング戦略　36
1　液体洗剤市場におけるP&Gのマーケティング戦略　36
2　液体洗剤市場での競争の分析　38

第5節　まとめ　48

第2章　縮小市場における成長セグメントの　取り込み　　53
──大和ハウス賃貸住宅事業の二重のマーケティング戦略

第1節　大和ハウス賃貸住宅事業の成長　53
1　大和ハウスと積水ハウスの企業間競争　54

第2節　二次顧客 (居住者) に対するマーケティング・ミックス　61
　　　　1　二次顧客 (居住者) に対する4つのP　61

第3節　賃貸住宅事業のSTP　66
　　　　1　賃貸住宅市場の縮小　67
　　　　2　都市部単身女性世帯へのターゲティング　69
　　　　3　一次顧客 (土地オーナー) に対するセグメンテーション　72

第4節　一次顧客に対するマーケティング・ミックス　77
　　　　1　一次顧客に対する4つのP　77

第5節　まとめ　82

第3章　顧客のトレンドの変化と市場動向　87
　　──生命保険業界の深層構造

第1節　2つの指標による2つの見方　88
　　　　1　保険契約高で見る悲観的見方　89
　　　　2　収入保険料で見る楽観的見方　90

第2節　人口動態分析による市場縮小傾向の解明　93
　　　　1　生命保険市場拡大の要因　93
　　　　2　コーホート分析から見た生命保険加入行動　96
　　　　3　増加する単身世帯の市場と生命保険市場の今後　111

第3節　「若者」「医療保険」と親和性が高いインターネット生命保険　113
　　　　1　インターネット生命保険とは　114
　　　　2　ペントアップデマンド消失による一時的成長の鈍化　116
　　　　3　インターネット・チャネルに対する顧客の意識　120

第4節　まとめ　124

第4章 造船業界における市場地位別の
競争戦略分析　129
──水平分業化進行の可能性

第1節　市場地位別の分類　131
- 1　本章の分析対象企業　131
- 2　各社の業績の推移　132

第2節　造船業界の概観　136
- 1　成長期から低迷期へと転換しつつある造船市場　136
- 2　船の種類・大きさと付加価値の関係　139

第3節　造船市場における市場地位別の競争戦略分析　143
- 1　リーダーとチャレンジャーの戦略分析　143
- 2　低付加価値分野に集中する名村造船所の戦い方　153
- 3　海洋市場で特異なポジションをとる三井海洋開発　156

第4節　造船市場の変化が海洋市場に与える影響　159

第5節　まとめ　161

第5章 ネット通販の普及による
利益ポテンシャルの変化　167
──宅配便業界

第1節　宅配便業界の業界構造分析　174
- 1　既存企業間の対抗度──寡占化による高い安定度　175
- 2　新規参入の脅威──高い参入障壁　177
- 3　買い手の交渉力──強まる「超」大口法人の影響力　180
- 4　代替品の脅威──目に見えない代替も　181

第2節　ネット通販の普及に伴う利益ポテンシャルの変化　182
- 1　ネット通販業者の物流拠点設立ラッシュ　182
- 2　ネット通販物流拠点設立による配送プロセスの変化　184
- 3　配送プロセスの変化による代替可能業者の増加　187
- 4　宅配便業者の利益ポテンシャル低下　189

第3節　大手宅配便業者の動きと今後の展望　190
　　　1　佐川・ヤマトによる値上げ交渉が示す"現在"の力関係　190
　　　2　業界構造変化への対応策　191
　　　3　ま と め　195

第6章　コンビニエンスストア業界の
二極化要因
199
　　　——セブン–イレブン優位の構造分析

第1節　フランチャイザー企業の財務分析　201
　　　1　売上高総利益率の比較　203
　　　2　売上高販管費率の比較　208
　　　3　ま と め　213

第2節　コンビニ業界における4つの競争　214
　　　1　良循環と悪循環による格差拡大　217
　　　2　急速な上昇が予測される業界集中度　223

第3節　まとめ——若干の可能性の考察　226

　　　事項索引　229
　　　企業名索引　233
　　　執筆者紹介　234

序章

戦略思考力の高度化をめざして

　戦略という言葉はすでに一般化し、多くの企業人が「戦略的に考える」ことの大切さを意識するようになってきた。しかし、言葉の上では、「戦略的に考えることが重要だ」と認識していたとしても、実際にはその言葉を語る人々の間では、「どのように考えることが戦略的なのか」という点で意見が一致していないことが多い。

　その典型例は、「戦略なんて実は本質的にはシンプルなのです」というような発言に見られる。いろいろ複雑なロジックを展開する議論に嫌気がさした実務家が、「そんなくどくどしいものは使えない」と思って発する言葉であろう。

　実際、組織で実行することまで考えれば、戦略がシンプルに表現されなければならないことは明らかである。複雑なロジックの体系として戦略を提示しても、多くの組織メンバーが理解できないようなものでは、戦略の実現が難しくなる。実現できない戦略など、考えるだけ時間の無駄であるから、組織メンバーが皆で理解できて、組織的な連動が実現できるように戦略的ストーリーを単純化することは必須である。

　しかも、そもそも、「戦略の本質はシンプルだ」という言葉はトートロジー（同語反復）的でもある。「本質」というのは、いろいろ複雑なことを煎じ詰めて最後に残ったもののはずだから、本来シンプルでないとならないはずなのである。戦略がまだ複雑であるとすれば、まだ「本質まで煎じ詰めていない」からであり、もう一段「本質まで煎じ詰めれば」、必ずシンプルなものになるはずだと皆が定義的にみなしているのである。トートロジーだから意味がないと

主張しているのではない。むしろ、「単純なメッセージとして人に語れるところまで、本質を突き詰めて考えよ」という指針は戦略家にとって意義深いものだと思われる。

　最終的に表現され、皆に伝えられる「戦略」は「シンプル」でなければならない。組織メンバーの連動を確保し、組織力を発揮する上では「シンプルなメッセージ」になっていることが不可欠だからである。徹底的に思考して、その単純化された本質へと純化していかなければならない。その点に疑いはない。

　しかし、ここで誤解してはならないのは、最終アウトプットとしてめざすべき戦略的ストーリーが単純であるとしても、そこに至るまでの作業が全部単純だということにはならない、ということである。たどり着くべき到着点が単純なら、それを明らかにするための思考もまた単純でよい、ということにはならない。戦略の本質に向かう単純化のプロセスを進めるためには、複雑な概念やフレームワークが必要であり、それ抜きでは、思考のプロセス自体が混乱し、あれほど望まれた「シンプルな本質」に到達できないのである。戦略は「本来は単純なのに、それを（間違って）難しく考えるからわからなくなる」というたぐいのものではない。本来的に難しい思考作業を経て、「シンプルな本質」を生み出していくものなのである。

　戦略というのは、そもそも、組織のメンバーに進むべき方向を指し示す基本方針のようなものである。だから、組織が直面している状況を分析し、どこに皆の努力を集中するべきかを示さないとならない。そのためには、組織の直面している現実がどのようなものであり、何が背後のメカニズムなのかを把握する作業が決定的に重要である。

　現実は複雑であり、日々変動している。その一見複雑な現実の背後にある本質的なメカニズムを解明する作業がまず行なわれ、その「本質的なメカニズム」の理解に基づいて、組織メンバーの力を一点に集結するべく「シンプルな戦略的シナリオ」が提示される。この作業自体も、シンプルなものに向かっていく作業ではある。現実が複雑だからといってそのまま複雑に記述するのではなく、その本質的に重要な部分がどうなっているのかを明らかにするのだから、分析の結果として出てくる現実の理解は、初めに見た「現実」よりもはるかにシン

プルにはなっているはずである。

　しかし、分析プロセス自体は単純でシンプルではない。分析作業を進める際には試行錯誤の連続であり、多様な概念を援用して、「ああでもない、こうでもない」と目の前の霧を晴らすための思考の冒険が繰り広げられる。自分なりの答えにたどり着き、その後、実行を経て過去をふり返ってみると「なんだ、こういうことだったのか」と思い返すことになるから、その時点では「戦略はシンプルだ」と思うかもしれない。しかし、その分析の最中に使われる思考法は複雑であり、その複雑さをうまく管理する諸概念とフレームワークがなければ思考は発散するばかりであり、とても単純化の作業を進めていくことはできない。たとえ戦略分析の概念が面倒で、フレームワークが複雑なものに見えたとしても、それらを抜きにして「シンプルな本質」への旅をうまく切り抜けることはできないだろう。その意味では、分析のプロセスを混乱から救うためには、一見複雑に見える概念とフレームワークを丹念に学び活用していかなければならないのである。

　複雑な現実を整理し、解明していくための概念的道具を経営戦略論は多数提供してきた。市場全体を、比較的同質的に反応する市場部分へと分解するセグメンテーションや、それに対応して対応策を整理するマーケティング・ミックスのフレームワーク、業界の利益ポテンシャルを見極めるための5つの競争要因（ファイブ・フォーセズ・モデル）、あるいは補完的プレーヤーまで含めたシックス・フォーセズ・モデルなどはその典型であろう。これらの一見面倒なお作法を学ぶことは、複雑な現象を単純化していく思考作業のために非常に有益である。そもそも基本的な概念をもたなければ、非常に複雑な現実の状況に圧倒されてしまうはずである。われわれは経営現象を整理するのに有用な概念とフレームワークを手に入れることで、初めて世界を整序でき、問題に直面していることを認識できるようになる。

　しかし、概念やフレームワークは、「知っている」というだけでは複雑な現実を整理する概念的道具として有益さを発揮できない。それを「使える」というレベルにまで自分自身の戦略思考力を高める必要があるのである。「知っている」ではなく「使える」というレベルに到達するには、実際に自分で何度も使ってみるしか手はない。日々、市場のセグメンテーションを繰り返し、ファ

イブ・フォーセズ・モデルで業界の利益ポテンシャルを分析する実践を重ねる必要がある。その実践を重ねるためには、何かお手本あるいは見本のようなものがあると初めの一歩を踏み出しやすい。そのような分析の実践を繰り返しながら概念とフレームワークを身につけようと考えている読者に対して、具体的な見本例を提供するのが本書の基本的なスタンスである。より具体的にいえば、本書は戦略論の概念とフレームワークを使って以下のような企業や業界を分析している。

　まず第1章では、花王とP&Gの洗剤におけるマーケティング戦略が分析される。花王は台所用洗剤の市場では、かつてP&Gに大きくシェアを奪われたが、衣料用の洗剤ではP&Gの攻撃的なマーケティング戦略に対して有効な対抗策を繰り広げ、市場シェアを防衛することに成功している。この両者の競争を、台所や洗濯機、部屋干しなど、それぞれの製品が使われる補完的な製品や空間のコンテクストまで視野に入れることで分析を行なう。いわば、商品が使われるエコシステム全体を視野に入れて、マーケティング戦略を分析する、ということである。

　第2章では、大和ハウス工業の女性向け賃貸住宅に見られるマーケティング戦略を分析する。大和ハウスの業績が近年好調である理由のひとつは、同社が女性向け賃貸住宅の建設で優位に事業を展開していることである。単身女性向けの賃貸住宅という事業は、①単身女性という最終顧客と②その賃貸住宅を建設し運営する土地オーナー（施主）という2つの市場を同時に視野に入れて取り組まないと適切な商品設計ができない。同社はまさに2つの市場でそれぞれ的確なセグメンテーションを行ない、その両者に適合するマーケティング戦略をとってきたがゆえに成功してきたのである。

　これに続く第3章では、国内の生命保険市場のトレンドが分析される。現在、国内の生命保険市場はすでに成熟しているという見解と、いやまだ成長しているという見解が両方存在している。この両者の見解の検討を皮切りにして、コーホート分析（ここでは世代別の集団に注目した市場トレンドの分析）を行なうと、生命保険市場は成熟していると解釈するのが適切であること、またネット生保が実際には今後脅威になりえることが明らかになる。洗剤や賃貸住

宅のように形のある商品とは異なり、生命保険という形のない商品はこれまで戦略分析の対象としては頻繁には取り上げられることはなかった。しかし、本章を読めばわかるように、このような商品でも戦略的な市場の分析が可能であり、また有用であることが明らかになるはずである。

第4章では、逆に非常に重量感のある製品分野を取り上げ、企業間の競争戦略の分析が行なわれる。造船業界の国際競争がテーマである。第4章では、主として現代重工業という世界最大の韓国造船会社に対して、差別化をして追随するチャレンジャーのサムスン重工業、低価格のニッチ戦略をとる日本の名村造船所や独自の製品分野に特化する三井海洋開発などのニッチャーの打ち手を分析していく。その結果、リーダー企業がフルライン・フルカバレッジ戦略をとると業界が過剰生産能力をもつことになり、その結果、その後の水平分業が発達する可能性がある、という業界全体の変化について示唆が得られる。

第5章は、ネット通販の成長に伴って大きな変化を経験しつつある物流企業に焦点を当て、業界の構造分析法（シックス・フォーセズ・モデル）を用いて分析を行なっている。一見、ネット通販が発達すると物流企業の需要が高まって、物流企業の業績が良くなりそうだが、業界の構造分析法を用いて分析を進めていくと、ネット通販企業と物流企業の間で利益ポテンシャルの激しい奪い合いが行なわれていることが明らかになる。ネット通販業者は大規模な倉庫投資を行なって、特定の物流業者への依存度を減らして利益を増加させようとし、物流業者は独自の投資によって中堅・小規模通販業者などが自由に使えるインフラづくりをめざし、利益ポテンシャルを維持しようとしている。需要は増加傾向にあるとしても、物流業者は危機に直面しているということもできるのである。

最終章（第6章）では、コンビニ業界の構造分析が行なわれる。特にセブン-イレブンと下位チェーンとの経営状態が大きく異なることに注目し、コンビニ業界には良循環・悪循環のメカニズムが作用していることを明らかにする。とくに重要なポイントは、コンビニ業界が、最終顧客を獲得する市場競争と、優秀なフランチャイジー（店舗経営者）を獲得する市場での競争と、メーカーにPB（プライベート・ブランド）開発などを協力してもらう調達市場での競争という3つの市場での競争が相互依存しているということである。セブン-イレ

ブンは、良き立地・良きフランチャイジーの獲得という市場での優位性と、良き商品開発をさせるためのメーカーとの間での優位性と、最終顧客からの支持という3つの側面が良循環を形成している。

　これらいずれの分析も、典型的な顧客のニーズと商品の特徴をフィットさせればよい、というような単純な分析にはなっていない。個々の商品ではなく、それを含むエコシステムをとらえないとならないとか、複数の市場を結びつけて考えなければならないとか、競争相手の行動がもたらす長期的な意図せざる結果を視野に入れる必要がある、というように、分析に際して戦略家が視野に収めなければならない空間は広く、時間は長い。戦略家が最終的に組織メンバーに伝える戦略のメッセージは単純だとしても、そのメッセージを生み出すために戦略家が考えなければならないことは複雑化し、高度化している。複雑なリアリティーに直面しても、その背後のメカニズムをとらえ、シンプルな戦略的メッセージへと昇華させ、組織が決定的な一撃を加えられるようにするために、戦略思考力の高度化がぜひとも必要である。本書がそのための出発点を提供できれば、執筆者一同、望外の喜びである。

第1章

エコシステム全体をとらえるマーケティング戦略

——食器用洗剤及び衣料用洗剤を事例として

　本章の目的は、食器用洗剤と衣料用洗剤における各社のマーケティング戦略を分析することにより、差別化戦略の立案に当たっては、補完財も含めたエコシステム全体の変化を考える戦略的視野の広さがいかに重要であるかを示すことである。広域の戦略的視野を確保することが重要であることを示唆するべく、本章では、P&Gと花王、ライオンの競争戦略に関する2つの事例分析を行なう。2つとは、1990年代後半の食器用洗剤市場における競争の事例と、2000年代の衣料用洗剤市場における競争の事例である[1]。

　この2つの事例は、ある意味では対照的な推移をたどっている。食器用洗剤市場ではP&Gの挑戦が成功し、衣料用洗剤市場では花王とライオンによる防衛が成功したからである。

　食器用洗剤市場では、業界1位のライオンと業界2位の花王が70％程度のシェアを維持してきたが、1995年にP&Gがコンパクトタイプの「ジョイ」を投入し、それからわずか3年後の1998年には同市場でシェア1位を奪取することに成功している[2]。

---

[1] 食器用洗剤については、手洗い用のみを分析対象とし、食洗機用洗剤は対象としない。なお、1990年代の食洗機の普及率は10％以下であり、手洗い用洗剤への影響はほとんどなかったものと考えられる。また、衣料用洗剤については、おしゃれ着用洗剤は分析対象としない。

[2] コンパクトタイプとは、それまで主流であったレギュラータイプの洗剤を2倍に濃縮した洗剤で、一般的な容量は300mℓ程度、メーカー推奨の使用方法は、水1ℓに対して洗剤0.75mℓを加えて薄めるものである。レギュラータイプとは、一般的な容量は600mℓ程度で、メーカー推奨の使用方法は、水1ℓに対して洗剤1.5mℓを加えて薄めるものである。なお、食器用洗剤や衣料用洗剤は、リニューアルによってたびたび名称が変更されているが、無用の混乱を来さないよう、本章では「一般的な呼称」または「剤型＋一般的な呼称」のように表記することを基本とする。

これに対して衣料用洗剤市場においては、P&Gのチャレンジがあり、そのチャレンジも一定の成果を達成してはいるのだが、それでもなお、最終的に花王とライオンが市場シェアを維持することに成功している。同市場では、2000年代に主流の剤型が、それまでの粉末から液体に代わるという大きな市場の変化が起きており、このタイミングでP&Gは他社に先駆けて液体洗剤に注力してシェア拡大に取り組んだ。しかし、P&Gは衣料用洗剤市場においては食器用洗剤のように大きくシェアを拡大することができなかったのである。

　「洗剤」という一見同じように見える市場で、P&Gから同じような挑戦が生じたにもかかわらず、なぜ、P&Gは食器用洗剤市場では容易にシェアを拡大できたのに、衣料用洗剤市場ではリーダー企業（花王）がシェア防衛に成功したのだろうか。これが本章で明らかにしようとする問いである。

　本章の結論を先取りすれば次のとおりである。食器用洗剤市場においては、水栓の変化（湯・シャワー等）など食器洗いを取り巻くエコシステムが大きく変化していたにもかかわらず、花王とライオンはそれを視野に入れた競争対応を行なっていなかった。そのため、P&Gはエコシステムの変化に合わせた差別化を行なって、その差別化製品に経営資源を集中投入し、シェアを大きく拡大することができた。これに対して衣料用洗剤市場においては、花王とライオンが洗剤だけでなく、洗濯機や部屋干し、柔軟剤などのエコシステム全体を視野に入れて競争対応したため、P&Gのチャレンジを退けることができたのである。

　本章では、まず第1節で、1990年代の食器用洗剤市場を概観し、この時期に新規参入してシェアを拡大することがいかに困難であったかを確認する。その上で、第2節で、P&Gが食器用洗剤市場においてシェアを大きく拡大できた要因をマーケティング戦略の視点から分析する。続く第3節では、2000年代の衣料用洗剤市場を概観し、1990年代の食器用洗剤市場との類似点と相違点を確認する。その上で、第4節で、P&Gが衣料用洗剤市場においてシェアを大きく拡大できなかった要因を分析する。最後に第5節では、これまでの分析をまとめ，戦略的視野の広さがいかに重要であるかを示唆して本章を締めくくる。

第1節―――――――――――――――――――――――――――――――――

P&G参入による食器用洗剤市場の激変

　本節では、1990年代の食器用洗剤市場を概観し、この時期にシェア逆転劇が生じたことがいかに興味深い現象であったのかを確認していく。

　1990年代後半の食器用洗剤市場においてP&Gは短期間でシェアを大きく拡大した。市場に参入した1995年にはわずか6％に過ぎなかったシェアが、その4年後の1999年には33％にまで、27ポイントも増加したのである。これに対して市場リーダーだったライオンは、同じ期間に36％から22％へと14ポイントもシェアを失っている。それまでの過去10年間におけるライオンのシェア変動がプラス・マイナス7％の範囲に収まっていたことを考えると、これがいかに大きな変化であったのかが理解できるであろう。

　しかも興味深いことに、このシェア大変動が起こったとき、食器用洗剤市場は成熟期にあり、しかも寡占化が進んでいた。成熟し、寡占化が進んだ市場では、一般的に考えれば市場シェアの大きな変動は起こりにくい。なぜなら、成熟期に入るとブランド選好も確立されて、それほど簡単にブランドスイッチが起こらなくなり、また寡占企業は暗黙のコミュニケーションを図って価格水準を維持し、市場での利益性を確保するように振る舞うというのが定石だからである。しかし、実際には、1990年代後半の食器用洗剤市場ではP&Gが参入から4年という短い期間で27ポイントもの市場シェアを獲得し、業界第1位へと上り詰めたのである。

　当時、食器用洗剤市場が成熟市場であったことは明確である。例えば、図1－1－1は食器用洗剤の市場規模と、そのうちのレギュラー洗剤とコンパクト洗剤の内訳の推移を示したものである。食器用洗剤市場は1980年代半ば頃までは成長していたが、その後は大きな成長は見られない。例えば1980〜85年までの年平均成長率（CAGR：Compound Annual Growth Rate）は4.1％であったのに対して、1985〜90年及び90〜95年の年平均成長率はそれぞれ－2.9％と－0.9％であった。明らかに、1990年代半ばには成熟した市場になっていたのである。

　同様に、食器用洗剤市場が寡占化の進んだ状況にあったことも、容易に確認

できる。図1-1-2にはメーカー別の市場シェアの推移が示されている。P&Gが市場に参入する直前の1994年には、花王とライオンの2社で70%ものシェアを占めていた。試みにハーフィンダール・ハーシュマン指数（またその逆数の等規模換算企業数）を計算してみると、1985〜94年までの10年間は、おおよそ0.3（3.3社）前後で推移している[3]。このように、寡占化が進んだ成熟期の安定した業界だったのである。

なお、歴史的に振り返って見ると、P&Gが同市場に初めて参入したのは1995年ではなく、1977年に一度同市場に参入し、その後撤退している[4]。この当時は市場が成長期（1975〜80年までの年平均成長率は14.3%）であったにもかかわらず、P&Gは売上げを大きく拡大させることができなかった[5]。1990年代は市場が成熟期であったことを踏まえると、教科書的にいえば、シェアを拡大させることは1970年代よりもさらに困難であったはずである。このような

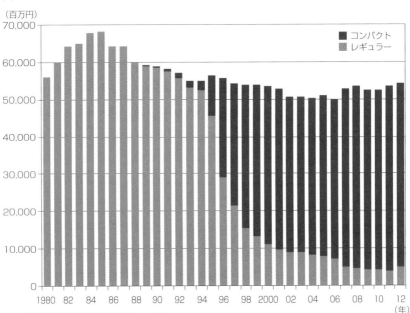

図1-1-1　食器用洗剤の市場規模推移

注：市場規模は2005年基準でデフレート済み
　　1993年以前のコンパクト洗剤の市場規模は年平均成長率を50%と仮定して推計
出所：富士経済『トイレタリーグッヅマーケティング要覧』各年版より筆者作成

背景を考えれば、やはり、このシェア逆転劇がこの時期に生じたというのは非常に興味深いことなのである。

図1-1-2　食器用洗剤の市場シェア推移

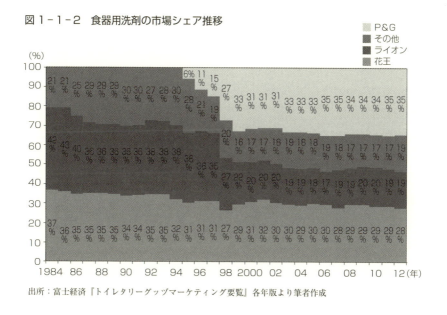

出所：富士経済『トイレタリーグッヅマーケティング要覧』各年版より筆者作成

---

3)「その他」のシェアの内訳がわからないため、日本石鹸洗剤工業会ホームページで2013年に食器用洗剤を製造していることが確認できた3社が「その他」のシェアを均等に占めていると仮定して算出した。この場合、ハーフィンダール・ハーシュマン指数は最小値が得られる。
4)富士経済『トイレタリーグッヅマーケティング要覧2012 No.3』p.15及び『日経産業新聞』1999年7月19日、p.15
5)年平均成長率の算出に当たり、市場規模は生産額を用い、1990年基準でデフレートした。なお、1977年以前は用途別の統計値がないため、1975年の生産額は、1978年の液体洗剤に占める食器用洗剤の比率から推計した。

第2節

P&Gのマーケティング戦略の分析

　本節では、P&Gの「ジョイ」が成熟市場においてシェアを大きく拡大できた要因をマーケティング戦略の視点から明らかにしていく。「マーケティング戦略の視点」とは、ターゲット・セグメントの特徴を明確にして、それとマーケティング・ミックスとを対応させて考えていくという分析のスタンスを指している。マーケティング・ミックスとは、ターゲット市場への働きかけの手段を総称していうものであり、プロダクト（Product）・プライス（Price）・プレイス（Place）・プロモーション（Promotion）という4つのPに分けて考えるのが一般的である。この4つのPとターゲット・セグメントのフィット関係を考察した結果、P&Gは「食器用洗剤を薄めずにスポンジに直接つけて使用する、比較的若い消費者」をターゲットに、高い洗浄力や除菌効果など、他社と差別化した洗剤に経営資源を集中投入したため、短期間でシェアを大きく拡大することができた、ということが明らかになる。

1 ジョイのマーケティング戦略

●ターゲット・セグメント──水回り、調理器具の変化

　P&Gが1995年に食器用洗剤市場に参入した際、「ジョイ」のターゲット・セグメントとして設定したのは、「食器用洗剤を薄めずにスポンジに直接つけて使用する、比較的若い消費者」である[6]。「食器用洗剤を薄めずにスポンジに直接つけて使用する」というのは、「洗い桶やシンクにはった湯や水に食器用洗剤を薄め、食器を浸け置きしてから洗う」という行動と対比されるものである。食器洗いの行動は、かつてはこの「浸け置き」が主流であった。しかし、1980年代以降、「スポンジに直接」が主流になってきた。図1-2-1には、食

---

6) ジョイの使用量の目安には「水1ℓに対して0.75mℓ」との記載がある。多くの消費者が洗剤を薄めずに利用しているにもかかわらず、他社製品も含めてすべての食器用洗剤に同様の記載がある。そのため、この記載は肌荒れを起こした消費者からの訴訟対策として書かれているものと考えられる。

器用洗剤を薄めずにスポンジに直接つけて使用する消費者の割合が示されている。同図に見られるとおり、「スポンジに直接」という消費者は増加をつづけ、1990年代半ばには70％以上を占めるまでに成長してきている。また、「スポンジに直接」という消費者の割合は、より若い世代に多く見られた。少し古いデータではあるが、1981年の調査時点で見ると、洗剤を薄めずにスポンジに直接つける消費者の割合は、全体平均が約55％だったのに対し、20代では約72％であった。この傾向はその後も進展していったと考えられる。若い世代を中心に「スポンジに直接」という行動が増加してきた背景には、洗剤を薄めた湯や水に食器や調理器具を浸け置きしておかなくても、簡単にそれらを洗い、すすぐことができるような水回りの変化や調理器具の変化があった。その環境に若い世代から順に行動習慣を適応させていったのである。

　例えば、「スポンジに直接」を促進する水回りの変化は、1980年代後半に急速に進んでいた。具体的には、シングルレバー水栓と呼ばれるワンタッチで水量や湯温の調節ができる操作性の良い水栓の普及が進み、水道の蛇口にシャワーが取りつけられるようになったのは特に80年代後半のことである[7]。図1 -2-2には住宅建築時期別のシングルレバー水栓普及率の推移を描いてある。戸建住宅や分譲の集合住宅では、1980年代半ばには50％台だったシングルレバー水栓が1980年代末から90年代初頭には70％を超えている。シングルレバー水栓が普及すれば、比較的容易に適温の湯を使うことができるようになり、食器洗いが容易になっていったはずである。食器洗いを容易にするシャワーも1980年代の末から普及していく。例えば、INAXがシャワーと整流吐水（通常の水流）の切り替えが可能なキッチン用の蛇口を発売したのは1988年のことであり、その後このタイプの蛇口が普及していった[8]。

　水栓が変化したばかりでなく、フライパンや鍋も洗いやすいものへと変わってきた点にも注目する必要がある。太平洋戦争前に発明されていたフッ素樹脂加工（例えばテフロン加工）は日本でも1960年代半ばから普及しはじめていたが、1970年代以降に用途が拡大され、1990年代には多くの調理器具に利用さ

7）主な水栓には、シングルレバー水栓のほか、湯や水それぞれにハンドルがついている単水栓やツーバルブ水栓などがあるが、シングルレバー水栓と比較すると操作性が低い。
8）LIXILホームページ「いいナビ」（http://iinavi.inax.lixil.co.jp/）

れるようになっていた[9]。

このように、台所の水回りや調理器具など、食器洗いを取り巻く環境が1980年代後半から大きく変化してきた。これら食器洗いを取り巻く補完財の集合をシステムとしてとらえ、やや大げさではあるが「エコシステム」と呼ぶとすれば、食器洗いを取り巻くエコシステムが1980年代後半から大きく変化し、その結果、浸け置きをしなくても食器洗いが行ないやすくなったほか、高濃度の洗剤が付着した食器を洗い流すことも容易になったため、洗剤を薄めずに直接スポンジにつけて使用する消費者が増加してきたのである。

社会全体として見ると1980年代後半から食器洗いのエコシステムが変化し

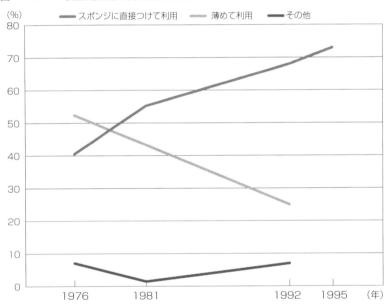

図1-2-1　食器用洗剤の使用方法の変化

注：1995年は、「薄めて利用」「その他」の割合を示すデータはない
出所：佐藤ひろみ[1979]、「台所用合成洗剤への一考案」『人間科学研究』第1号、pp.115-124、堀内雅子[1982]、「洗剤に関する消費者意識と残留洗剤について」『群馬大学教育学部紀要 芸術・技術・体育・生活科学編』第18巻、pp.39-51、吉川サナエ[1994]、「洗剤による手荒れについて」『川崎市公害研究所年報』第20号、pp.52-59、堀内雅子[1996]、「洗剤の消費実態と食器への洗剤残留」『群馬大学教育学部紀要 芸術・技術・体育・生活科学編』第31巻、pp.123-130 より筆者作成

---

9) 吉村[1978]及び金沢[1995]

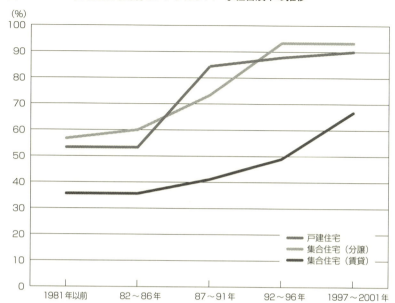

図1-2-2 住宅建築時期別のシングルレバー水栓普及率の推移

注：2013年に実施したアンケートにおいて、住宅の築年数と水栓の形式を問うた結果であるため、結果の一部はリフォームによるものである可能性がある
出所：八塚春子、井上隆、前真之［2012］、「水まわり空間を中心とした省エネルギー性と快適性に関する研究：第15報 水まわり空間に関するアンケート調査」『学術講演梗概集 2012（環境工学I）』、pp.601-602 より筆者作成

てきたととらえることができるが、個別消費者のタイプで見るならば、その変化は若い世代に多く見られたという点を指摘しておく必要がある。1人ひとりの消費者に注目して考えればわかるように、食器洗いのエコシステムが変化するのは、調理器具を新しく買い揃えたり、最新のキッチンを利用しはじめたりするタイミングである。このような変化が個人に生じるのは、比較的若い時期（20代～40代前半）に経験する就職や結婚、新居の購入といったタイミングにおいてである。そのため、この時期に「スポンジに直接」という行動の変化が見られたのは、若い消費者が中心だったのである。

ここまでの考察の結果、ターゲット・セグメントは「食器用洗剤を薄めずにスポンジに直接つけて使用する、比較的若い消費者」だととらえることができるであろう。このターゲット・セグメントのニーズに、4つのPがどれほどフィットしているかを確認し、その上で、そのフィット関係が競争相手との対

比・相互関係の中でどのように位置づけられるかを考えていくのがマーケティング戦略の分析である。まず4つのPとのフィット関係を分析していくことにしよう[10]。

● Product（製品）——「肌へのやさしさ」と「洗浄力」

　P&Gが投入した「ジョイ」は、それまで主流であったレギュラータイプの2倍の濃度をもつ濃縮型の洗剤であり、非常に強い洗浄力をもちながらも、肌にやさしい、という特徴をもつ洗剤であった。しかし、強い洗浄力と肌へのやさしさは両立しにくい。例えば、洗剤をアルカリ性にすると洗浄力が高まる。しかし、人の肌は弱酸性であるから、アルカリ性の洗剤は肌にはやさしくない。そのため、人の肌に触れることのない業務用の食洗機用洗剤はすべてアルカリ性であるが、花王やライオンの手洗い用の洗剤はすべて中性もしくは弱酸性である[11]。洗浄力と肌へのやさしさの間にはトレードオフ関係が見られ、花王とライオンは手洗い用の洗剤の場合、洗浄力よりも肌へのやさしさを重視する製品系列を揃えていたのである。

　しかし、「ジョイ」は独自の界面活性剤「MG」を配合することで、このトレードオフ関係をある程度克服することに成功した。この「MG」という界面活性剤は、他の界面活性剤と結合することによって大きな粒子となり、それによって強い洗浄力を発揮するという特徴がある。この「大きな粒子」になるという特徴が「ジョイ」の肌へのやさしさのカギである。界面活性剤の粒子が小さいと皮膚に浸透しやすくなるが、大きな粒子になると人の皮膚に浸透しにくくなり、その分だけ肌荒れを防ぐことができるようになるのである[12]。ただし、P&Gは「ジョイ」を弱アルカリ性にし、「肌へのやさしさ」を若干犠牲にしながら、洗浄力を高める方向に製品特徴を振っている。この点が「ジョイ」の特徴である。

10）ただし、本章では4つのPすべてを個別に確認することはせず、特筆すべきものに絞って分析を行なう。

11）日本石鹸洗剤工業会ホームページ「家庭用製品一覧表（2013年7月現在）」（http://jsda.org/w/00_jsda/9books_b.html）

12）『日経流通新聞』1995年3月9日、p.16

● Promotion（販促）──洗浄力強調の背景

「ジョイ」は強い洗浄力と肌へのやさしさという二律背反しがちな特徴を両方ある程度兼ね備えた洗剤であった。しかし、P&Gはこの2つの特徴のうち、洗浄力を優先した製品づくりを行ない、またプロモーションでもその洗浄力を前面に押し出していた。前述のとおり「ジョイ」も界面活性剤の工夫で肌荒れをかなりの程度抑えているのであるから、一見、その両者を同時に強調したプロモーションを行なうべきであるように思われるが、この時点でのターゲット市場を考えてみると、実はP&Gのとった選択が適切であったことがわかる。

まず第一に、洗剤を薄めずに、「スポンジに直接」という使用方法をとる消費者の中には、肌荒れを気にする消費者はそもそも多くはない。気にしているのであれば、「スポンジに直接」という行動を避ける傾向が出てくるはずだからである。しかも、実は、1960年代〜70年代に社会問題にもなっていた「食器用洗剤による肌荒れ」は、1990年代半ばには激減していた[13]。問題が激減していた理由は、洗浄力を維持したまま肌荒れを抑えたマイルドタイプの洗剤を各社が推進し、肌荒れの問題を解決してきたからである。実際、1983年にはマイルドタイプのシェアが80％にまで拡大していた[14]。

図1−2−3は、花王とライオンに対する食器用洗剤による肌荒れの苦情件数の推移を示したものである。この図から、1980年代に肌荒れを訴える消費者が大きく減少していたことが確認できるであろう。1980年代末以降も肌にやさしいという特徴をもった製品が新たに発売されているため、1990年代半ばには肌荒れを起こす消費者はさらに減少していたはずである。この時点で多くの消費者は、「スポンジに直接」という行動をとっても、肌荒れは起こりにくいと認識しているケースが多かったと考えられる。「肌にやさしい」というのは、いわば消費者の要求水準をすでに超えるほどに進化していた。それゆえに、「肌にやさしい」というのは一部の消費者には訴求できたとしても、多くの消費者には魅力ある特徴として映らなかったはずである。そのため、洗浄力を前面に

---

13) 日本石鹸洗剤工業会ホームページ「手肌をいたわる『台所用洗剤』」(http://www.jsda.org/w/03_shiki/daidokoro_ca228.html)

14) 日本石鹸洗剤工業会 [1992]、『油脂石鹸洗剤工業史 − 1980年代の歩み −』

押し出したプロモーションが追求されたのである。

具体的にP&Gが採用した手法は、タレントが消費者宅を突然訪問し、消費者宅のキッチンで、高い洗浄力を実感してもらうインパクトの強いテレビ・コマーシャルであった。このテレビ・コマーシャルでは、油で汚れた皿にジョイをつけた手で触れると、その部分だけが真っ白になる映像を組み込み、その洗浄力の高さを消費者に印象づけた[15]。

なお、P&Gがこのように「肌へのやさしさ」に訴求力がないと想定して洗浄力を前面に押し出していたのに対し、花王とライオンは、肌へのやさしさを訴求した製品を開発し、プロモーションにおいてもその点を強調していた[16]。

図1-2-3　花王とライオンに対する食器用洗剤による肌荒れの苦情件数の推移

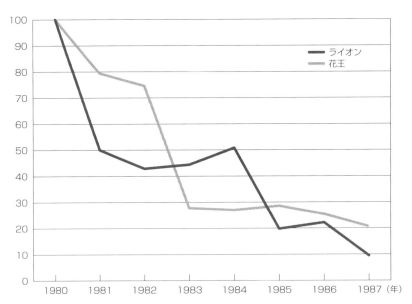

注：数値は、1980年の苦情件数を100とした指数
出所：厚生省生活衛生局食品化学科［1991］、「食品用洗浄剤の安全性に関する調査研究　平成元年度厚生科学研究（食品衛生調査研究事業）報告書」より筆者作成

---

15)『日経産業新聞』1996年4月13日、p.1
16)『日経ビジネス』「P&G VS 花王——学び続ける老舗企業」2002年7月29日号、pp.142-147

第1章　エコシステム全体をとらえるマーケティング戦略　19

2 ジョイ発売後の競争の分析

　P&Gの「ジョイ」が当時のターゲット・セグメントのニーズとうまくフィットしていたとしても、他社製品と比較して、より適合していたのか否か、また他社製品と並列されたコンテクストの中でどのようなポジションをとっていたのかを理解する必要がある。このような点を確認するために、プロダクト・マップを用いた分析を行なっておくことにしたい。

　プロダクト・マップとは、複数の製品特性に関する消費者の認知を複数次元で表現する手法である。具体的には、横軸に「肌へのやさしさ」をとり、縦軸に「洗浄力」をとった2次元平面上に各社の製品を位置づけていくといった具合である。このプロダクト・マップを用いて、P&Gのジョイによる差別化が成功したことを確認した上で、その後、競合企業とどのような競争が繰り広げられたのかを確認していこう。

●食器用洗剤のプロダクト・マップ（1996年）

　まず図1-2-4で、ジョイ発売直後（1996年）のプロダクト・マップを確認しよう[17]。

　「ジョイ」が発売された時点で市場を支配していたライオンと花王の製品系列は、いずれも、やや洗浄力を優先した製品とやや肌へのやさしさを優先した製品として位置づけられていた。例えば、花王に注目してみよう。右下、すなわち肌へのやさしさを強調したポジションに「モアコンパクト」があり、左よりの中ほど、すなわちやや洗浄力を強調した位置に「ファミリーフレッシュコンパクト」がある。2つの点を結んだ直線を描いてみれば明らかなように、それは右下がりになる。つまり、先述のとおり、洗浄力と肌へのやさしさの間には、一方の知覚を強化しようとすると、他方が減るというトレードオフ関係が見られるのである。ライオンの2製品を結ぶ直線は、花王のそれよりも原点に近いので、肌へのやさしさと洗浄力の両面で、花王よりも劣った製品として知

---

17) プロダクト・マップを描く際、本来は複数の消費者へアンケートを行なう必要があるが、1990年代に消費者が各製品をどう認識していたかを把握するのは困難であるため、本章では、その当時、小売店に対して行なったアンケート結果を活用して簡易的なプロダクト・マップを描くこととする。

図 1-2-4 食器用コンパクト洗剤のプロダクト・マップ（1996年）

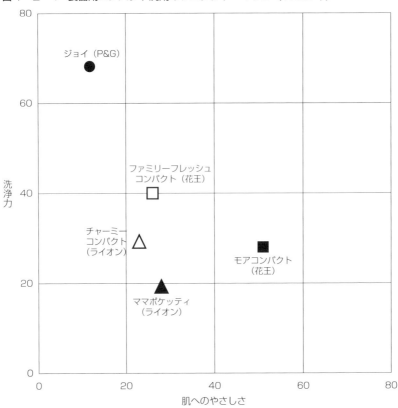

出所：『日経流通新聞』1996年4月13日、p.1 より筆者作成

覚されていたことが同図から読み取れる。なお、プロダクト・マップに表現されているのは、あくまでも消費者の知覚であるから、製品の客観的な性能がライオンのほうが劣っていたということではない。

ところで同図には、花王とライオンそれぞれ2製品ずつを描き込んでいるが、この2つの製品は同時に発売されたものではない。競争の相互作用の時間展開を追いかけるためには、もう少し時系列の議論が必要であろう。時間的な順序は以下のとおりである。

① 「ジョイ」発売以前：モアコンパクト（花王）とママポケッティ（ライオ

ン)

②　1995年：「ジョイ」の投入

③　1996年：ファミリーフレッシュコンパクト（花王）とチャーミーコンパクト（ライオン）の投入

　この順序関係を見れば明らかなように、「ジョイ」が投入された時点では、右下の2つの製品と「ジョイ」が非常に強いコントラストを形成していた。明らかに「ジョイ」は、P&Gが、洗浄力を前面に押し出して消費者に訴求した製品だったのである。このように、1995年時点でP&Gは他社との決定的な差別化に成功したのである。しかも翌年に花王とライオンが投入した対抗商品は、洗浄力を高めた知覚を形成することに若干成功してはいるものの、「ジョイ」の高い洗浄力のイメージには遠く及ばない。これほどの独自ポジションを獲得したために、P&Gはジョイの発売からわずか4年で市場シェア1位を獲得できた、と考えることができるのである。

●食器用洗剤のプロダクト・マップ（2004年）

　P&Gのジョイに対抗して花王とライオンがその後どのような戦略をとっていったのかを確認していこう。「ジョイ」投入から9年を経た2004年のプロダクト・マップを描くと、花王が洗浄力の高さを強調して同質化を図り、P&Gは新たな軸でさらなる差別化を図っていたことが確認できる。

　1996年と同様に「肌へのやさしさ」を横軸とし、「洗浄力」を縦軸として2004年時点の製品をプロットしたプロダクト・マップを図1-2-5に示した。P&Gの製品は引き続き、洗浄力において高く評価されているものの、花王が2004年に発売した「ファミリーキュキュット」が、洗浄力だけでなく、肌へのやさしさにおいても、P&Gの製品を上回って知覚されていることが確認できる。「ファミリーキュキュット」はP&Gの製品よりも肌へのやさしさでも洗浄力でも上回っているのであるから、P&Gに対して明らかに優位に立つはずだと予想される。しかし、それにもかかわらず、この時点でP&Gはシェアを落としていない。2004年時点では、P&Gのシェアが33％であり、花王は29％のシェアを保持するに留まっている。花王のシェアは、1996年時点の31％と比べる

と、2ポイントのマイナスである。

　P＆Gが市場シェアを失わなかった理由は、肌へのやさしさと洗浄力の2次元に加えて、除菌という軸を新たに導入して差別化を図っていたからである。図1-2-6に、新たに「洗浄力」を横軸とし、「除菌効果」を縦軸としたプロダクト・マップを作成した。洗浄力（横軸）では花王に追いつかれ、追い越されているものの、新たに設定した除菌効果の軸では圧倒的に「除菌ができるジョイ」が高く知覚されていることが同図から明らかになる。P＆Gが1998年に投入した「除菌ができるジョイ」が除菌効果において圧倒的な差別化に成功していたことが確認できるであろう。

図1-2-5　食器用コンパクト洗剤のプロダクト・マップ（2004年）
　　　　【洗浄力－肌へのやさしさ】

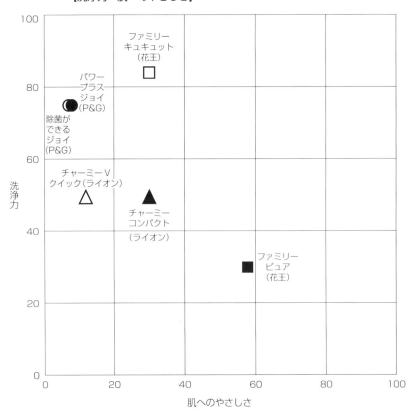

出所：『日経流通新聞』2004年10月11日、p.2より筆者作成

第1章　エコシステム全体をとらえるマーケティング戦略　23

図1-2-6　食器用コンパクト洗剤のプロダクト・マップ（2004年）
【洗浄力－除菌効果】

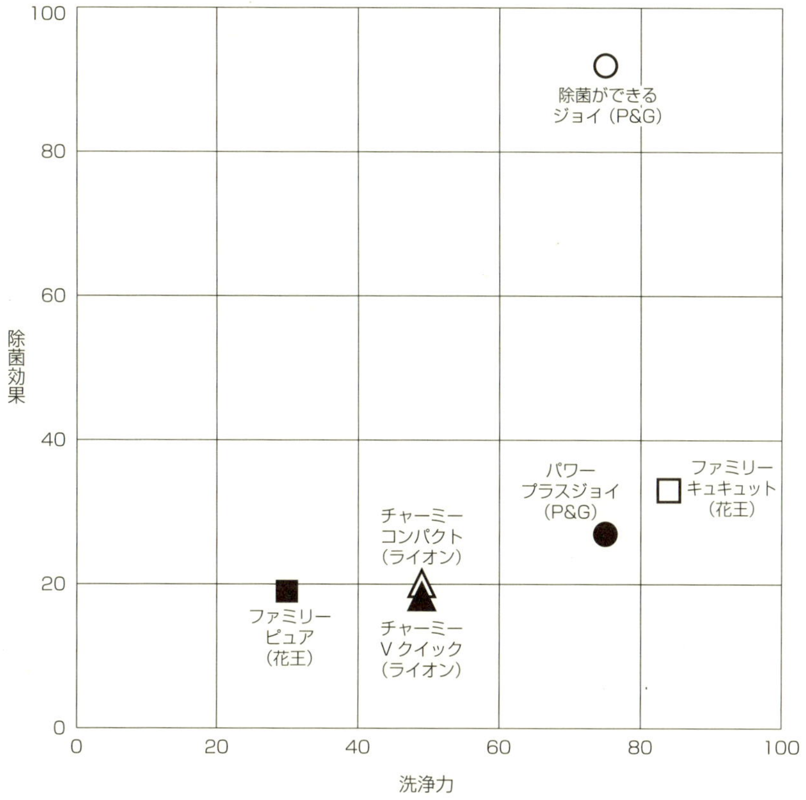

除菌効果が訴求力を持った理由も、洗浄方法の変化によるものである。具体的には、「スポンジに直接」の場合、「浸け置き」よりもスポンジに汚れが多く付着するため、菌が繁殖しやすくなる。もちろん一般の消費者が、実際に菌の数が増加したことを確認することはできないが、洗浄方法を「スポンジに直接」に変えると、少なくともこれまでよりもスポンジが汚れやすくなるため、「スポンジの除菌」というニーズが増大するのである。しかも、1996年には全国各地で病原性大腸菌O157による集団食中毒事件が多発していた。このことがきっかけとなり、目に見えない菌を除菌したいというニーズが消費者の間で急

速に高まっていたこともあり、「スポンジの除菌」という新たな軸が他社製品との差別化に有効に機能したのである[18]。

　また、プロダクト・マップからは、2004年時点において、花王は洗浄力の高さで同質化を図っていたが、ライオンは「肌へのやさしさ」「洗浄力」「除菌効果」のいずれの軸においても競合企業の製品と明確な差別化を図れていないことも確認できる。1995年から2004年までの間に、花王が2ポイントの市場シェア低下を経験したのに対して、ライオンがそれをはるかに上回る17ポイントのシェア低下を経験した背景には、このような製品特性の訴求不足があるように思われる。

●食器用洗剤のプロダクト・マップ（2007年）

　さらにP&Gの除菌効果という新しい軸での差別化に対して花王とライオンがどのような戦略をとったのかを確認していくことにしよう。図1-2-7に示した2007年のプロダクト・マップからは、花王は引き続きP&Gに対して同質化を図って対抗しているが、ライオンは同質化も差別化も不十分であることが確認できる。

　2004年には、P&Gの「除菌ができるジョイ」の除菌効果が圧倒的に高く評価されていたが、2007年には、花王が2005年に発売した「ファミリーキュキュットクエン酸効果」が、ややP&Gよりも低いポジションではあるが、それに近い位置にあり、花王は除菌効果でも同質化を図っていったことが確認できる。これに対してライオン（△のマーカー）は、2007年の時点においても目立った差別化を図れていない。容器から高濃度の泡が直接出てくる「CHARMY泡のチカラ」を2007年に発売したものの、同様の機能をもつP&Gの「スーパー泡ジョイ」とほぼ同じ位置にあり、差別化できていない。

　この時点ではライオンは市場シェアが18％で、業界3位なのであるから、マーケティング戦略上の定石としては同質化ではなく、差別化、とりわけ模倣されない差別化や差別化の連打がめざすべき方向の基本である。そのような視点で見ると、残念ながらチャレンジャーとしてのライオンは明確な差別化に成

---

18)『日経流通新聞』1996年11月2日、p.8

図1-2-7 食器用コンパクト洗剤のプロダクト・マップ（2007年）
　　　　　【洗浄力－除菌効果】

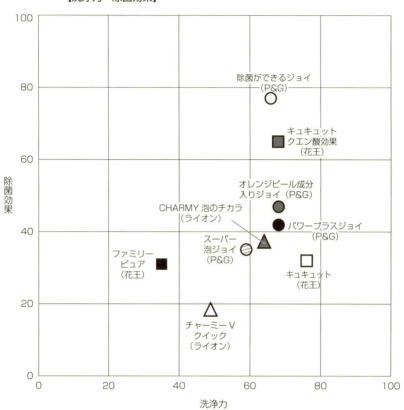

出所：『日経流通新聞』2007年12月9日、p.2より筆者作成

功できていないといわざるを得ない。

　このように花王はP&Gに同質化して対抗しているが、ライオンは同質化も差別化もできていない。この点も先ほどの確認と同様に、ライオンがこの間に市場シェアを挽回できていない理由として重要であるように思われる。

● P&Gのシェア拡大要因のまとめ

　ここまでの分析を積み重ねることで、P&Gは市場ニーズの変化を巧みに利用した鮮明な差別化によって、市場シェアを高めていったことがわかる。とり

わけ注目するべきポイントは、P&Gの差別化戦略は、食器洗いを取り巻くエコシステムに起こってきた変化を考えると非常に読み解きやすいということである。キッチンの水回りの変化によって、湯とシャワーを簡便に使える環境が増加し、フッ素樹脂加工の調理器具が増加したことによって、容易に油汚れが落とせるようなエコシステムが発達していた。その結果として、まずこの種のエコシステムが整いやすい20代〜40代前半の消費者から順に「スポンジに直接」という行動が一般化する。それまでに手荒れという問題がほとんど解決されてきたがゆえに、このターゲット・セグメントには洗浄力という訴求ポイントが強く作用する基盤が成立していた。ここに、肌にもやさしい特徴をもつ「ジョイ」であるのに、洗浄力のみを訴求ポイントとしてプロモーションを行ない、消費者の知覚の中に明確なポジションを形成する。さらに他社が洗浄力で追随してくると、「スポンジに直接」という行動習慣から発生する除菌の問題を新しい差別化次元として付け加え、折からのO157事件による注目度アップもあって、他社の追随を寄せ付けなかったのであった。

　本事例から、差別化戦略を考える際に、単に消費者のニーズというキーワードで考える以上に、消費者がその商品を使うエコシステム全体をとらえる戦略的な広域視野が重要だという示唆が得られるのである。

第3節————————————————————————————————

食器用洗剤とは異なる展開を見せた衣料用洗剤市場

　戦略的な広域視野の重要性を理解するために、食器用洗剤と対照的な衣料用洗剤の事例を分析することにしよう。衣料用洗剤市場では、食器用洗剤のケースと同様に当初はP&Gが先手をとって仕掛けたにもかかわらず、花王とライオンがそのチャレンジの効果を一定程度抑えることに成功している。この対照的な事例でも戦略的な広域視野の重要性が確認できる。

■ 食器用洗剤市場との類似性

　2000年代の衣料用洗剤市場は、1990年代の食器用洗剤市場と非常に類似し

た状況にあった。市場が類似していたというのは、具体的には次の3つの点においてである。第一に成熟期にあり、第二に寡占化が進んでおり、第三に補完財の変化によってエコシステムが変わり、シェアの変動が起こりやすい状況が起こっていた、という3点である。

2000年代の衣料用洗剤市場が成熟期にあったことは、衣料用洗剤の市場規模と、そのうちの剤型別の市場規模の推移を示した図1-3-1から確認できる。市場規模は1990年頃までは成長していたが、その後はそれほど大きな成長が見られない。1980～90年の年平均成長率（CAGR）は3.5％であったのに対して1990～2000年及び2000～2010年の年平均成長率はそれぞれ－2.3％と1.1％であった。2000年代はプラスとなっているものの、1％程度の微増というべきであり、この時点で成熟期にあったという評価が適切であると思われる。

図1-3-1　衣料用洗剤の市場規模推移

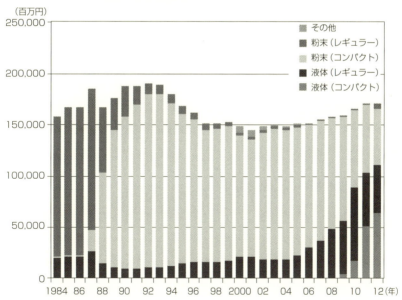

注：市場規模は2005年基準でデフレート済み
　　富士経済［2013］、『トイレタリーグッヅマーケティング要覧2013年版』において、2003～2012年までの粉末（レギュラー）と液体（レギュラー）の市場規模が見直されているが、企業別市場シェアなどのデータとの整合が図れないうえ、本章の分析に大きく影響しないため、反映させていない（以下同様）
出所：富士経済『トイレタリーグッヅマーケティング要覧』各年版より筆者作成

図 1-3-2 衣料用洗剤の市場シェア推移

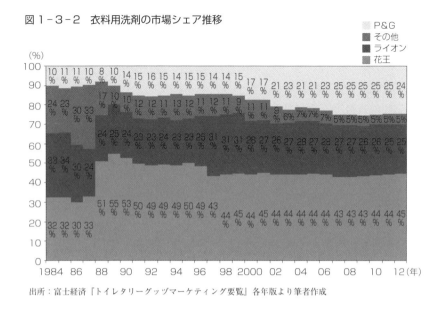

出所：富士経済『トイレタリーグッヅマーケティング要覧』各年版より筆者作成

　寡占化が進んでいたことは、メーカー別の市場シェアの推移を示した図1-3-2から確認できる。1990年代以降、花王とライオン、P&Gの大手3社で9割前後のシェアを維持しつづけている。ハーフィンダール・ハーシュマン指数は、1990年代以降、概ね0.32前後（等規模換算企業数は3.1社前後）で推移している[19]。これらのデータからは、食器用洗剤と同様、成熟期の安定した寡占業界だったということができる。

● 節水型洗濯機登場による新たなニーズ

　成熟期の安定的な寡占業界のように見えるが、当時の衣料用洗剤市場では、補完財の変化によるエコシステムの変動が新たなニーズを生み出していた。その中でも最も重要なものは、節水型洗濯機の普及が生み出した問題を巡るものである。節水型の洗濯機は、文字どおり使用する水量を節約しているため、粉末洗剤の溶け残りが発生しやすくなっていた。そのため、「洗剤の溶け残りが

---

19)「その他」のシェアの内訳がわからないため、日本石鹸洗剤工業会ホームページで2013年に食器用洗剤を製造していることが確認できた5社が「その他」のシェアを均等に占めていると仮定して算出した。

発生しない」ことに対するニーズが2000年代には増大していたのである。

　洗濯機が節水型になったことは、洗濯1回当たりの洗濯物の量と、洗濯物1kg当たりの水使用量の推移を示した図1-3-3から確認できる。1回の洗濯における洗濯物の量は、2000年代には、1991年の1.5倍程度にまで増加したのに対し、水の使用量は、1.3倍程度にしか増加していない[20]。その結果、洗濯物1kg当たりの水使用量は、同じ縦型洗濯機の場合、1991年には約19ℓだったが、2000年代には16ℓ程度にまで減少している。さらに、2000年代に普及しはじめたドラム式洗濯機の場合、縦型洗濯機よりも水使用量が大幅に少なく、洗濯物1kg当たりの水使用量は、約8ℓである。

　このように洗濯機の使用水量が減少した結果、粉末洗剤の溶け残りという問題が浮上してきた。粉末洗剤の不満点として「低温では粉の溶け残りがある」と回答する消費者は、1999年の約18％から、2004年には約24％に増加していた[21]。また、2005〜2010年の5年間に使用する洗剤を粉末から液体に変更した消費者のうち、「水によく溶ける」ことを理由に、洗剤を変更した消費者は83％にも上っていた[22]。

　このように、「溶け残り」の問題ゆえに、粉末タイプから液体タイプへの移行が急速に生じていった。衣料用洗剤のタイプ別市場規模の推移を描いた図1-3-1を見れば、2000年代後半以降、液体洗剤市場が急拡大し、とりわけ2009年以降には液体コンパクト洗剤の市場が急速に拡大していることが確認できる。2010年時点で液体タイプが市場の54％を占めるようになり、2012年には液体コンパクトタイプだけで市場の38％を占めるようになっている。

20）1週間の洗濯回数は、1991年に10.9回だったが、2010年には9.2回に減少している。1回の洗濯における洗濯物の量が増加した背景には、洗濯物を溜めて洗うことにより1週間の洗濯回数が減少したことのほか、消費者の清潔意識が高まった結果、それほど汚れていないものまで洗濯するようになったことがある。

21）『週刊粧業』1999年7月5日、p. 33、『週刊粧業』2004年7月19日、p.49

22）山田勲［2011］、「最近の家庭洗濯の実施状況と消費者意識」『繊維製品消費科学』第52巻12号、pp.763-770

図1-3-3 洗濯機の水使用量の変化

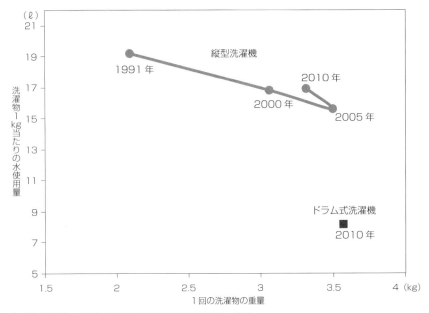

注：調査対象は、調査時点から5年以内に洗濯機を購入した世帯
　　平均世帯人数はいずれの調査においても3.9人
出所：日本石鹸洗剤工業会ホームページ「全自動洗濯機と洗濯行動の変化」
　　（http://www.jsda.org/w/01_katud/2kurashi_63.htm）、日本石鹸洗剤工業会ホームページ「全自動洗濯機と洗濯乾燥機の普及と洗濯行動の変化」（http://www.jsda.org/w/01_katud/a_seminar07.html）、山田勲［2011］、「最近の家庭洗濯の実施状況と消費者意識」『繊維製品消費科学』第52巻12号、pp.763-770より筆者作成

2 食器用洗剤市場との相違点

　安定した成熟・寡占市場にエコシステムの変化が起こっていたという意味で、2000年代の衣料用洗剤市場は、1990年代の食器用洗剤市場と非常によく似た状況にあった。しかし、環境側には類似性が見られるものの、企業の視点から見ると大きな相違点もあった。それは、洗剤メーカーが、柔軟剤という補完財を自社のコントロール下に保有していた点である。しかも、柔軟剤市場の状況は明らかに独特の特徴を備えていた。
　まず、柔軟剤市場では花王とライオンの2社が非常に高いシェアを占めてい

図1-3-4 柔軟剤の市場規模推移

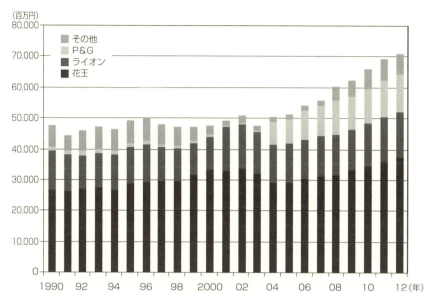

注：市場規模は2005年基準でデフレート済み
出所：富士経済『トイレタリーグッヅマーケティング要覧』各年版より筆者作成

た。図1-3-4は、柔軟剤の市場規模と企業別の内訳の推移を示したものである。2000年代初頭には花王とライオンの2社で95％前後のシェアを占めていたことが読み取れるであろう。2000～2003年までのハーフィンダール・ハーシュマン指数は0.5を超えており、等規模換算企業数は2社を下回っていた。実質上、この業界には2社しか存在しなかったといえるほどの状況だったのである。

しかも、1990年代から2000年代にかけて柔軟剤を使用する消費者が増加していたため、花王とライオンにとっては、柔軟剤を活用した差別化戦略をとりやすい状況が生じていた。衣料用洗剤は成熟期にあったのだが、その補完財である柔軟剤は成長期にあったのである。柔軟剤使用者が増加していたことは、柔軟剤の使用頻度の推移を示した図1-3-5から確認できる。柔軟剤を常に使用する消費者の割合は、1991年の28％から、2000年に46％、2010年には62％へと拡大していた。2000年から2010年までの市場規模の年平均成長率（CAGR）は3.4％であり、2000年代の柔軟剤市場は高成長市場だったのである。

図 1-3-5　柔軟剤の使用頻度の推移

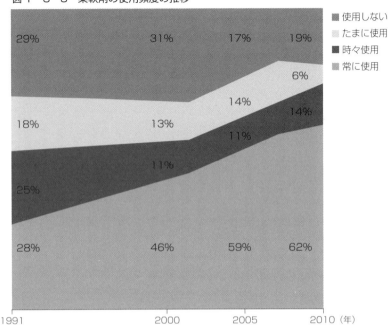

注：調査対象は、調査時点から 5 年以内に洗濯機を購入した世帯
出所：日本石鹸洗剤工業会ホームページ「全自動洗濯機と洗濯行動の変化」
（http://www.jsda.org/w/01_katud/2kurashi_63.htm）、日本石鹸洗剤工業会ホームページ
「全自動洗濯機と洗濯乾燥機の普及と洗濯行動の変化」
（http://www.jsda.org/w/01_katud/a_seminar07.html）、山田勲 [2011]、「最近の家庭洗濯の実施
状況と消費者意識」『繊維製品消費科学』第 52 巻 12 号、pp.763-770 より筆者作成

　なお、性別・年齢別の柔軟剤使用率を示した図 1-3-6 から、柔軟剤の使用率は、男性よりも女性のほうが高く、女性の中でも 30 代〜60 代の使用率が特に高いことが確認できる。
　1990 年代から 2000 年代にかけて柔軟剤使用者が増加した背景にも、洗濯を取り巻く環境の変化があった。具体的には、洗濯機の変化と世帯構成・住宅環境の変化である。

図 1 - 3 - 6　性別・年齢別の柔軟剤使用率

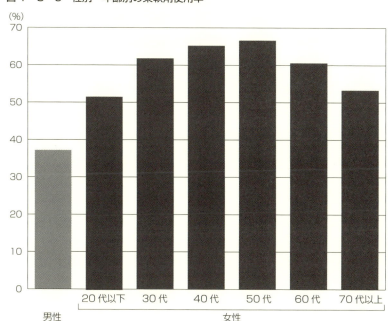

出所：ネットリサーチディムスドライブホームページ「『柔軟仕上げ剤（柔軟剤）』に関するアンケート」
　　　（http://www.dims.ne.jp/timelyresearch/2013/130823/）より筆者作成

● 洗濯機の変化

　洗濯機の変化としては、2点を指摘することができる。第一に、先述のとおり、節水型の洗濯機が普及したことである。洗濯の際の水使用量が少ないほど、洗濯物同士の摩擦が増え、衣類やタオル等の「ごわつき」が生じやすくなってしまう[23]。そのため、節水型洗濯機の普及が進むと、柔軟効果に対するニーズが高まり、柔軟剤利用者が増加するのである。

　第二に、1990年代以降に全自動洗濯機が普及したことも柔軟剤の成長を後押しした。二槽式洗濯機で柔軟剤を使用する場合、最終すすぎが終わった後に柔

---

[23] 佐々木大輔・金田英之・兵藤亮・蓼沼裕彦［2008］、「洗濯環境の変化が衣類の風合いに及ぼす影響とその抑制技術について」『繊維製品消費科学』第49巻2号、pp.123 - 129

軟剤を投入し、もう一度洗濯機を回す必要があるため、手間がかかってしまう。これに対して、全自動洗濯機には通常、柔軟剤自動投入機能が付いているため、全自動洗濯機が普及すると、容易に柔軟剤を使用できるようになる。

　全自動洗濯機の販売台数が二槽式洗濯機のそれを上回ったのは1990年であるため、全自動洗濯機の普及率が大きく拡大したのは、1990年代のことである[24]。つまり、1990年代から全自動洗濯機が主力となり、2000年代に節水型が普及してきたという洗濯機の変化が柔軟剤市場の成長を促進したのである。

●世帯構成や住宅環境の変化

　世帯構成や住宅環境の変化を背景として「部屋干し」が増加してきたことも、柔軟剤市場の成長を後押しする重要な要因であった。2005年の調査では、約9割の消費者が部屋干しをすることがあると回答している[25]。部屋干しの場合、外干しよりも乾燥に時間がかかるため、菌が増殖して嫌な臭いが発生しやすくなる。そのため、柔軟剤のもつ香りや除菌といった効果に対するニーズが高まり、柔軟剤の利用者が増加するのである。

　共働き世帯や有業単身世帯では、夜間に洗濯物を干すことが多く、日中には留守となるため部屋干しの割合が多くなる。実際、部屋干しの頻度に関するアンケート結果を確認すると、「夜洗濯時」が40％、「外出時」が33％となっている[26]。また、世帯構成別の世帯数の推移を示した図1-3-7から、専業主婦世帯が減少しているのに対して、共働き世帯は概ね横ばいであり、有業の単身者が多く含まれる65歳未満の単身世帯が大きく増加していることが確認できる。

　世帯構成の変化のほかに、住宅環境の変化も部屋干しの増加に影響を与えている。単身者向けの集合住宅では、そもそもベランダがない建物もあるほか、高層住宅では、ベランダに洗濯物を干すことを禁止されている建物もあるからである。住宅と部屋干しの関係について調査したアンケートでは、「ほとんど

---

24) 独立行政法人国立科学博物館［2011］、『技術の系統化調査報告第16集』p.147
25) 日本石鹸洗剤工業会ホームページ「全自動洗濯機と洗濯乾燥機の普及と洗濯行動の変化」(http://www.jsda.org/w/01_katud/a_seminar07.html)
26) 日本石鹸洗剤工業会ホームページ「全自動洗濯機と洗濯乾燥機の普及と洗濯行動の変化」(http://www.jsda.org/w/01_katud/a_seminar07.html)

いつも外干し」と回答した割合は、持家戸建住宅、持家集合住宅、賃貸集合住宅の順にそれぞれ、60％、43％、29％であった[27]。また、2008年の住宅戸数を20年前と比較すると、戸建住宅は、概ね410万戸の増加であったのに対して、集合住宅は、概ね930万戸の増加であり、集合住宅が大きく増加していることが確認できる[28]。

以上のような洗濯機の進化や、世帯構成、住宅環境の変化のほかに、柔軟剤の香りを楽しむこと自体が流行になっていることも柔軟剤使用者が増加した要

図1-3-7 単身世帯・共働き世帯・専業主婦世帯の世帯数の推移

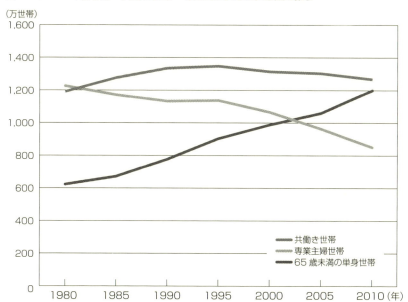

出所：総務省統計局「国勢調査」各年版より筆者作成

---

27) 小板橋恵美子・沖田富美子・中山和美・丸山昌史 [2009]、「洗濯行動からみた住空間評価の研究 その1 洗濯行動の実態および洗濯空間の評価」『学術講演梗概集 E-2、建築計画II、住居・住宅地、農村計画、教育』pp.59-60

28) 総務庁統計局「昭和63年住宅統計調査」、総務省統計局「平成20年住宅・土地統計調査」より。なお、戸建住宅は、約2330万戸から約2750万戸に、集合住宅は、約1140万戸から約2070万戸に増加。計算が合わないのは、四捨五入によるものである。

因のひとつである。2010年の調査では、「自分から良い香りを漂わせたいときに最もよく使うもの」として、柔軟剤が1位（29.5％）であった[29]。また、柔軟剤を購入する理由に関するアンケートでは、1位：香りが良い（68％）、2位：やわらかく仕上がる（57.4％）、3位：香りが長続きする（39.1％）となっており、柔軟剤の本質サービスである柔軟効果はもちろん重要ではあるが、それにもまして、香りに対するニーズが近年高まっており、この補助的サービス部分で差別化できる市場になってきていることが確認できる[30]。多くの消費者が柔軟効果を得て、香りを楽しむために柔軟剤を利用しているのである。

第4節————
衣料用洗剤市場におけるマーケティング戦略

　節水型洗濯機の普及と柔軟剤市場の成長というエコシステムの変化に直面した衣料用洗剤市場では、成熟期の安定した寡占業界という特徴とは異なる独特の競争が展開されていた。食器用洗剤とほぼ同様のプレーヤーたちは、いったいどのようなマーケティング戦略を展開していたのであろうか。以下での分析の結果、衣料用洗剤市場においては、花王とライオンが洗剤だけでなく，洗濯機の進化や部屋干しの増加といったエコシステム全体の変化を視野に入れ，補完財である柔軟剤も活用した差別化を行なって対応したため、P&Gのチャレンジを一定水準に抑え込むことができた、ということが明らかになる。

▉ 液体洗剤市場におけるP&Gのマーケティング戦略

　液体洗剤が普及をはじめる2000年代前半の段階でのターゲット・セグメントは、「節水型の洗濯機を使用しており、子どもがいるため洗濯物の量が多い30代～40代の消費者」であった。ここでポイントとなるのは、ターゲット・

---

29) ライオンホームページ「柔軟剤と香りに関する意識・実態調査」（http://www.lion.co.jp/ja/company/press/2010/2010078.htm）なお、2位はヘアケア製品（20.5％）、3位は香水（15.5％）である。
30) 山田勲［2011］、「最近の家庭洗濯の実施状況と消費者意識」『繊維製品消費科学』第52巻12号、pp.763-770。なお、丸山賢次［2012］は、柔軟剤を利用して香りを楽しむ消費者が増加した背景として、1990年代にアロマテラピーがブームとなったことを指摘している。

第1章　エコシステム全体をとらえるマーケティング戦略　37

表1-4-1　共働き世帯と専業主婦世帯の夫と妻の家事時間の推移（1日平均・分）

		1991	2001	2011
夫が有業で妻も有業（共働き）	夫	8	10	12
	妻	202	195	188
夫が有業で妻が無業（専業主婦）	夫	7	8	10
	妻	309	281	273

出所：総務省統計局「社会生活基本調査」各年版より筆者作成

セグメントとなる世帯において実際に洗濯を行なっているのは多くの場合女性であり、柔軟剤の使用率が高いセグメントと一致しているということである。有職主婦でも専業主婦でも、洗濯物の「ごわつき」に対する不満や、部屋干しをしなければならない住環境などの特徴は共通であると思われるので、ここでは区別しておかなくても大きな問題は生じないと思われる。

　結婚や出産を機に最新型の洗濯機を購入する消費者が多いことを踏まえれば、子どもを抱える30代〜40代の世帯は、2000年代前半時点で節水型の洗濯機を利用している割合が高いはずである。実際、節水型洗濯機の代表格であるドラム式洗濯機利用者の家族構成には、乳幼児〜小学生の子どもを抱える世帯の割合が高いことが、パナソニックの調査でも明らかになっている[31]。節水型の洗濯機で粉末洗剤を使用すれば、溶け残りが発生しやすくなる。2000年の調査では、P&Gが同年発売した「液体アリエール」の主な購入者は、幼児から中学生までの子どもを抱える35〜44歳の主婦がいる世帯であり、他の洗剤から乗り換えた消費者のうち、8割以上は粉末洗剤から乗り換えていたことが明らかになっている[32]。

　ターゲット・セグメントとなる世帯において主に女性が洗濯を行なっていることは、夫と妻の家事時間を見れば明らかである。表1-4-1は、夫と妻の家事時間の推移を示したものである。夫の1日の平均家事時間は、共働き世帯か専業主婦世帯かにかかわらず、概ね10分程度であるのに対して、妻の1日の平均家事時間は共働き世帯であっても3時間以上となっている。このことから、ターゲット・セグメントとなる世帯において実際に洗濯を行なっているのは、

31）パナソニックホームページ「ドラム式洗濯乾燥機 NA-VX8200L　他 4機種を発売」（http://panasonic.co.jp/corp/news/official.data/data.dir/2012/08/jn120821-2/jn120821-2.html）
32）『日経流通新聞』2000年11月4日、p.6

多くの場合女性であるということができる。

　このように考えると、液体洗剤のターゲット・セグメントと、柔軟剤使用率が高いセグメントが一致しているのは偶然ではないことがわかる。なぜなら、先に指摘したとおり、節水型の洗濯機で大量の洗濯物を洗うと、衣類やタオルの「ごわつき」が生じやすくなり、柔軟剤を必要とするようになるからである。

　このような背景によって液体洗剤が普及をはじめる2000年代初頭から2000年代半ばにかけて、P&Gは２つの液体洗剤を市場投入して市場シェア獲得をめざしていった。まず2000年に洗浄力を訴求した「液体アリエール」を投入し、2005年には柔軟剤入りで香りのよさを訴求した「液体ボールド」を投入した。当初はやや高めの価格設定であったが、P&Gは2005年には上記２製品とも粉末洗剤と同一水準の価格設定として、本格的な切り替えを狙っていった[33]。

　しかし、すでに述べてきたように、このP&Gのマーケティング戦略は一定の成功を収めたものの、食器用洗剤の時ほどには有効に機能しなかった。その理由を以下で分析していこう。

② 液体洗剤市場での競争の分析

●衣料用洗剤と柔軟剤との機能付加競争

　結論を先取りすれば、「液体ボールド」がもつ「柔軟剤入り」であることや「香りがよい」といった機能は、少なくとも、柔軟剤市場において多様な補助的サービスで差別化を競っていたこの局面では、ターゲット・セグメントには訴求力をもたなかった。このことは、「液体ボールド」だけでなく、柔軟剤と競合する機能を付加した洗剤全般についていえることである。なぜなら、柔軟剤のほうが洗剤よりも特定の機能の効果を高めやすいからである。柔軟剤に注目が集まり、そこから得られる多様な機能を消費者が求めている局面では、消費者の要求を満たすべく多様な機能の提案が行なえる柔軟剤に機能を追加し、それを訴求するほうが適切だったのである。

---

33)『日経流通新聞』2000年11月4日、p.6及び富士経済［2005］、『トイレタリーグッヅマーケティング要覧』、富士経済［2006］、『トイレタリーグッヅマーケティング要覧』

第1章　エコシステム全体をとらえるマーケティング戦略　**39**

　柔軟剤のほうが洗剤よりも特定の機能の効果を高めやすいのは、繊維が水中でマイナスに帯電する性質をもっていることによるものである。柔軟剤の基剤であるカチオン界面活性剤は、水中でプラスに帯電するため、水中でマイナスに帯電する繊維と電気的に結びつきやすい。そのため、例えば、単独では繊維に吸着しにくい香料であっても、カチオン界面活性剤との複合体を形成させることで繊維に容易に吸着させることが可能になる。また、防しわや肌への刺激を抑える目的で添加するシリコーンも単独では繊維に吸着しにくいが、カチオン界面活性剤と併用することで吸着させやすくすることができる[34]。

　これに対して、洗剤は通常、水中でマイナスに帯電するアニオン界面活性剤を基剤としている。プラスに帯電する成分を添加すれば繊維とは結びつきやすいのだが、プラスに帯電する成分は、アニオン界面活性剤と電気的に結合し、洗浄効果が大幅に低下してしまうため、添加できない。そのため、例えば、柔軟剤入り洗剤の場合、カチオン界面活性剤の代わりに、通常の柔軟剤よりも柔軟効果の低い鉱物などを配合して対応しているのである[35]。こうしたことから、柔軟剤単体で差別化された機能を付加していくほうが、この時点での消費者ニーズには明らかにフィットしていたのである。

　柔軟剤に多様な機能を付加して差別化し、それを消費者が受け入れるのであれば、洗剤の側には「溶け残りが出ない」とか「洗浄力が高い」というような基本的な機能以外の要求が弱くなっていく。例えば、香りを強く求めている消費者を考えてみれば、この点を理解することは容易である。香りの効果を高めやすい柔軟剤が提供されていれば、強い香りを求める消費者は、柔軟剤で香りのニーズを満たし、洗剤は香りの少ないものを選択することになる。このように考えれば、洗剤の側での香りによる差別化はかえってマイナスに作用する可能性すらあるのである。

　柔軟剤に付加的な機能を追加して差別化する動きは2000年前後から起こっ

---

34)江川直行［2008］、「最近の柔軟剤の開発動向」『フレグランスジャーナル』第36巻12号、pp.68-73
35)『日経ビジネス』「花王 3―多機能型の洗濯洗剤　粘土のチカラで衣服を柔軟に」2006年10月16日号、pp.108-110

表1-4-2 売れ筋柔軟剤の柔軟効果以外の訴求機能の推移

年\シェア	1997	2002	2007	2012
1位	花王［ハミング1/3］	花王［ハミング1/3］	花王［ハミング1/3］	花王［ハミング（濃縮）］
2位	花王［ハミング］	花王［ハミング］	P&G［レノア］防臭、香り	花王［ハミングNeo］香り
3位	ライオン［ソフランC］	ライオン［センイふんわりソフランC］	花王［ハミング］	花王［フレアフレグランス］香り
4位	花王［タッチ］吸水性向上	花王［フローラルハミング1/3］香り	ライオン［香りとデオドラントのソフラン］防臭、香り	P&G［レノアプラス］防臭、香り
5位	ライオン［ソフランS］	ライオン［しわスッキリソフランC］防しわ	花王［ハミングフレア］香り	ライオン［香りとデオドラントのソフラン］防臭、香り
6位	ライオン［ソフト＆ドライ］吸水性向上	花王［抗菌ハミング1/3］部屋干し	花王［フローラルハミング1/3］香り	P&G［レノアハピネス］香り
7位	日本リーバ［スーパーファーファ1/6］	花王［ハミングフレア］香り	ライオン［しわスッキリソフランC］防しわ	ライオン［香りとデオドラントのソフランアロマリッチ］香り
8位	日本リーバ［ファーファ］	ライオン［ソフランS］	花王［抗菌ハミング1/3］部屋干し	花王［ハミング］
9位	P&G［バウンス］	ライオン［ソフト＆ドライ］吸水性向上	ライオン［ふんわりソフラン］	花王［ハミングフレア］香り
10位	（該当なし）	日本リーバ［ファーファ］	ライオン［部屋干しソフラン］部屋干し	花王［フローラルハミング（濃縮）］香り

注：網掛けした商品は柔軟効果以外の機能を訴求した商品。なお、ほぼすべての商品に香りがついているが、特に香りを訴求した商品にのみ、「香り」と記載
出所：富士経済『トイレタリーグッヅマーケティング要覧』各年版より筆者作成

ている。そこで、1990年代後半以降に売れ筋となっていた柔軟剤と洗剤がそれぞれ訴求していた機能の推移を比較することで、柔軟剤に機能を付加することによる差別化が、洗剤側での機能付加による差別化の有効性を低下させていたことを確認していこう。

製品別シェア1～10位までの柔軟剤が訴求していた機能の推移を表1-4-2に示した。2000年前後に本質サービスである柔軟効果以外の機能を付加した商品が増加し、特に2000年代後半以降は、香りを訴求した商品が上位を占めていることが確認できる。

洗剤市場についても同様の表1-4-3を作成している。同じ時期にシェア1～10位までの洗剤が訴求していた機能の推移を見ると、洗剤市場でも2000年

表1-4-3　売れ筋衣料用洗剤の洗浄効果以外の訴求機能の推移

年＼シェア	1997	2002	2007	2012
1位	花王 [アタック]	花王 [アタック]	花王 [アタック]	花王 [アタック Neo 抗菌 EX パワー] すすぎ1回、漂白、(液体)
2位	ライオン [スーパートップ]	ライオン [トップ]	花王 [ニュービーズ] 漂白剤入り、香り	花王 [アタック Neo] すすぎ1回、(液体)
3位	P&G [アリエールピュアクリーン]	花王 [ニュービーズ] 漂白剤入り、香り	ライオン [トップ]	P&G [アリエールイオンパワージェルプラス] (液体)
4位	日本リーバ [パワーサーフ]	P&G [アリエールピュアクリーン]	P&G [アリエールイオンパワージェル] (液体)	花王 [アタック高活性バイオ EX]
5位	ライオン [ドラム式ダッシュ]	ライオン [部屋干しトップ] 部屋干し	P&G [ボールド] 柔軟剤入り	花王 [アタック高活性バイオ EX ジェル] (液体)
6位	花王 [液体アタック] (液体)	P&G [アリエール漂白剤プラス] 漂白剤入り	ライオン [部屋干しトップ] 部屋干し	ライオン [トップ NANOX] すすぎ1回、防臭、(液体)
7位	P&G [スーパーチアー]	P&G [アリエールジェルウォッシュ] (液体)	ライオン [ブルーダイヤ] 漂白剤入り	花王 [ニュービーズ] 漂白剤、香り
8位	日本アムウェイ [SA8]	P&G [ボールド] 柔軟剤入り	P&G [緑茶成分入りアリエール] 除菌	P&G [アリエールレボイオンジェルコート] すすぎ1回、防汚、(液体)
9位	花王 [新活性ザブ]	ライオン [ブルーダイヤ] 漂白剤入り	P&G [アリエール頑固汚れ用] 漂白剤入り	ライオン [トッププラチナクリア]
10位	P&G [フルパワーボーナス] (液体)	日本リーバ [パワーサーフ]	P&G [ボールドフレッシュジェル] 柔軟剤入り、(液体)	ライオン [トップクリアリキッド] (液体)

注：網掛けした商品は洗浄効果以外の機能を訴求した商品。濃い網掛けは柔軟剤と競合する機能を訴求する商品。
　　液体洗剤には「(液体)」と記した。なお、ほぼすべての商品に香りはついているが、特に香りを訴求した商品にのみ、「香り」と記載
出所：富士経済『トイレタリーグッズマーケティング要覧』各年版より筆者作成

代に洗浄効果以外の機能を付加した商品が増加していることが確認できる。ただし、2つの表を比較すると、2000年代に柔軟剤の使用者が増加するにつれて、柔軟剤と競合する機能を訴求する洗剤が売れなくなっていることが確認できるであろう。また、柔軟剤と競合する機能を訴求した液体洗剤は、2007年に一度10位にランクインしただけであることも確認できる。これは、液体洗剤のターゲット・セグメントが柔軟剤を多用しており、付加的な機能に対するニーズを柔軟剤によって満たしていることによるものと考えられる。

　以上のとおり、花王とライオンは、衣料用洗剤の補完財である柔軟剤での高いシェアを活かし、柔軟剤にさまざまなニーズを満たす機能を付加して差別化することによって、P&Gの洗剤での差別化を阻止していたのである。

●明確な差別化が困難な衣料用洗剤同士の競争

　前述のとおり、洗剤に柔軟剤と競合する機能を付加して訴求することは困難であった。そのため、洗剤での差別化においては、本来の機能である洗浄力を高めることや、柔軟剤とは競合しない機能を付加することが必要であった。「液体アリエール」は、この2つを同時に追求した洗剤であり、強い洗浄力だけでなく、液体であることによって溶けやすさを訴求していた。しかし、P&Gは、「液体アリエール」で一定の成功を収めるものの、食器用洗剤「ジョイ」の時ほど明確な差別化を他社製品に対して図ることはできなかった。なぜなら、

図1-4-1　衣料用液体洗剤のプロダクト・マップ（2006年）

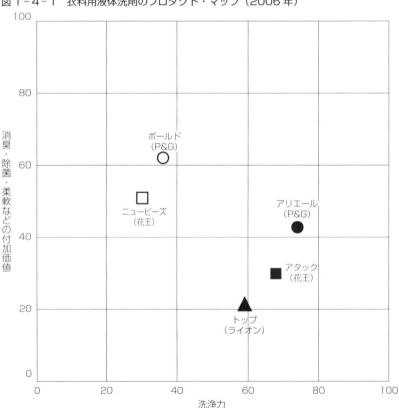

出所：『日経流通新聞』2006年8月28日、p.2より筆者作成

図1-4-2 衣料用粉末洗剤のプロダクト・マップ（2006年）

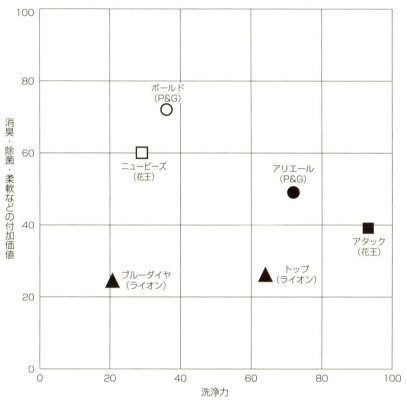

出所：『日経流通新聞』2006年8月28日、p.2より筆者作成

　食器用洗剤の場合とは異なり、衣料用洗剤市場では、花王とライオンが洗浄力の高い洗剤の開発を怠ることがなかっただけでなく、粉末洗剤の溶け残りの問題も把握し、その他のニーズも視野に入れて競争対応したからである。
　具体的には、「液体アリエール」発売翌年の2001年に、花王は粉末アタックの水への溶解性を従来品の5倍に高めるとともに、洗浄力を20%向上させる大幅なリニューアルを行なって対抗した[36]。ライオンも花王と同様、2001年に粉末トップの溶解性と洗浄力を向上させるリニューアルを行なった。
　こうした対応の結果、各商品がどのように認識されていたのかを確認するた

---

36) 従来品が水に溶けるのに要する時間は150秒だったが、リニューアル後は30秒に改善。

図1-4-3 衣料用液体レギュラー洗剤の市場規模と企業別売上高の推移

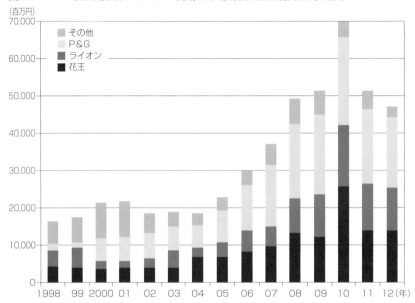

注:市場規模は2005年基準でデフレート済み
出所:富士経済『トイレタリーグッヅマーケティング要覧』各年版より筆者作成

め、2006年のプロダクト・マップを見てみよう。図1-4-1に液体洗剤のプロダクト・マップを示した[37]。同図から、「液体アリエール」は最も洗浄力が高い洗剤として知覚されていたことが確認できる。しかし、図1-4-2に示した粉末洗剤のプロダクト・マップと比較すると、花王の「粉末アタック」のほうが、さらに洗浄力が高い洗剤として知覚されており、ライオンの「粉末トップ」も比較的近い位置にあることが確認できる。

残された問題は水への溶解性を消費者がどう評価したか、という点になる。残念ながら、それを直接確認できるデータはない。ただし、花王が「粉末アタック」の溶けやすさを高めた上で、その後、液体洗剤にも注力して急速に同質化していったがゆえに、この水への溶解性の問題は長く差別化の源泉として

---

37) 縦軸は、本来同じ属性で評価すべきところであるが、利用できるデータの制限から「消臭・除菌・柔軟などの付加価値」としている。そのため、これらのプロダクト・マップから、どの製品とどの製品が競合していたのかを、正確に読み取ることは困難であるが、洗浄力を訴求していた洗剤なのか、それともその他の機能を訴求した洗剤なのかを把握する上では問題ないであろう。

図1-4-4　衣料用液体コンパクト洗剤の市場規模と企業別売上高の推移

（百万円）

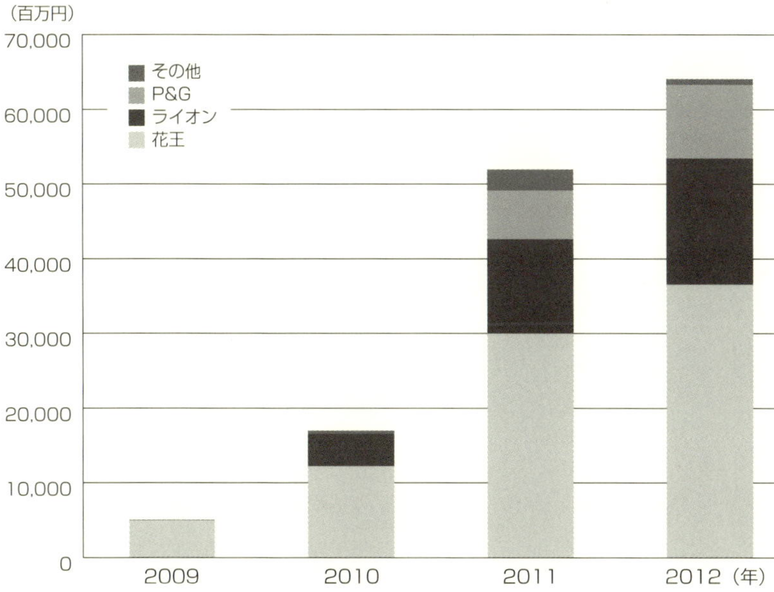

注：市場規模は2005年基準でデフレート済み
出所：富士経済『トイレタリーグッズマーケティング要覧』各年版より筆者作成

維持できたわけではない。

　本格的な粉末からの切り替えを図るため、2005年にP&Gが液体洗剤の価格を引き下げたところ、他社も液体洗剤の価格引き下げに追随したため、結果的に2006年から液体洗剤市場が大きく成長していくことになった[38]。液体レギュラー洗剤市場の市場規模と企業別売上高の推移を示した図1-4-3から読み取れるとおり、同市場ではその後、2009年までP&Gが市場シェア1位を維持していたものの、2010年には花王がシェア1位を奪還している。

　花王が2010年にシェアを大きく伸ばしたのは、同社が「液体アタック」の洗浄力を高め、プロモーションを強化したことによるものである。図1-4-1から読み取れるとおり、洗浄力の軸で「液体アリエール」は、他社製品を上回ってはいるものの、圧倒的な差をつけるほど明確な差別化にまでは至らなかった。

---

[38] 尾下博幸 [2008]、「洗濯機の変遷、洗濯行動の変化と最近の衣料洗剤のトレンド」『洗濯の科学』第53巻4号、pp.28-35

図1-4-5　パナソニック製洗濯機の標準洗濯時間の推移

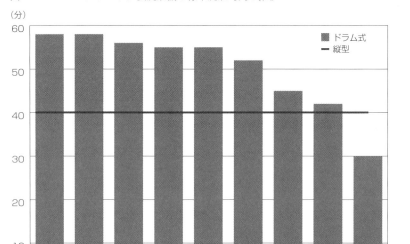

注：縦型洗濯機の洗濯時間は、パナソニックのホームページで確認したところ、概ね40分前後で大きな変化
　　はなかったため、40分で一定とした
出所：ドラム式洗濯機の洗濯時間は、日経トレンディネットホームページ『洗浄力と時間短縮の両立へ～
　　　洗濯乾燥機の最新技術【第1回】』
　　　（http://trendy.nikkeibp.co.jp/article/pickup/20130620/1050221/?ST=life&P=2）より

そのため、他社による競争対応によって簡単にシェアを逆転されたものと思われる。

　以上のとおり、P&Gは洗浄力と水への溶けやすさを訴求した「液体アリエール」で他社製品と明確な差別化を図ることはできなかった。これに対して花王は、2009年に、柔軟剤とは競合しない「すすぎが1回で済む」ことによる「節水・節電・時間短縮」という機能を訴求した液体コンパクト洗剤「アタックNeo」を発売し、他社との差別化に成功している。液体コンパクト洗剤市場の市場規模と企業別売上高の推移を示した図1-4-4から、花王が同市場において圧倒的なシェアを維持していることが確認できるであろう。市場の形成から4年を経た2012年においても花王が約57％ものシェアを占めている。

　節水・節電・時間短縮という機能が、多くの消費者に対して訴求力をもつこ

とはいうまでもないが、実は「アタックNeo」がヒットした背景にも、エコシステムの変化があった。2010年頃までに販売されていたドラム式洗濯機の標準洗濯時間は、図1-4-5に示したとおり、縦型洗濯機よりも長かった。そのため、ドラム式洗濯機の利用者には、「時間短縮」という機能による差別化が、特に強く訴求したのである。また、ドラム式洗濯機は縦型洗濯機よりも水使用量が大幅に少ないため、ドラム式洗濯機が普及するにつれ、相対的に水使用量が多くなった縦型洗濯機利用者には、「節水」という機能による差別化が、特に強く訴求したのである。「アタックNeo」のヒットは、柔軟剤の使用者が増加し、差別化のために洗剤に付加できる機能が限られるなか、花王がエコシステムの変化をとらえ、柔軟剤とは競合しない新たな軸でうまく差別化したことによるものといえるであろう。

● P&Gがシェアを大きく拡大できなかった要因

食器用洗剤と市場の特徴が類似しているように見える衣料用洗剤市場においてP&Gはシェアを大きく拡大することには成功しなかった。もちろん現時点でも十分に高いシェアを保持していると評価することは可能ではあるが、それでもなお食器用洗剤の成功には遠く及んでいない。このような結果になった要因を整理すると、次のとおりである。

衣料用洗剤市場においても食器用洗剤市場と同様、エコシステムの変化を背景として、新たなニーズが生じていた。具体的には、洗濯機が節水型になったことによる「粉末洗剤の溶け残りの解消」や、住宅環境の変化等により部屋干しが増加したことによる「部屋干しの嫌なニオイの解消」などである。しかし、衣料用洗剤市場では、花王とライオンがこうした変化をしっかりと認識していた上、その対応においては、洗剤だけでなく、補完財である柔軟剤も活用していた。そのため、柔軟剤の利用者が増加するにつれ、柔軟剤と競合する機能をもつ洗剤は消費者に訴求しにくくなっていた。柔軟剤がうまく達成できる差別化要素を活発に追求することで、洗剤の側の差別化が利く範囲を狭めていったのである。

P&Gが「液体アリエール」の差別化で訴求した洗浄力の高さと水への溶けやすさは、重要な訴求ポイントではあったが、花王とライオンの迅速かつ継続

的な対応によって十分なインパクトを発揮できないままに押さえ込まれた。

　振り返って全体的にとらえ直して見れば、ここでもやはり、洗濯機や部屋干しという環境、柔軟剤など、補完的な機能を果たす他の活動をすべて含めたエコシステムのダイナミクスが競争の成否を読み解く上で重要な役割を果たしていることがわかる。衣料用洗剤の事例でも、先の食器用洗剤の事例と同様に、エコシステム全体をとらえる広域視野が重要であることが明確になる。とりわけ補完財の一部を自社がコントロールしている場合には、エコシステム全体の中で、どこにどのような競争を現出させ、何を有効打にし、何を無効な差別化にするのかという思考が重要である、という示唆が得られるのである。

第5節————————————————————————————

まとめ

　エコシステム全体を視野に入れて戦略を考える必要がある。この結論自体は必ずしも新しいものではない。IT系のビジネスでは企業人ばかりでなく、一般消費者ですら、そのことに気づいているはずである。例えば、近年スマートフォンの普及に伴ってデジタルカメラの売れ行きが悪化しているが、その要因は、単にスマートフォンの画質が向上したことだけによるものではない。その背景には、インターネットやSNSの普及という写真を取り巻くエコシステムが変化した結果、消費者の写真の楽しみ方が変化し、画質という差別化軸よりもインターネットとの接続性という差別化軸のほうが訴求力をもつようになったという変化があるであろう。

　また、携帯音楽プレーヤー市場におけるiPodのシェアの高さは、音楽の保存方法が記録メディアからHDDへ変わるというエコシステムの変化に対応したことや、製品の良さだけでなく、補完財であるiTunesによって競合企業との差別化を図ったことによるものである。このように、補完財を含めたエコシステム全体を視野に入れる広域視野が必要だというのは、現代を生きるわれわれにとって戦略思考の基礎といってもよいほど重要な視点である。

　しかし、いったんITを離れると、エコシステムが重要だという視点は必ずしも常に意識されるものではない。ロン・アドナーが『ワイドレンズ』の中で

強調するように、タイヤビジネスを自動車修理工場のスキルと相互依存したシステムで考えるという思考は、しばしば忘れられている。とりわけ本章で強調したかったのは、日常的にわれわれが使用している洗剤のような製品ですら、相互依存した製品群の中のひとつとしてとらえ、そのエコシステム全体の変化という視点から問題をとらえなければならないということである。

　もちろん本章に登場したエクセレント・カンパニーはこの点を十分に理解した戦略的な打ち手をとっていたが、必ずしもすべての企業人にとって、エコシステムを視野に入れてマーケティング戦略を策定することが戦略思考の常識にまではなっていないと思われる。本章の議論が、ＩＴ系以外の日常的な製品についても、エコシステム全体のダイナミクスを視野に入れる戦略的な広域視界が重要だということを認識する契機になればと願っている。

参考文献

〈論文・書籍〉

Adner, R. [2012], *The Wide Lends: A New Strategy for Innovation*, Portfolio（清水勝彦監訳『ワイドレンズ——イノベーションを成功に導くエコシステム戦略』東洋経済新報社，2013年）

阿部誠・古川一郎・守口剛 [2003]、『マーケティング・サイエンス入門』有斐閣

江川直行 [2008]、「最近の柔軟剤の開発動向」『フレグランスジャーナル』第36巻12号、pp.68-73

尾下博幸 [2008]、「洗濯機の変遷、洗濯行動の変化と最近の衣料洗剤のトレンド」『洗濯の科学』第53巻4号、pp.28-35

金沢成寿 [1995]「調理家電におけるフッ素コーティングの応用」『National technical report』第41巻1号、pp.84-91

小板橋恵美子・沖田富美子・中山和美・丸山昌史 [2009]、「洗濯行動からみた住空間評価の研究 その1 洗濯行動の実態および洗濯空間の評価」『学術講演梗概集 E-2、建築計画II、住居・住宅地、農村計画、教育』pp.59-60

厚生省生活衛生局食品化学科 [1991]、「食品用洗浄剤の安全性に関する調査研究 平成元年度厚生科学研究（食品衛生調査研究事業）報告書」

佐々木大輔・金田英之・兵藤亮・蓼沼裕彦 [2008]、「洗濯環境の変化が衣類の風合いに及ぼす影響とその抑制技術について」『繊維製品消費科学』第49巻2号、pp.123-129

佐藤ひろみ [1979]、「台所用合成洗剤への一考案」『人間科学研究』第1号、pp.115-124

独立行政法人国立科学博物館 [2011]、『技術の系統化調査報告第16集』

日本石鹸洗剤工業会 [1992]、『油脂石鹸洗剤工業史 − 1980年代の歩み −』

沼上幹 [2008]、『わかりやすいマーケティング戦略 新版』有斐閣

沼上幹＋一橋MBA戦略ワークショップ [2011]、『戦略分析ケースブック』東洋経済新報社

沼上幹＋一橋MBA戦略ワークショップ [2012]、『戦略分析ケースブックVol.2』東洋経済新報社

沼上幹＋一橋MBA戦略ワークショップ [2013]、『戦略分析ケースブックVol.3』東洋経済新報社

富士経済 [1986]、『トイレタリーグッヅマーケティング要覧 1986年版』

富士経済 [1988]、『トイレタリーグッヅマーケティング要覧 1988 年版』
富士経済 [1990]、『トイレタリーグッヅマーケティング要覧 1990 年版』
富士経済 [1991]、『トイレタリーグッヅマーケティング要覧 1991 年版』
富士経済 [1992]、『トイレタリーグッヅマーケティング要覧 1992 年版』
富士経済 [1993]、『トイレタリーグッヅマーケティング要覧 1993 年版』
富士経済 [1994]、『トイレタリーグッヅマーケティング要覧 1994 年版』
富士経済 [1995]、『トイレタリーグッヅマーケティング要覧 1995 年版』
富士経済 [1996]、『トイレタリーグッヅマーケティング要覧 1996 年版』
富士経済 [1997]、『トイレタリーグッヅマーケティング要覧 1997 年版』
富士経済 [1998]、『トイレタリーグッヅマーケティング要覧 1998 年版』
富士経済 [1999]、『トイレタリーグッヅマーケティング要覧 1999 年版』
富士経済 [2000]、『トイレタリーグッヅマーケティング要覧 2000 年版』
富士経済 [2001]、『トイレタリーグッヅマーケティング要覧 2001 年版』
富士経済 [2002]、『トイレタリーグッヅマーケティング要覧 2002 年版』
富士経済 [2003]、『トイレタリーグッヅマーケティング要覧 2003 年版』
富士経済 [2004]、『トイレタリーグッヅマーケティング要覧 2004 年版』
富士経済 [2005]、『トイレタリーグッヅマーケティング要覧 2005 年版』
富士経済 [2006]、『トイレタリーグッヅマーケティング要覧 2006 年版』
富士経済 [2007]、『トイレタリーグッヅマーケティング要覧 2007 年版』
富士経済 [2008]、『トイレタリーグッヅマーケティング要覧 2008 年版』
富士経済 [2009]、『トイレタリーグッヅマーケティング要覧 2009 年版』
富士経済 [2010]、『トイレタリーグッヅマーケティング要覧 2010 年版』
富士経済 [2011]、『トイレタリーグッヅマーケティング要覧 2011 年版』
富士経済 [2012]、『トイレタリーグッヅマーケティング要覧 2012 年版』
富士経済 [2013]、『トイレタリーグッヅマーケティング要覧 2013 年版』
堀内雅子 [1982]、「洗剤に関する消費者意識と残留洗剤について」『群馬大学教育学部紀要 芸術・技術・体育・生活科学編』第 18 巻、pp.39-51
堀内雅子 [1996]、「洗剤の消費実態と食器への洗剤残留」『群馬大学教育学部紀要 芸術・技術・体育・生活科学編』第 31 巻、pp. 123-130
丸山賢次 [2012]、「柔軟仕上げ剤における香りの世界」『繊維製品消費科学』第 53 巻 10 号、pp.800-802
八塚春子、井上隆、前真之 [2012]、「水まわり空間を中心とした省エネルギー性と快適性に関する研究：第 15 報 水まわり空間に関するアンケート調査」『学術講演梗概集 2012（環境工学I）』、pp.601-602
山田勲 [2011]、「最近の家庭洗濯の実施状況と消費者意識」『繊維製品消費科学』第 52 巻 12 号、pp.763-770
吉川サナエ [1994]、「洗剤による手荒れについて」『川崎市公害研究所年報』第 20 号、pp.52-59
吉村達四郎 [1978]「ふっ素樹脂コーティングの用途開発 特性と応用例 PCTFE」『工業材料』第 26 巻 12 号、pp.24-27

〈新聞〉
『週刊粧業』1999 年 7 月 5 日、p. 33
『週刊粧業』2004 年 7 月 19 日、p.49

『日経産業新聞』1996年4月13日、p.1
『日経産業新聞』1999年7月19日、p.15
『日経流通新聞』1995年3月9日、p.16
『日経流通新聞』1996年11月2日、p.8
『日経流通新聞』2000年11月4日、p.6
『日経流通新聞』2004年10月11日、p.2
『日経流通新聞』2007年12月9日、p.2

〈雑誌〉
『日経ビジネス』「P&G VS 花王──学び続ける老舗企業」2002年7月29日号、pp.142-147
『日経ビジネス』「花王3─多機能型の洗濯洗剤 粘土のチカラで衣服を柔軟に」2006年10月16日号、pp.108-110

〈ウェブサイト〉
LIXILホームページ「いいナビ」(http://iinavi.inax.lixil.co.jp/)
総務省統計局ホームページ「国勢調査」(http://www.stat.go.jp/data/kokusei/2010/index.htm?utm_source=twitterfeed&utm_medium=twitter)
総務省統計局ホームページ「社会生活基本調査」(http://www.stat.go.jp/data/shakai/2011/index.htm)
総務省統計局ホームページ「住宅・土地統計調査」(http://www.stat.go.jp/data/jyutaku/)
日経トレンディネットホームページ『洗浄力と時間短縮の両立へ～洗濯乾燥機の最新技術【第1回】』(http://trendy.nikkeibp.co.jp/article/pickup/20130620/1050221/?ST=life&P=2)
日本石鹸洗剤工業会ホームページ「家庭用製品一覧表(2013年7月現在)」(http://jsda.org/w/00_jsda/9books_b.html)
日本石鹸洗剤工業会ホームページ「全自動洗濯機と洗濯乾燥機の普及と洗濯行動の変化」(http://www.jsda.org/w/01_katud/a_seminar07.html)
日本石鹸洗剤工業会ホームページ「全自動洗濯機と洗濯行動の変化」(http://www.jsda.org/w/01_katud/2kurashi_63.htm)
日本石鹸洗剤工業会ホームページ「手肌をいたわる『台所用洗剤』」(http://www.jsda.org/w/03_shiki/daidokoro_ca228.html)
ネットリサーチディムスドライブホームページ「『柔軟仕上げ剤(柔軟剤)』に関するアンケート」(http://www.dims.ne.jp/timelyresearch/2013/130823/)
パナソニックホームページ「ドラム式洗濯乾燥機 NA-VX8200L 他4機種を発売」(http://panasonic.co.jp/corp/news/official.data/data.dir/2012/08/jn120821-2/jn120821-2.html)
ライオンホームページ「柔軟剤と香りに関する意識・実態調査」(http://www.lion.co.jp/ja/company/press/2010/2010078.htm)

第2章

縮小市場における成長セグメントの取り込み

——大和ハウス賃貸住宅事業の二重のマーケティング戦略

第1節

大和ハウス賃貸住宅事業の成長

　本章の目的は、マーケティングのフレームワークであるSTP（エスティーピー：Segmentation・Targeting・Positioning）と、4P's（フォーピーズ：Product・Price・Place・Promotion）を用いて、巧みなマーケティング戦略の深層構造を明らかにすることである。対象事例として、大和ハウス工業株式会社（以下、大和ハウス）の賃貸住宅事業の伸長を取り上げる。

　大和ハウスは競合企業である積水ハウス株式会社（以下、積水ハウス）と過去50年以上にわたって住宅事業のシェアを競ってきたが、近年は事業施設や商業施設事業の伸長に伴い、売上高と営業利益で積水ハウスを上回る業績を上げている。しかしながら、その事業伸長の内実をよく見てみると、実は最も大きなセグメントは賃貸住宅事業である。大和ハウスは、賃貸住宅事業において積水ハウスのシェアを抜き、高い収益性を上げているのである。

　賃貸住宅市場で同社がシェアを向上させた背景には、「防犯配慮型賃貸住宅」の導入がある。防犯配慮型賃貸住宅とは、単身世帯、とりわけ単身女性世帯向けに構築された、防犯と収納、専用化粧台など女性の求めるサービスを備えたやや高価格帯の賃貸住宅である。「縮小市場」といわれる日本の賃貸住宅市場において、大和ハウスがなぜ防犯配慮型賃貸住宅を他社に先駆けて市場投入することができたのか、また、それがどのようなマーケティング戦略を内包した

商品投入であったかは大変興味深い問いである。本章はこの問いを巡って考察を巡らせていく。

　本章の結論を先取りするならば、大和ハウスが防犯配慮型賃貸住宅で成功した背景には、同社の直接顧客である家主＝土地オーナー（一次顧客）と間接顧客＝賃貸住宅の借り手（二次顧客）という2つの顧客に関して明確なセグメンテーションとターゲティングを行なっていたこと、すなわち「二重のターゲティング」にある。この点を本章では論じていくことにしたい。

■1 大和ハウスと積水ハウスの企業間競争

●概観

　大和ハウスの住宅部門の成長性を支えているのは、高収益な賃貸住宅事業である。同社の平成26年3月期（2013年度）に達成した業績を見てみればその点は明らかである。2013年度の同社の賃貸住宅事業と住宅販売事業を合わせた住宅事業の売上高合計は1兆4125億円[1]、そのうち賃貸住宅事業は6887億円、住宅販売事業（戸建及びマンション事業の合計）は6371億円と、賃貸住宅事業のほうが規模が大きいことがわかる。

　営業利益を見れば、賃貸住宅事業の位置づけはさらに高いことがわかる。同社の2013年度の住宅事業の営業利益975億円のうち、住宅販売事業の営業利益は240億円で住宅事業全体の約24.6％を占めるにすぎないが、賃貸住宅事業の営業利益は642億円であり、住宅事業全体の約65.8％を占めている。

　大和ハウスとは対照的に、住宅業界のリーダーである積水ハウスは、一貫して戸建住宅に軸足を置きながら、その中でも「中高級」価格帯の住宅に特化した事業戦略をとっている。積水ハウスの平成26年1月期の住宅販売事業の売上高は7140億円、賃貸住宅事業の売上高は7646億円であり、賃貸住宅事業のほうが規模が大きい点は大和ハウスと同様である[2]。

---

1) 大和ハウスの住宅事業は、「戸建住宅」「賃貸住宅」「マンション」「住宅ストック」のそれぞれのセグメントの合計とした。
2) 積水ハウスの住宅事業は、「戸建住宅事業」「賃貸住宅事業」「リフォーム事業」「不動産フィー事業」「分譲住宅事業」「マンション事業」のそれぞれのセグメントの合計とした。

しかし営業利益を見てみると、住宅販売事業が778億円で住宅事業全体の52.5％を占めている一方で、賃貸住宅事業の営業利益は564億円と住宅事業全体の約38.1％にとどまっている。このように住宅販売事業の収益性に軸足を置いた経営を行なっている点が、積水ハウスの特徴である。

　日本の新規住宅着工数は2008年までは100万戸を維持してきたが、2008年のリーマン・ショックを境に80万戸割れを記録し、人口減少やストック住宅の増加を背景に、今後も大胆な回復は見込めない。その厳しい環境に直面しながら、大和ハウスと積水ハウスは共に特徴のある戦略を採用して対応してきている。積水ハウスはハウスメーカーのリーディングカンパニーとして高級戸建住宅を中心にした戦略を追求している。これに対して大和ハウスは、戸建住宅ではなく賃貸住宅の分野で積水ハウスを超える業績を上げるようになってきたのである。

●大和ハウスと積水ハウスの成長率と利益率の推移

　実際に大和ハウスと積水ハウスの住宅事業における業績推移を2013年度までのデータで比較してみよう。まず賃貸と戸建から構成される住宅事業全体の業績推移を確認するために、図2-1-1には横軸に住宅部門の過去5年平均成長率（CAGR）をとり、縦軸に売上高営業利益率をとって、両社の各年の数字をプロットしてある。図の右上に行くほど、成長率も利益率も高い状況であり、左下に行くほどそれが低い状況を示している。右下は、成長率は高いが利益率が低い状況を、また左上は、利益率は高いが成長率が低い状況を示している。

　図2-1-1を見ると、住宅メーカーの両雄が異なるパターンの業績推移を示していることがわかる。誤解を恐れずに簡略化していえば、かつて高業績だった積水ハウスは2009年から2011年の間に売上高のマイナス成長を経験しているのに対して、大和ハウスはほぼ一貫して売上高を成長させながら、2013年度においても積水ハウスを引き離す高い売上高成長率を維持していることがわかるだろう。

　もう少し図を丁寧に見れば、もともと2006年度の時点では成長率も利益率も大和ハウスより高かった積水ハウスが、その後2009年度まで成長率も利益率も低下させていることがわかる。2010年度以降には積水ハウスの利益率は急

図２-１-１　２社の住宅部門売上高過去５年平均成長率と営業利益率

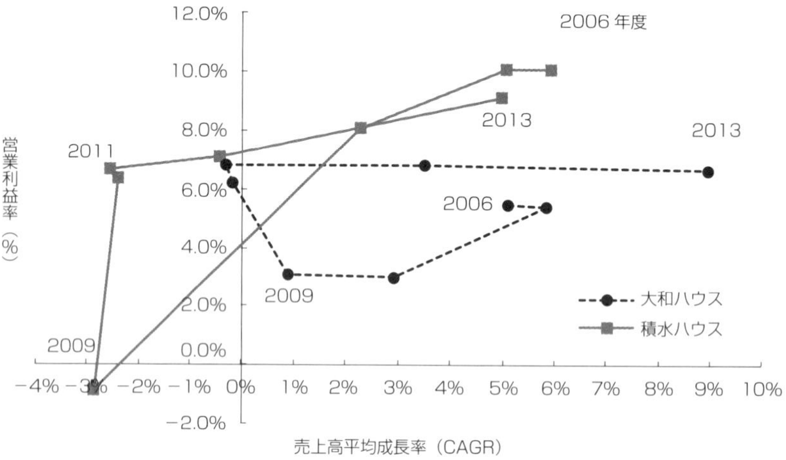

出所：各社 IR 資料より筆者作成

速に回復するのだが、成長率の回復には時間を要したことが読み取れる。2013
年度には、消費税増税前の駆け込み需要の影響から、戸建住宅や分譲マンショ
ンの業績が伸び、再び2006年度の水準に戻るのだが、2006年度よりもわずか
に成長率・利益率ともに及ばない。

　これに対して大和ハウスは2006年度から2008年度までの利益率では積水ハ
ウスに及ばないものの、2009年度においても赤字に陥らず、2010年度以降も6％
以上の利益率を保っている。成長率については、たしかに2009年度から2011
年度までは1％以下の低水準にとどまっていたものの、2012年度には3.5％、
2013年度には約9％という高い水準を達成している。大和ハウスは住宅不況期
においても収益性を維持し、以降、売上高を安定的に成長させ住宅業界のリー
ディングカンパニーである積水ハウスとの差を急速に縮めつつある状況にある
ことがわかる。

● 戦略の焦点──賃貸事業か持家事業か

　積水ハウスと大和ハウスの住宅部門に見られる、このような業績推移パター
ンの違いはどこから生まれてくるのだろうか。この点をもう少し事業領域を細

かく分割して、両社の戦略の差を明確化することにしよう。ここから両社は持家ビジネス中心か、あるいは賃貸住宅ビジネス中心かという点で異なる戦略を追求していることがより鮮明になる。

住宅事業は持家事業（一戸建てとマンションの販売）と賃貸住宅事業（賃貸住宅の建設請負及び管理運営）に大まかに分けることができる。積水ハウスと大和ハウスが、持家事業と賃貸住宅事業のバランスをどのようにとってきたのかを確認するために、図2-1-2を見てほしい。図の横軸には賃貸住宅事業の成長率をとり、縦軸には持家事業の成長率をとって、両社の各年の数字がプロットされている。

図を見ると、両社の事業バランスの取り方が明確に違うことがわかるはずである。積水ハウスは賃貸住宅事業の成長率を約3～7％程度の間に保ちつつ、持家事業の成長率を大きく上下させている。賃貸住宅事業の成長性を一定に維持したまま、持家事業の市況に合わせて業績が変わっている状況である。

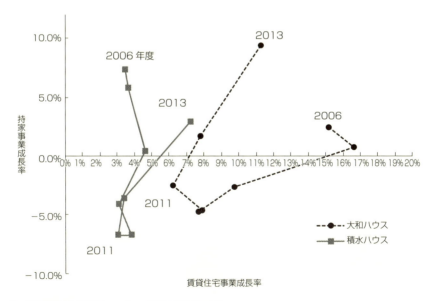

図2-1-2 2社の持家事業と賃貸住宅事業の過去5年平均成長率

注：持家事業は住宅販売とマンション販売の売上高の合計
出所：各社IR資料より筆者作成

これに対して大和ハウスは明確に異なるパターンを示している。まず明らかに積水ハウスよりも図中で右側にプロットされている点が目立つ。つまり、賃貸住宅事業の成長率は大和ハウスのほうが常に大きい。2007年度の16.6％からはその後低下していくものの、2011年度の6.2％の成長率を底として、2013年度には11.3％にまで成長率を高めている。持家事業の成長率についても、2010年度以降は大和ハウスのほうが高くなっている点も、同社の業績回復に貢献していると思われる。しかし両社の成長率の決定的な差は賃貸住宅事業に起因するととらえるのが適切であろう。ここから大和ハウスは賃貸住宅事業を成長のドライバーとしている、という戦略的な志向性が浮かび上がってくる。

　成長性だけでなく、収益性の面でも賃貸住宅事業は大和ハウスの中核を占めている。図2-1-3は過去4年間の営業利益の平均額を持家事業と賃貸住宅事業に分けて、両社を比較したものである。ここから、賃貸住宅で稼ぐ大和ハウス、持家住宅で稼ぐ積水ハウスというコントラストがより明確になるだろう。

図2-1-3　2社の住宅部門の営業利益（過去4年間の平均）の内訳

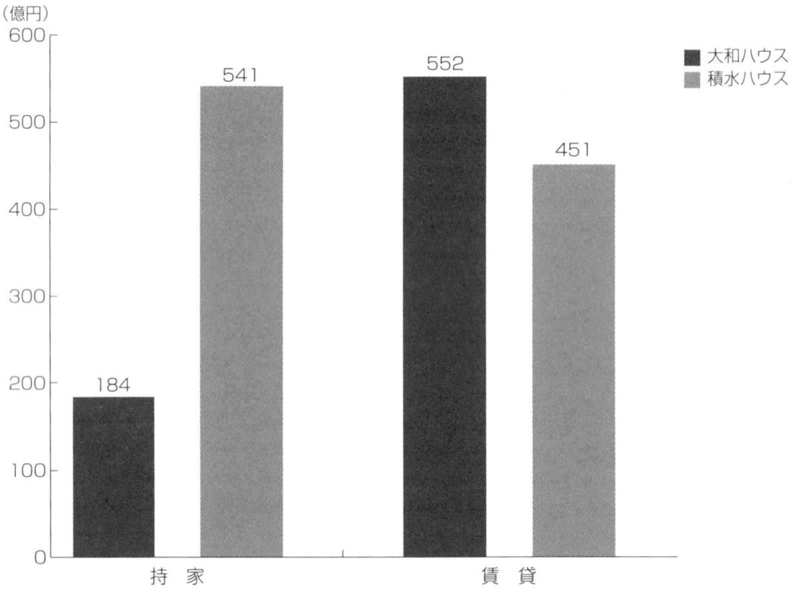

注：持家は戸建とマンション部門の売上高の合計
出所：各社IR資料より筆者作成

では市場シェアでは、大和ハウスはどのように成長してきているのだろうか。両社の賃貸住宅（新規建設）の市場シェアの変化を追った図2-1-4を見ると、大和ハウスの賃貸住宅市場シェアが、この7年間で約5ポイント（5.3%→10.2%）増加しているのに対し、積水ハウスの賃貸住宅市場シェアは2ポイント（6.2%→8.2%）の増加にとどまり、この間に大和ハウスが賃貸住宅に軸足を置いた成長戦略で成果を出してきたことが読み取れる[3]。

図2-1-4 2社の住宅部門の市場シェア推移

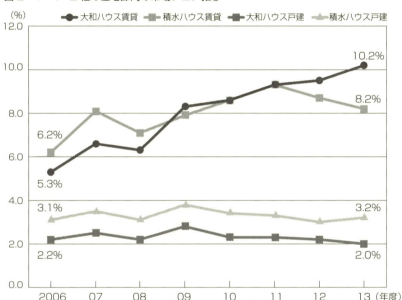

出所：各社IR資料より筆者作成

---

3) なお図2-1-4からは、2006年から2013年の間に、積水ハウスは戸建住宅の市場シェアを伸ばせていない（3.1%→3.2%）ことがわかる。賃貸住宅でも大和ハウスほど伸びず、戸建住宅ではシェアがほとんど変わっていないという点は、積水ハウスがシェアを追わずに、注文住宅の高付加価値セグメントに特化する戦略をとっていることが予測される。しかし、いずれにせよ、積水ハウスの問題とは独立に、大和ハウスが賃貸住宅市場で成功しているという事実は明らかである。

●大和ハウスの賃貸住宅事業戦略の特徴

　大和ハウスと積水ハウスの業績推移の比較を要約すると、収益性が高く成長率の高い賃貸住宅部門をもつ大和ハウスが、低成長時代に入った持家部門に強みをもつ積水ハウスとの差を縮めて猛追している、ということができるだろう。しかし、これは例えば「賃貸住宅建設の市場が高成長で、持家の建設需要が低成長であったために、両者の業績の差が出ているのだろう」というような外部要因によって説明がつく単純なケースではない。

　なぜなら、後に見るように、賃貸住宅市場は全体として見ると衰退市場だからである。重要なポイントは、この衰退市場の中で、大和ハウスは成長する事業を創り出してきたということであり、それを実現した大和ハウスの戦略が注目に値するということである。大和ハウスの賃貸住宅事業の成功は、同社のマーケティング戦略の特徴に原因を求めることができる。本章の結論を先取りするならば、大和ハウスは、二次顧客（居住者）と一次顧客（土地オーナー）へのSTPを連動させた「二重のターゲティング」を行なうことで、模倣されない強みを蓄積してきたのである。これが同社の賃貸住宅事業における成功のカギである。

　二重のターゲティングというのは、直接顧客（一次顧客）とそのまた先の間接顧客（二次顧客）の両者を明確にとらえ、両者を連動・総合したターゲット選定のことである。大和ハウスが賃貸住宅を建築する場合、賃貸住宅を建築しようという土地オーナー（一次顧客）と賃貸住宅建設の契約を取り結ぶ必要がある。賃貸住宅を建設するに当たり、大和ハウスは、その土地オーナー（その後の賃貸住宅の大家）が居住者（二次顧客）を引きつけられるように、特定のセグメントの居住者層にとって非常に魅力的な賃貸住宅を建てるノウハウを蓄積しているのである。

　居住者がどのようなタイプの人かによって、どのような賃貸住宅が魅力的かが変わるのだから、どの土地をもつオーナーを開拓するのがよいのかという問題と、そのオーナーがどのような居住者を顧客ターゲットとするかという問題は同時に決定しなければならない問題である。特に全体としては衰退市場の中における成長セグメントを切り出してくるという同社の戦略は、この二重の

ターゲティングがきわめて重要であった。より具体的にいえば、大和ハウスは「賃料相場がやや安い地域の土地のオーナー」（一次顧客）と「都市部の単身女性」（二次顧客）を連動させて、成長力を獲得していたのである。

大和ハウスの二重のターゲティングの特徴を理解するために、次節では、まず、そもそも大和ハウスの賃貸住宅が誰を対象とした、どのような商品であるのか、簡単に整理しておくことにしたい。こうすることで大和ハウスの賃貸住宅市場における戦略が具体的にイメージしやすくなるはずである。

第2節
二次顧客（居住者）に対するマーケティング・ミックス

大和ハウスの賃貸住宅市場における戦略を理解するために、まず同社が主に単身女性向けに発売した「防犯配慮型賃貸住宅」が、具体的にどのようなマーケティング戦略をとっているのかを整理しておくことにしよう[4]。以下では、二次顧客向けには「D-room」と呼ばれる防犯配慮型賃貸住宅がどのようなものであるのかを4つのP（Product・Price・Place・Promotion）に沿って解説していくことにする。

1 二次顧客（居住者）に対する4つのP

●(1)Product（商品）──SWタイプの発売

大和ハウスが最初に防犯配慮型賃貸住宅を発売したのは2010年8月である。その防犯配慮型賃貸住宅をさらに発展させる形で、2011年6月に女性向けの賃貸住宅であるSWタイプの賃貸住宅が発売された。SWとは「セキュリティー・フォー・ウィメン」の略であり、セキュリティーを特に重視した女性向け賃貸住宅の呼称である。

4）防犯配慮型賃貸住宅とは、ホームセキュリティを標準搭載した賃貸住宅のことである。ホームセキュリティとは、入居物件に不審者が侵入したなどの非常時に、センサーが異常を感知することで、あるいは居住者が非常ボタンを押すことで、警備会社に連絡がいき、現地に警備員が急行するというシステムである。

大和ハウスが単身女性向けにSWタイプのような防犯配慮型賃貸住宅を発売したことは、主に都会における女性を被害者としたストーカー犯罪件数の増加という環境要因の変化にマッチしていた。従来よりストーカー被害については

図2-2-1　東京都のストーカー被害相談受理件数

（件）
・〜19歳、20〜29歳、30〜39歳、40〜49歳、50〜59歳
2011年：約60、400、305、170、45
2012年：約100、600、405、225、65

出所：警視庁ホームページ

図2-2-2　セジュールウィット-SWの内装

出所：大和ハウス工業ホームページ

第2章　縮小市場における成長セグメントの取り込み　63

社会問題化してきているが、SNS（ソーシャル・ネットワーク・サービス）の発達した近年は、特にストーカー被害に関するニュースが頻繁に世間を騒がせている。図2-2-1は東京都のストーカー被害相談受理件数を2011年と12年について年齢別に描いたものである。12年のグラフはすべての年代について11年のグラフの上方に位置しており、特に20代〜30代にかけて東京都のストーカー被害が増加していることが見て取れる。

　このような社会環境の変化をとらえて、大和ハウスは都会に住む女性向けに、防犯性能をプラスした、しかも女性向けに収納力の大きさやデザイン性を高めた「セジュールウィット-SW」と「セジュールオッツ-SW」を2012年に発売した。図2-2-2で示した写真にあるように、SWシリーズはウォークスルークローゼットやペニンシュラキッチン[5]を装備するなど、生活動線を考えた空間や、幅広の洗面化粧台といった女性向けの美容志向の住宅設備を備えている。このような商品特性ゆえに、SWシリーズは単身女性を中心にヒットし、2013年9月期の累計契約戸数は5万1535戸となっている[6]。

● (2) Price（価格）——相場よりやや高めの設定

　大和ハウスの賃貸住宅の賃料は、その土地の賃貸相場よりも少し高い賃料を示している。大和ハウスの賃貸住宅D-roomは、例えば江戸川区や練馬区といった東京都の中でも比較的賃料相場が低い地域に新築物件を多く建設している。その「比較的賃料相場が安い地域」の中では大和ハウスのD-roomはやや高めの価格設定をされている。

　この点を確認するべく、試みに大和ハウスが東京都の練馬区の4地点（桜台と江古田、小竹向原、氷川台）で建設している新築物件の賃料設定を、他の事業者の賃貸物件と比較するために、不動産相場の解析に用いられるヘドニック・アプローチによる回帰分析を行なった（表2-2-1）。

　ヘドニック・アプローチとは、商品の価格をさまざまな性能や機能の束としてとらえて、それらの性能・機能を原因変数、価格を結果変数として回帰分析

─────────────────

5)ペニンシュラキッチンとは、「半島」型のキッチンのことで、キッチンの両端のうちどちらかが壁面に接し、ダイニングとカウンターで対面するように設置されたキッチンのことである。

6)大和ハウス工業株式会社「賃貸住宅事業について」。なお、SW仕様でないものも含めた防犯配慮型賃貸住宅の累計契約戸数は2013年3月期で8万9510戸である。

表2-2-1　大和ハウスと他事業者の賃貸物件の平均値比較

	池袋までの乗車時間	駅歩	広さ**	階数	月額賃料	管理費	ダミー*	サンプル数
大和ハウス	9.0分	8.0分	34.3m²	1.9階	90894円	5000円	1	19
他事業者	7.8分	6.5分	23.3m²	1.3階	70761円	2476円	0	21

賃料：P、物件の広さ：x、ダミー変数：yとしたとき、
回帰式：$\log(n)P = 10.84 + 0.017x + 0.075y - ①$
①より、賃料 $P = e^{(10.84+0.017x+0.075y)} = 51021$円$\times e^{0.017x} \times e^{0.075y} - ②$
注1：西武池袋線桜台駅、江古田駅、副都心線小竹向原駅、氷川台駅近辺の物件データ
注2：賃貸物件（アパート）の中で、単身世帯向け条件として以下の条件で物件を賃貸検索サイトSUUMOにより検索した
　　　①間取り：ワンルーム・1K・1DK・1LDKのアパート
　　　②駅歩10分以内　③新築物件
注3：回帰分析では、月額賃料（家賃と共益費の合計額）の自然対数を従属変数、他の5変数（池袋までの乗車時間、駅歩、広さ、階数、ダミー変数）を独立変数とした。回帰式の決定係数（R二乗）は0.76であった。
　　　広さ（x）とダミー変数（y）の有意水準はそれぞれ1%有意、10%有意であった。
注4：①式の係数は小数点以下第四位を四捨五入、②式は金額については小数点以下、乗数については小数点以下第四位を四捨五入した

を行ない、どの性能・機能が重要な役割を果たしているのかを追究する手法である[7]。不動産物件に関しては、「最寄り駅」や「駅からの徒歩時間」、「部屋の広さ」、「階数」などが賃料を規定する上で大きな役割を占める重要な性能・機能である。これらを原因変数側に置いて、価格（対数）の回帰分析を行ない、大和ハウスのD-roomがその傾向線から外れているか、すなわち高価格帯に位置するかどうかを確認することにしよう。

　練馬区桜台と江古田、小竹向原、氷川台の4地域を選定した理由[8]は、都心の池袋から10分以内という、通勤に便利な「都会の単身女性」が選好する好立地の典型例と考えられる点である。地域についてランダム・サンプリングを行なっている訳ではないので、一般化した知見が得られるのかという問題はあるものの、典型的な地域でD-roomの価格づけを知るという意味では十分であろう。

　回帰分析を行なう際に、被説明変数を賃料（管理費含む）の自然対数、説明変数を①池袋からの乗車時間、②駅からの徒歩分数、③広さ、④階数、⑤大和ハウス物件かどうか（ダミー変数：大和ハウス物件であれば1、そうでなければゼロ）とした。サンプルは駅から徒歩10分以内の単身世帯向けの新築物件に

7）麗澤大学、清水千弘教授ホームページ
8）もうひとつの重大な理由として、他事業者が多く該当物件を有していることがある。回帰分析を行なう際に、大和ハウスのみならず他事業者のサンプルも多く取れることがこの地域を選定した理由である。

限り、比較可能な40件をデータとして活用した。

　回帰分析を行なった結果、賃料に影響を及ぼしていたのは③物件の広さと⑤大和ハウスの物件かどうか、の2つのみであった。池袋からの乗車時間や駅からの徒歩時間は、ここでは「典型的な地域」を絞ってサンプルを選択したため、サンプル内で大きな差がなく、その結果、それによる価格への影響が弱かったのではないかと思われる。この回帰式からわかることは2つあり、第一に物件の広さが賃料に影響していること、第二に物件の広さが同じであっても、大和ハウスの物件であることで賃料設定が高くなるということである。大和ハウスの賃貸物件の賃料は、同じ広さの他の物件と比較して約7.8%ほど高い価格設定となっている。例えば同じ8万円の賃貸物件であったとしても、大和ハウスの物件であれば約6240円高くなる。

　この約7.8%のプレミアムには、実はホームセキュリティの代金（月額5000円程度）が含まれているのだが[9]、それを考慮してもD-room独自の価値が居住者に魅力的に映らなければ、このプレミアムは達成できない。それだけ居住者から見た「防犯配慮型住宅」としてのD-roomの価値は高いということが推測できる。

●(3) Place（流通チャネル）とPromotion（広告）――D-roomのCM

　賃貸住宅を借りようとする人は、近年では、まずa）インターネット流通チャネル（SUUMOやHOME'sといった賃貸住宅検索サイト）を通して賃料や立地などを検討しながら、候補地にあたりをつけた後で、b）地場の不動産仲介業者に直接物件について聞きに行く、というのが一般的である。インターネット流通チャネルであるSUUMOやHOME'sといった他業者との比較検討が可能なサイトにおいては、D-roomは同一地域では比較的高価格帯の物件として賃借者の目に映ることになる。

　D-roomのCMでは、20代の女優（上野樹里）が、歴代の仮面ライダーに対して賃貸の部屋を守ってほしい、という依頼をするストーリーになっている。しかしそうした無茶な要望も、「D-room」であればかなえられる、というメッセージが視聴者に対して打ち出されている。仮面ライダーという正義の味方をもち

9）セコム・ホームセキュリティ及びHOME ALSOKホームページ

出すことで、侵入犯という「悪」を倒すイメージが、これから入居を考える顧客、特に若い単身女性にストレートに伝わる内容になっている。

　大和ハウスがどのような二次顧客（賃貸住宅の居住者）を対象として、D-roomの4つのPをどのように構築しているのか、ということをここまで考察してきた。ここでの到達点は、大和ハウスが、①都会に住む単身女性をターゲットとした魅力的な商品を、②他社よりもわずかに高い価格で賃貸してもらうことを狙い、③それを促すようなチャネルや広告を組み合わせている、ということになる。

第3節————

賃貸住宅事業のSTP

　セキュリティーに高い関心をもつ都会の単身女性をターゲットにSWシリーズを提供する大和ハウスのマーケティング戦略は、適切でオーソドックスなもののように見える。このことは、しかし、さらに近年の賃貸住宅市場全体の状況と、その中における都会の単身女性セグメントの位置づけを確認することでさらに明確になる。この市場環境の概観を行なった上で、大和ハウスの賃貸住宅市場がどのような特徴をもつのかを改めて確認する作業を本節では行なっておきたい。本節の結論をやや定式化していうなら、以下のとおりである。

1　大和ハウスがシェアを伸ばした賃貸住宅市場は、実は全体として見ると急速に縮小していくという逆境にあった。
2　全体としては縮小傾向にある賃貸住宅市場の中で、単身世帯は増えており、特に女性の単身世帯が都市部、例えば東京都で急速に増えていた。都市部の単身女性世帯は衰退市場の中の成長セグメントであった。
3　その成長セグメントを獲得するために、都会の中でも賃貸相場が相対的にやや安い地域の土地オーナーに大和ハウスは焦点を当てた。このような独特の一次顧客のセグメンテーションとターゲティングを行なうことで、大和ハウスは全体としては衰退市場の中における成長セグメントを取り込むことができたのである。

以下、それぞれの部分について流れを追って説明していこう。

1 賃貸住宅市場の縮小

日本の新規住宅着工数（持家と賃貸住宅の合計）が縮小していくトレンドに沿って、賃貸住宅の着工数も年々減少傾向にある。図2-3-1の棒グラフを見ると、1996年以降のわが国の新規住宅着工数は年々減少してきていることがわかる。1990年には170万7000戸もあった新規住宅着工件数が、1998年には119万8000戸に減少し、その後はその水準が2008年頃まで続く。しかし、リーマン・ショックの影響が本格的に表れる2009年には新規住宅着工件数は78万8000戸（1990年の実に46.2％の水準）となり、その後も100万戸割れの状況は続いている。

図2-3-1　日本の新規住宅着工数と賃貸／持家比率の推移

注：持家は戸建とマンションの合計
出所：国土交通省建築着工統計（2012）より筆者作成

図中の折れ線は、持家着工数に対する賃貸住宅着工数の比率を表している。これは新規に建設された住宅が、個人が所有する住宅（持家）なのか賃貸住宅なのかという比率である。この比率が高いほど賃貸住宅側に新規住宅着工市場がシフトしていることを示し、この比率が低いほど持家のほうに新規住宅着工市場がシフトしていることを示している。「100％」というのは持家と賃貸住宅の着工数が同数だったということを示し、「60％」というのは持家着工数の60％しか賃貸住宅が着工されなかったということを意味している。

　図から明らかなように、全体として新規住宅着工数が減少しているなかで、賃貸／持家比率は右肩下がりに推移しているのであるから、賃貸住宅の着工数は住宅市場全体の縮小と同様に、あるいはそれ以上に減少している「二重の縮小市場」なのである。

　しかも、賃貸／持家比率の変動幅が大きいことをここで確認しておきたい。賃貸住宅と持家の比率は、1988年には108％、つまり賃貸住宅のほうが持家よりも若干多く建設されていた状況であった。しかし2000年には53％にまで賃貸住宅の建設割合は低迷した。その後2005年から2009年には賃貸住宅の新規着工数は徐々に盛り返し、70％台で推移したものの、リーマン・ショック後に再び低下し、2012年には57％にまで低下している。賃貸住宅の市場は、長期間を範囲として見ると、きわめて変動の激しい市場なのである。

　賃貸住宅の変動性が高いのは、マクロ経済の景気に敏感に影響を受けるからである。持家も賃貸住宅も、共にある程度景気動向には左右されるものの、持家の場合は不景気の時期には優良な住宅建築を奨励する景気浮揚策を政府が採用するために一定の需要水準を確保できる。しかし賃貸住宅の場合、持家建築を奨励する景気浮揚策を当てにすることはできない。賃貸住宅の建設に踏み切る土地オーナーは、事業として利益を上げるために、ある程度ラフにでも投資収益率を意識して投資を決定する。賃貸住宅の建設意思決定は、ある種の設備投資であるため、マクロの景気動向に強く影響を受けるのである。大和ハウスが直面している環境は、全体としては縮小傾向が続くなかで、しかも景気動向に合わせて変動性が激しく表れる市場なのである。大和ハウスが賃貸住宅市場で業績を拡大してきた、というのは実はこのような逆風の吹いている環境下においてなのである。

② 都市部単身女性世帯へのターゲティング

　賃貸住宅市場が縮小しているにもかかわらず、成長しているセグメントがある。それは都会の単身世帯向け賃貸住宅である。実際に、東京都の賃貸住宅に住む単身世帯数は1985年から2010年の25年間で、92万1143世帯から292万2488世帯へと3倍以上に増加している[10]。その中でも、成長市場は単身女性向けの賃貸住宅である。事実、大和ハウスの大野直竹社長は、新設住宅着工数の今後の読みを「年間60万〜70万戸」と低水準が続くことを予測しているものの、「女性の市場は成長しており、これに注力すれば、賃貸住宅市場の成長以上の伸びが可能と見て」いる[11]。

　実際に大野社長が指摘しているように都市部における女性の単身世帯が成長セグメントであることをデモグラフィック・データで確認しておきたい。図2-3-2は、東京都の単身世帯数割合の推移を男女別に示したものである。ここで、東京都では以下のようなパターンが見られることがわかるはずである。

1　男女各世代ともに、20代前半から徐々に年齢が上がるにつれて、まず単身世帯の比率が低下し、その後、40代半ば以降に少し上昇する傾向が見られる。
2　近年の若い世代ほど、30代・40代前半の単身世帯比率が落ち込まず、単身のままとどまる人が多い。
3　コーホート（同時代生まれの集団）が若くなるにつれて20代後半以降の単身世帯比率が厚くなる傾向は、男性よりも女性のほうが顕著である。つまり、東京都では20代後半以降の女性が単身世帯のまま暮らす傾向が顕著になってきている。

　まず、図2-3-2における男性の単身世帯比率（全世帯における単身世帯の割合）の推移を「1961〜65年生まれコーホート」と「1971〜75年生まれコーホート」に限って対比してみよう。なお、簡便のため以下ではコーホートの最初の

---

10) 国勢調査データ
11) 『経済界』2012年1月10日号

図2-3-2 東京都単身世帯数比率の推移

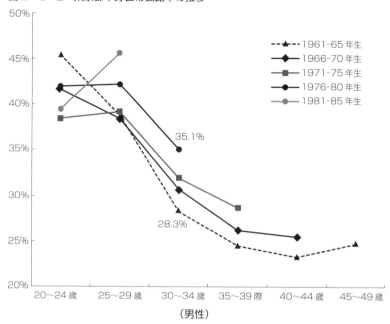
（男性）

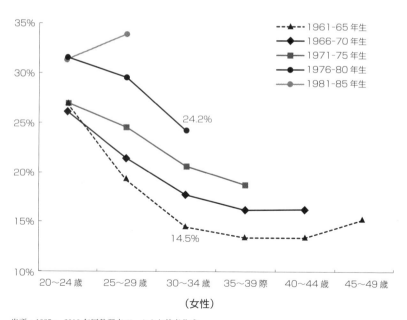
（女性）

出所：1985～2010年国勢調査データより筆者作成

年（たとえば1961年）を使って、「61年コーホート」のように呼ぶことにする。

76年コーホートに比べると61年コーホートにおける20〜24歳の単身世帯比率は高くなっているが、61年コーホートはその後急速に単身世帯の比率を低下させ、30〜34歳では単身世帯の比率は28.3%にまで低下している。

61年コーホートよりも15歳若い世代の76年コーホートは、20〜24歳時の単身世帯比率が61年コーホートより低いところから始まっているものの、その後の単身世帯の減少の割合が緩やかであり、30〜34歳の時点でも35.1%の単身世帯比率を保っている。基本的には、ここに晩婚化の影響が出ていると読むのが妥当であろう。

同様の傾向は女性についても確認できる。同じく61年コーホートと76年コーホートを比較すると、20〜24歳の時の単身世帯比率がほぼ同程度からスタートするものの、61年コーホートの単身世帯比率は加齢とともに急速に低下し、30代前半ですでに14.5%までに低下する。同様の傾向は76年コーホートにも見られるが、低下傾向は緩やかであり、30代前半では24.2%までの低下にとどまっている。61年と76年の2つのコーホートの30代前半における単身世帯比率の差は9.7ポイントである。同様の数字を男性について計算すると6.8ポイントであるから、女性のほうが世代が若くなるにつれ単身世帯傾向が強まっている、と考えてよいだろう。

さらに女性については、コーホートが若くなるほど20代の単身世帯の比率が大幅に高くなっている（曲線が上にシフトしている）ことがわかる。特に76年コーホートと81年コーホートを見れば、それまでのコーホートと比較すると20代後半の単身世帯比率が大幅に高まっていることが見て取れる。このままの傾向が続けば、東京における女性の単身世帯は20代〜30代にかけてさらに厚みを増してくる可能性が高いように思われる。

コーホートを比較した図では、男女どちらの単身世帯割合の成長率が高いのかを即座に読み取るのが難しい可能性があるので、図2-3-3にそれをストレートに描いておく。この図を見れば、東京都では一貫して女性のほうが男性よりも単身世帯の割合の成長率が高いことがわかる。10年間の平均成長率は20代後半の男性で1.7%、女性で3.7%であり、30代前半の男性で1.5%、女性で3.6%と、それ以降の世代でも2ポイント以上の差がついている。セキュリ

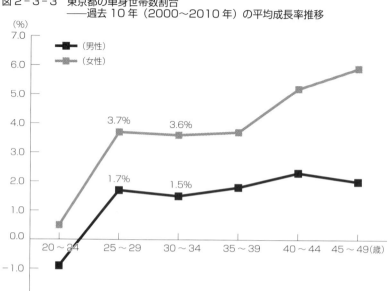

ティー重視の防犯配慮型賃貸住宅のターゲットである都会に住む単身女性セグメントは、3〜4%の成長率で安定的に拡大を続けていたのである。

さらに、コーホート分析に基づいてもう少し推測を加えると、現在24歳以下の女性の91年コーホートはさらに高い単身世帯比率からスタートし、その加齢と共に、より単身世帯比率の高い曲線を描いていく可能性が示唆される。次世代のコーホートがこの傾向を強めていくかぎり、これまでの成長率はさらに増加することが予想される。この東京都の分析例でわかるように、都会における女性単身世帯セグメントの成長をとらえるべく、大和ハウスが都会の単身女性を最終的なターゲットとしているのはきわめて適切な選択だったのである。

❸ 一次顧客（土地オーナー）に対するセグメンテーション

成長セグメントである「都会の単身女性」をターゲットにした賃貸住宅を事業の柱とするために、大和ハウスは一次顧客である土地オーナーに対してどの

図2-3-4 東京都の貸家種類別建設件数の推移

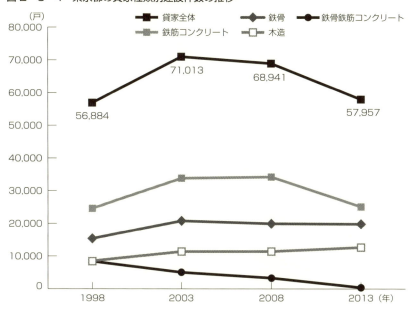

出所:国勢調査時系列データより筆者作成

ようなマーケティング戦略を採用したのだろうか。ここでいう「土地オーナー」とは、いわゆる地主のことである。個人住宅に使うには少し広すぎる土地を都市部に保有する、例えば金融資産1億円以上のいわゆる富裕層のことをイメージしていただければよい。実は大和ハウスは、比較的家賃相場の安い「手ごろな土地」を手に入れるために、東京都23区の中でも例えば江戸川区や練馬区といった、通勤には便利であるけれども少しだけ家賃相場の低い土地のオーナーをターゲットとし、新築賃貸物件を建設していったのである。

いままで見てきたように、東京の20代後半以上の女性の単身世帯セグメントは、年率3%以上の成長率で拡大していった。しかしながら東京都の新築賃貸物件の件数を示した図2-3-4を見ると、賃貸住宅の建設件数は頭打ち状態にある。東京都の賃貸住宅建設件数は、2003年に7万1000戸に達した後、2008年に微減し、さらに2013年には5万8000戸を割り込んでいる。この賃貸住宅の減少傾向の背景には、先に見たようにマクロ経済的な要因に加え、東京都において賃貸住宅の建設可能な土地が減少し始めていることがひとつの原因とし

図2-3-5 首都圏における賃貸住宅物件を決めた理由

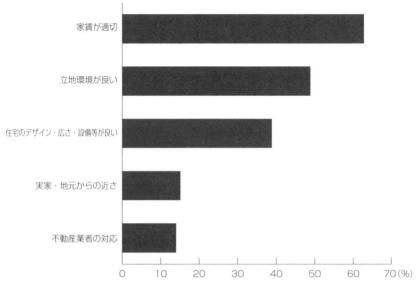

注：結果は複数回答を集計したもの
出所：国土交通省 2012年度住宅市場動向調査より筆者作成

て考えられる。

　いくら女性の単身世帯向けの賃貸住宅の需要が増える傾向にあったとしても、それに適した土地が十分に供給されないのであれば、この需要増をビジネス・モデルにうまく取り込むことができない。それゆえ、大和ハウスが東京で賃貸住宅事業を展開するときに、第一に必要なのは土地を提供してくれる土地オーナーの存在である。適切な土地を取得しなければ、都会に住む単身女性が好むような賃貸住宅を建設することはできない。さらに東京の土地は好立地であればあるほど、商業施設や他の賃貸住宅で埋め尽くされており、新規に空き地を取得するのはきわめて難易度の高い作業となる。

　賃貸住宅のマーケティングにおいて、立地がいかに重要かを認識するために、まず首都圏でどのような賃貸物件が好まれているかを示した図2-3-5を見ていただきたい。この図によれば、「家賃が適切」であれば、次に重要な項目は「立地環境が良い」ことである。ここでいう好立地の要素としては、例えば「駅

表2-3-1　大和ハウスと積水ハウスの都内賃貸住宅の進出状況

	入居可能な新築物件数	加重平均相場（万円）	最多進出地区	
大和ハウス	326	6.74	江戸川区	57件
積水ハウス	328	7.11	世田谷区	37件

注：加重平均相場は、入居可能な新築物件数と地区賃料相場の加重平均から算出。この数値が低いほど賃料相場
　　が低い地域に多く進出していることを示している

から近い」ことがあげられる。駅から近いことは通勤に便利なだけでなく、人
目が多いため防犯上の観点からも優れている。しかしながらそうした人気立地
には、すでに賃貸物件や他の商業施設などが建設されている。逆にいえば、賃
貸住宅の建設においては、適切な立地を先に押さえてしまえば、後から競争業
者が同じ場所に追随することはできない。現在空き地であれば、他社よりも先
に魅力的な提案を土地オーナーに対して示し、先取しなければならない。

　このように希少な土地の奪い合いという競争は、先行者優位が利く典型的な
例なのである。大和ハウスは東京都で賃貸住宅をすばやく建設し、好ましい立
地を先取りしていくために、独自のセグメンテーションを行なって適切な立地
を押さえていった。大和ハウスがターゲットとして選んだのが、やや賃料相場
が安い地域の土地オーナーであった。このような地域は、他の賃貸住宅が立地
している地域よりも二次顧客（居住者）にとって利便性が低く魅力的ではない
かもしれない。しかし、そこに大和ハウス独自の付加価値を提案し、賃貸住宅
用の土地を獲得していったのである。

　このような「比較的賃料の安い地域」の土地オーナーたちにとって、大和ハ
ウスの提案はどの程度魅力的に映るのだろうか。大和ハウスと積水ハウスの賃
貸住宅自社サイトに見られるデータから、その魅力度を探ってみることにしよ
う。単身世帯向けの賃貸物件（ワンルーム・1K・1DK・1LDK）に限定して、
都内における両社の新築物件の入居可能物件数と賃料相場、最多進出地区、そ
の件数を表2-3-1に整理しておく。

　この表から、まず、大和ハウスの進出している地区の賃料相場の平均は積水
ハウスと較べると3700円ほど安く、特に東京都の中でも江戸川区という、通
勤に便利で比較的家賃相場が手ごろな地区を賃貸住宅の新規建設場所のター
ゲットとしていることがわかる。

賃料相場が比較的安い地域をターゲットに設定することには、3つのメリットがある。第一に、賃料相場が高い地域と比較して、土地を見つけやすいという点である。賃料相場が安いということは、賃料相場が高い地区と比較して入居者にとって土地がもつ直接的な魅力が相対的に低いことを表しており、それだけ競合が新規に進出する可能性が低くなるからである。

　第二に他の地域と比較して、大和ハウスが自社の物件を利用して、入居率を高めることができるという説得を、土地オーナーにしやすい点である。賃料相場が安いということは、他の地域と比較して、立地そのものの需要が少ないことを意味する。その立地そのものの需要を、大和ハウスがもつ賃貸住宅の価値によって補うことで同じ地域の他の物件に較べると入居率を高められるということを土地オーナーに納得してもらいやすい状況にあるのである。

　第三に、重要な競合である積水ハウスとの進出地域のすみ分けを行なうことで、土地オーナーに対する大和ハウスの交渉力が強化されるという効果も見込める、ということを指摘できる。大和ハウスにとって特に重要な競合である積水ハウスは、賃貸住宅を世田谷区や大田区といった比較的賃料相場の高い、いわゆる山の手地区を重要な進出地区としている。

　大和ハウスは、この積水ハウスの進出注力地域を避けるようにして、江戸川区や練馬区などの比較的賃料相場の安い地域に注力しているのである。そうした賃料相場の安い地域の土地オーナーから見れば、自社の地域に営業活動を展開しているハウスメーカー等の中でも、入居率を高めるためにできるだけブランド力の高い業者を選定したい動機をもっていると考えられる。したがって、積水ハウスが注力していない地域においては、大和ハウスは有利に競争を進めることになり、結果として土地オーナーから大和ハウスが指名される可能性が高まるのである。

　大和ハウスの採用している「比較的賃料相場の安い郊外の土地オーナー」というターゲティングはこれらの重要な意味をもっているのである。大和ハウスは比較的賃料相場の安い土地オーナーに対して、「都会の単身女性を中心とした層が好むような賃貸住宅を建てないか」という営業活動を行なうことで、かなりの高い確率で賃貸住宅建築地を獲得してきたと推測される。

第4節―――――――――――――――――――――――――――――――
一次顧客に対するマーケティング・ミックス

　すでに何度も指摘しているように、大和ハウスが賃貸住宅事業で成功を収め
ている背景には、一次顧客と二次顧客の二重のターゲティングがある。同社は、
「都会の単身女性」というターゲティングを行なうと同時に、「郊外の土地オー
ナー」というターゲティングを行ない、その両者を組み合わせることで、競合
他社とすみ分けながら、衰退市場における成長セグメントをとらえることに成
功してきたのである。ここまでは一次顧客と二次顧客のそれぞれについて、独
自のセグメンテーションに基づくターゲット設定を行なったところまでは確認
してきた。

　本章の最後に、この2つのターゲットが「うまく結びつけられている」とい
うことを確認する作業を行ないたい。すなわち、一次顧客に対するマーケティ
ング・ミックスを考察することで、それが二次顧客の都会の単身女性に対して
大和ハウスの構築したマーケティング・ミックスとどのように関連しているの
か、ということを分析していくのである。

■ 一次顧客に対する4つのP

●(1)Product（商品）

　「防犯配慮型賃貸住宅」は、最終顧客である女性単身者にとってメリットが
あるばかりでなく、土地オーナーにとってもメリットがある。なぜならば、入
居者をストーカー被害のような犯罪から守る、という防犯配慮型賃貸住宅の性
能は、土地オーナーが所有している賃貸住宅そのものを、器物損壊といった物
理的被害から守る機能も保有しているからである。少なくとも、犯罪が起きた
ときに警察による捜査がスムーズに進み、犯人を特定する監視の目を、賃貸住
宅自体がもち合わせることで、土地オーナーの重要な資産を犯罪の手から守っ
ているのである。

　いま、土地オーナーの視点から考えて、通常の賃貸住宅が、窓ガラスを割ら

れて不法侵入された場合を考えてみよう。このような犯罪が起きたときに、建物被害の責任は当然ながら入居者にはないので、建物自体の被害届を出す主体は建物の所有者である土地オーナーもしくは管理会社となる。D-roomのような高度な防犯性能をもたない通常型の賃貸住宅の場合、土地オーナー（あるいは管理会社）は警察に第一報を入れると同時に、現場での立ち会いや、警察からの事情聴取など、さまざまな対応を迫られることになる。それに加え、壊された建物の復旧の手配、保険会社への連絡など、すべての対応を自ら担っていくことになる。このことを考えただけでも土地オーナー（管理会社）は犯罪被害から免れたい動機を強くもつ。

　土地オーナーにとって、犯罪の被害はそのような一次的被害だけではない。入居者が仮に不法侵入といった犯罪被害にあったとき、入居者の実に4割がその賃貸物件から退去するといわれている[12]。これは犯罪の二次的被害である。そのような被害を考慮すると、土地オーナーにとって犯罪被害が賃貸経営に与えるリスクは、きわめて大きいものであるといえよう。

　大和ハウスの防犯配慮型賃貸住宅は、たしかに一次顧客（土地オーナー）の犯罪被害に対する不安を解消する機能をもっている。この機能が高いがゆえに、犯罪者が賃貸住宅に近づいても早期発見して対処でき、そのような対処ができるがゆえに犯罪者が賃貸住宅に近づくことを避ける、という効果が期待できる。防犯性能の高さゆえに、大切な賃貸物件の資産を無傷のまま保全することが容易になり、土地オーナーにとっても大きなメリットがあるのである。このように同じプロダクトの性能が一次顧客（土地オーナー）と二次顧客（居住者）の双方にとって、それぞれ若干異なる意味合いで重要性をもつという作り込みがなされている点が、大和ハウスの二重のターゲティングの巧みなところである。

●(2)Price（価格）

　土地オーナーに対するPriceは、土地オーナーが大和ハウスの賃貸物件を建設するときに支出する初期コストと建設後にかかるランニングコスト、大和ハウスの賃貸物件の賃料から期待される収入のフローのそれぞれの側面を考える必要がある。なぜならば、どれほどの収益を上げることができるかという予測

---

12) 賃貸管理ビジネスNAVI「増え続ける侵入犯罪」(2006)

に基づいて、初期コストについての許容範囲が変わるからである。

土地オーナーが大和ハウスの賃貸住宅を購入する際に支出する金額は、低層の集合住宅の場合19.7万円/㎡であり[13]、積水ハウスの18.8万円/㎡と比較すると、やや高い金額である[14]。建設後のランニングコストについては、主にホームセキュリティの月額費用が土地オーナーの負担となる。しかしながらこれはD-roomの賃料のプレミアムと相殺され、実際は土地オーナーの負担とはなっていないので、ここでは特に考慮しないことにしよう。

それでは以上の支出面を収入面と合わせて考えるとどうなるであろうか。まず入居率（稼働率）に注目しよう。東京における賃貸物件の平均入居率は88.5%であるのに対し[15]、大和ハウスの入居率は、97.6%という驚異的な高水準を示している[16]。大和ハウスにとって重要な競合である積水ハウスの入居率も96.0%と高水準である[17]。

この坪単価と入居率が果たしてどの程度のインパクトをもつのかを理解するために、簡単な例で計算をしてみることにしよう。いま、①大和ハウスと②積水ハウス、③それ以外の事業者の建設した賃貸物件がすべて月額賃料8万円であると仮定することにしよう。賃貸物件は8世帯を収容できると想定して、入居率と賃料と世帯数を掛け合わせた賃貸収入を計算し、そこから建設費を引いて収支を計算した結果が表2−4−1に示されている[18]。建設費は20年ローンで返済し、建設費に充てる事業ローンの利率は1%と仮定した。

表2−4−1を見ると、大和ハウスの97.6%という入居率の高さを加味すると、㎡単価の高さは十分カバーすることができることがわかる。一般事業者との入居率9.1%の差は年間収入で約70万円の差となり、積水ハウスとのわずか1.6%

---

13) 大和ハウスフィナンシャルファクトブック（2013）
14) 積水ハウス2014年1月期 Fact Book より、賃貸住宅の3.3㎡単価は62万3000円であり、そこから㎡単価18万8000円（1000円未満切捨て）とした。
15) タスホームページ（2013）
16) 大和ハウスフィナンシャルファクトブック（2013）
17) 積水ハウス2014年1月期 Fact Book
18) 支出については、一括借り上げではない場合を想定した。一括借り上げとは、賃貸物件を建設するハウスメーカーが、入居率にかかわらず一定の賃料収入を土地オーナーに支払う契約のことである。一括借り上げの場合は賃料の10%程度の手数料がかかる。それ以外にも、一般的な賃貸経営の支出として租税公課や修繕費などがかかり、実際の賃貸経営はこの図に示したものよりも厳しい。

表2-4-1　大和ハウスと他事業者の賃貸収支の例

	家賃 (A)	世帯数	入居率	想定入居数 (B)	家賃収入 (A×B×12)
大和ハウス	8万円	8	97.6%	7.81	749万円
積水ハウス	8万円	8	96.0%	7.68	737万円
他事業者	8万円	8	88.5%	7.08	679万円
			建築面積	m² 単価[*1]	建築費（年間負担）[*2]
		大和ハウス	240m²	19.7万円	299万円
		積水ハウス	240m²	18.8万円	286万円
		他事業者	240m²	15.1万円	230万円
					収　支
		大和ハウス			450万円
		積水ハウス			451万円
		他事業者			449万円

注1：他事業者のm² 単価は、坪単価50万円と想定して算出
注2：ローン期間を20年、利率を1%とした場合

の差でさえも年間収入では約12万円の差となる。

　もちろん、利率がここでの想定より高ければ、大和ハウスにとっては若干数字が不利な方向に変わる可能性もある。ただし、利率はすべての企業のケースでも同様にかかるので、それほど大きな差にはならない。たとえば3%であれば、年間の収支で大和ハウスが7万円ほど積水ハウスを下回ることになる。しかし、逆に、ここでは大和ハウス側に不利に想定している仮定もある。典型的には、入居率の高さがそれである。大和ハウスが進出している「家賃相場がやや低めの地域」で積水ハウスがこの表に示されているほどの入居率を達成できるかどうかは不明である。そのような地域での賃貸住宅の開発ノウハウの蓄積などを加味すれば、大和ハウスの賃貸住宅は土地オーナーから見れば建設費用の投資時点ではやや高いけれども、長期的な視点から見れば決して高くはない商品である、と判断するのが適切であろう。

●⑶Place（流通チャネル）とPromotion（広告）

　チャネルとプロモーションについては、一次顧客と二次顧客の間に重なり合いや有機的な連携は少ない。しかし、大和ハウスがD-roomで優位を創り上げた背景には、同社がもつ営業網（流通チャネルとプロモーションの両方を兼ねる）の強みが転用されているという点があったことを忘れてはならない。

東京には大和ハウスの営業所が13カ所、D-roomを扱う大和リビング直営店の支店が16支店、大和エステートが7支店存在する。これらの営業網を通じて、土地オーナーは大和ハウスの賃貸住宅を購入することになる。このような人的販売の営業網は、そもそもD-roomのためにつくられたというわけではない。大和ハウスは、以前から、その流通店舗事業を通じて、ロードサイド（主要幹線道路沿い）の土地オーナーとの関係を構築していたのである。大和ハウスの営業担当者が土地オーナーを訪問し、土地活用の提案を行なうというface to faceの強固な流通経路が先に構築され、それを活用して郊外の土地オーナーへの営業活動が行なわれてきたのである。

土地オーナーに対する特色的なプロモーションとしては、全国3万人の土地オーナーに対するオーナー会という組織を形成していることを指摘できる。大和ハウスは栃木県二宮工場に土地オーナー向けの賃貸住宅体験館「D-roomプラザ館　夢」を2013年10月にオープンしている。この体験館には全国から土地オーナーが集まり、防犯機能や設備仕様を目で見て確認することができる。それ以外にも、「笑福座」という小劇場で、泥棒が賃貸住宅に入ろうとして失敗する芝居を見せるなど、「笑い」を軸としたオーナーへの明快なプロモーションを行なっていることなど、多様な取り組みを抜け目なく行なっている。加えてどのようなどこの会社にもいえることであるが、各社が最終顧客向けに行なっているCMは、広く伝えられるものであるがゆえに、最終顧客に対するイメージ形成ばかりでなく、一次顧客にも同様のイメージを形成することになる。

表2-4-2　大和ハウスが行なっている2重のSTP・4P'sのまとめ

		二次顧客（居住者）	一次顧客（土地オーナー）
STP	セグメンテーション	単身女性×居住地域	賃貸相場×保有地域
	ターゲティング	都会に住む単身女性	賃貸相場の低い都会
	ポジショニング	防犯性能と生活の質を高めた賃貸住宅	犯罪被害から居住者と建築物件を守る防犯性能を備えた賃貸住宅
4P's	Place（流通チャネル）	ネット→地元不動産業者	ネット→営業所
	Price（価格）	地域相場よりも高い賃料	建築単価は高いが、収支は他事業者と変わらず
	Product（商品）	防犯×住みやすさ	防犯×管理のしやすさ
	Promotion（広告）	若い女性をヒーローが守るCM	CM、体験館

そのような波及効果があるがゆえに、二次顧客に対して形成している
「D-room」のCMによる防犯セキュリティーのイメージは、土地オーナーにとっ
ても訴求力をもち、営業網による人的販売の支援をしていることになるのである。

　表2-4-2には、ここまでに述べてきた一次顧客と二次顧客に対するSTPと
マーケティング・ミックスを整理してある。大和ハウスは、STPの部分で積水
ハウスと一般事業者の両方とすみ分け・差別化し、その上で、居住者と土地
オーナーの両方に共通に訴求するプロダクトを提供し、そのプロダクトの価値
を十分に評価してもらいながら比較的高めの価格設定を行なっていた。最終顧
客にはセキュリティーと住みやすさというプロダクトの魅力を訴求し、その結
果として地域ではやや高めの家賃をとりながらも、非常に高い入居率を達成で
きている。

　この入居率の高さとセキュリティーの高さという2つの特徴が、土地オー
ナーにとっても非常に重要なプロダクトの特徴となり、その結果、建設単価が
やや高めでも十分に妥当な価格であるという認識を土地オーナーに訴求できる
ようになっている。加えて大和ハウス固有の土地オーナーに対する営業網の強
さも活用され、都会における同社の賃貸住宅事業の強さが形成されてきたので
ある。

第5節————————————————————————

まとめ

　賃貸住宅建設の最大のボトルネックは、東京都という限られた土地における、
賃貸物件の建設地を有する土地オーナーの存在である。つまり、大和ハウスの
都会の単身女性を狙ったマーケティング戦略において、東京で賃貸住宅事業を
展開するときに、第一に必要なのは土地を提供してくれる土地オーナーの存在
である。適切な土地を取得しなければ、都会の単身女性が好むような賃貸住宅
を建設することはできない。さらに東京の土地は好立地であればあるほど、商
業施設や他の賃貸住宅で埋め尽くされており、新規に空き地を取得するのはき
わめて難易度の高い作業となる。そこで大和ハウスは、最大のライバルである

積水ハウスと市場をすみ分けながら、防犯というサービスを提案することで一次顧客である土地オーナーを獲得し、同時に二次顧客にも防犯サービスを提供しながらわずかに高い賃料と管理費を収受していく、という儲かるビジネス・モデルを構築していったのである。

　土地オーナーと都会の単身女性を同時に獲得するための「防犯」というキーワードを見いだし、ホームセキュリティという補完財を巧みに自身のビジネス・モデルに内包させた点がD-roomの成功のカギであった。大和ハウスが巧みなSTPと4P'sによって「縮小市場における成長」を実現するに至った背景には、一次顧客と二次顧客に共通するキーワードを中核に置いてターゲット市場とマーケティング・ミックスの適合関係を多様に、また多重に形成してきた戦略の妙があったのである。

参考文献

〈書籍〉
沼上幹［2008］、『わかりやすいマーケティング戦略（新版）』有斐閣
沼上幹＋一橋MBA戦略ワークショップ［2011］、『戦略分析ケースブック』東洋経済新報社
沼上幹＋一橋MBA戦略ワークショップ［2012］、『戦略分析ケースブック vol.2』東洋経済新報社
沼上幹＋一橋MBA戦略ワークショップ［2013］、『戦略分析ケースブック vol.3』東洋経済新報社
長谷川誠二・池上博史［2008］、『リーディングカンパニーシリーズ「大和ハウス工業」』出版文化社
樋口武男［2010］、『先の先を読め　複眼経営者「石橋信夫」という生き方』文藝春秋

〈雑誌〉
『Boss』「経営戦記 "営業一筋40年" に託された大和ハウスの再成長」2012年2月号
『PHPビジネスレビュー 松下幸之助塾』「憂国対談 新しい日本への処方箋 厳しい現実から時代の先を読み夢を語ろう 大和ハウス工業会長兼CEO 樋口武男 建築家 安藤忠雄」2013年3月・4月号
『SAPIO』「SAPIOビジネスリポート（第15回）「大和ハウス 変わっているのは踊るCMだけじゃなかった ロボットも倉庫も作る最強ハウスメーカーの未来展望」」2014年2月号
『イグザミナ』「BIG INTERVIEW 大野直竹 大和ハウス工業社長 住まい方の変化にチャンス——都市部攻め住宅のシェア向上を目指す。」2011年9月号
『経済界』「SPECIAL INTERVIEW 大野直竹（大和ハウス工業社長）高齢者や女性市場へも積極的に進出し事業の拡大を目指します」2012年1月10日号
『財界』「特別インタビュー 日本活性化策 大和ハウス工業会長兼CEO（住宅生産団体連合会会長）樋口武男 住宅産業は関連事業も含めて4兆8千億円の経済効果をもたらす。内需を中心とした景気浮揚策を」2011年9月6日号
『週刊ダイヤモンド』「数字で会社を読む 大和ハウス工業 巨額投資を続けてハウスメーカーから

デベロッパーへ脱皮」2013年10月26日号

『人材教育』「大和ハウス工業 カギは仕組みと現場力 カリスマリーダーの経営哲学を受け継ぎ人間力を組織で強化する」2013年9月号

『日経アーキテクチュア』「変化してこそ成長がある：企業買収で急拡大する大和ハウスの向かう先」2013年7月10日号

『プレジデント』「大和ハウス工業 一人当たり受注棟数トップの鍵「点検・確認・念押し」」2011年5月2日号

『文藝春秋』「文藝春秋九〇周年 特別企画トップ対談 日本の力、未来への提言 大和ハウス工業「住」をコアにした多角経営 大和ハウス「不断の挑戦」」2013年2月号

『ヤノ・レポート』「戸建事業での都市圏強化、地域特性商品企画、環境配慮型商品展開により国内シェア拡大を進める「大和ハウス工業」の動向」2012年5月10日号

『リベラルタイム』「Talking 大和ハウス工業社長 大野直竹 我々は社会とともにある!」2011年8月号

『リベラルタイム』「Talking 大和ハウス工業社長 大野直竹 全てのことを一番にやる!」2014年2月号

〈ウェブサイト〉

HOME ALSOKホームページ（http://www.alsok.co.jp/person/stalker/ls/）

SUUMO「小竹向原駅、江古田駅、桜台駅の賃貸・部屋探し情報　検索結果桜台駅（東京都）から探す賃貸住宅［賃貸マンション・アパート］情報　検索結果」
（http://suumo.jp/jj/chintai/ichiran/FR301FC001/?ar=030&bs=040&ra=013&cb=0.0&ct=9999999&md=01&md=02&md=03&md=04&ts=2&et=10&mb=0&mt=9999999&cn=0&shkr1=03&shkr2=03&shkr3=03&shkr4=03&fw2=&ek=004314950&rn=0043&ek=037004830&ek=037016150&rn=0370）

株式会社タスホームページ「TAS賃貸住宅市場レポート首都圏版」（2013年5月）
（https://www.tas-japan.com/pdf/news/residential/Vol41_residential20130524.pdf）

警視庁ホームページ「ストーカー事案の概況」
（http://www.keishicho.metro.tokyo.jp/seian/stoka/jokyo_1.htm）

国土交通省ホームページ「建築着工統計調査報告　時系列一覧」
（http://www.mlit.go.jp/sogoseisaku/jouhouka/sosei_jouhouka_tk4_000002.html）

国土交通省ホームページ「住宅市場動向調査報告書」（2012）
（http://www.mlit.go.jp/report/press/house02_hh_000062.html）

積水ハウス株式会社「（連結）決算短信」（2004年度〜2013年度）
（http://www.sekisuihouse.co.jp/company/financial/library/briefs/index.html）

積水ハウス株式会社　2014年1月期Fact Book
（https://www.sekisuihouse.co.jp/company/financial/library/factbook/data/_icsFiles/afieldfile/2014/03/06/f20140306.pdf）

セコム・ホームセキュリティホームページ
（http://www.secom.co.jp/homesecurity/plan/apartment/）

総務省統計局ホームページ「国勢調査」（昭和60年〜平成22年）
（http://www.stat.go.jp/data/kokusei/2010/index.htm?utm_source=twitterfeed&utm_medium=twitter）

大和ハウス工業ホームページ「フィナンシャルファクトブック」（2003〜2013）

（https://www.daiwahouse.co.jp/company/financial/index.html）

大和ハウス工業ホームページ「女性のためのアイテムが満載の防犯配慮型賃貸住宅商品「セジュールウィットー SW」「セジュールオッツ - SW」発売」

（https://www.daiwahouse.co.jp/release/20110627132106.html）

ダイワハウスの賃貸検索サイト D-room「桜台物件検索結果一覧」（http://www.daiwahouse.co.jp/chintai/result/index.asp?eki_cd=2281_050&min=0&max=0&station=0&areamin=0&areamax=0&tiku_y_d=0&route=&default=）

大和ハウス工業株式会社「賃貸住宅事業について」（2013年10月21日）

（http://www.kantei.go.jp/jp/singi/gskaigi/kaikaku/wg4/dai3/siryou2.pdf）

大和リビング株式会社「決算公告」（2004年度〜2013年度）

（http://www.daiwaliving.co.jp/company/ir/index.html）

賃貸管理ビジネス NAVI「増え続ける侵入犯罪」（2006）

（http://www.chintaikanri.biz/article/topics/detail/post-1.html）

麗澤大学　清水千弘教授ホームページ「第2章．ヘドニック・アプローチ」

（http://www.cs.reitaku-u.ac.jp/sm/shimizu/Lecture/Reitaku-Univ/RealEstateFinance/Hedonic.pdf）

第3章
顧客のトレンドの変化と市場動向
——生命保険業界の深層構造

　本章は、コーホート分析の手法を用いて生命保険市場のトレンドを分析する。特に生命保険への加入パターンやインターネットに対する意識の変化に注目して、生命保険業界の深層構造を明らかにし、それに基づいて生命保険市場が今後どのように変化していくのかについても検討したい。

　生命保険は、人生で2番目に大きな買い物（1番は住宅）と呼ばれるほど、消費者の生活に与える影響は大きい。しかしながら、リスクに備えるという性質をもった無形財である金融商品の一種であるために、身近であるもののわかりにくい特殊なものではないだろうか。本章では、一般的な消費者を頭に描き、消費者の動向変化という側面から、消費者が生命保険という商品にどのように加入しているのかを、わかりやすく分析していくことをめざしている。

　生命保険は20代や30代に加入してから、場合によっては老後に至るまで加入をし続ける長期間のサービスである。したがって、市場動向を考える際は、いまの消費者がどのような加入行動を示しているかを分析するとともに、その消費者が加齢とともにどのような変化を見せるかについて分析していくことが重要である。

　本章の議論を読み進むにつれて、国内の生命保険市場について楽観視できない、ということがおわかりいただけるはずである。国内の生命保険市場は、市場全体のトレンドから考えられるよりも急速に縮小する可能性があり、またインターネット生命保険も急速に拡大する可能性がある。

　本章では、3つのステップを踏んでこれらの結論を導いていく。第一に、生

命保険市場全体がどのような動向を見せているかについて、近年のデータに基づいて明らかにする。生命保険市場は、代表的な2つの指標から考えると、楽観的にも悲観的にも見えるという点を確認する。

第二に、一般的な顧客の生命保険加入行動を確認した上で、その加入行動が時代とともにどのように変化しているかについて、コーホート分析という手法で分析していく。この分析に基づいて考えると、若い単身世帯の市場は拡大していくが、2人以上世帯の生命保険市場が今後急速に縮小する予兆を見せていることが明らかとなる。

第三に、今後の生命保険市場のひとつの重要なポイントである若い単身世帯の市場において既存の生命保険会社にとって新たな脅威といえる、インターネット・チャネルについて検討する。インターネット・チャネルは、一時的に成長が鈍化しているものの、顧客の意識を分析していくことで、特に若年層において、インターネット・チャネルに対する親和感が上昇しており、今後の拡大を予期させる。

第1節───────────────────────────────────

2つの指標による2つの見方

第1節では、生命保険業界がどのような現状にあるのかについて、生命保険業界全体の数値を用いながら整理を行なっていく。生命保険業界には、代表的な指標によって、2つの見方が存在する。ひとつは、保有契約高をベースとした悲観的な見方である。もうひとつは、収入保険料をベースとした楽観的な見方である。保有契約高とは、生命保険会社が保障する金額の総合計のことである。つまり、死亡保険金額1億円の生命保険を販売した生命保険会社の保有契約高は1億円となる。これに対して収入保険料とは、生命保険会社が顧客から受け取る保険料の総合計額のことである。つまり保険会社の収入金額のことである。この2つの指標のいずれを用いるかで生命保険業界の状況を悲観的に見るか、楽観的に見るかの見解の相違が生まれている。

1 保険契約高で見る悲観的見方

　保険契約高で見ると、生命保険業界は衰退局面にある。実際、直近10年間の保険契約高は右肩下がりの減少を続けている。図3-1-1は、GDPデフレータによる調整を行なった上で過去10年の保有契約高の推移を表している。2012年の保険契約高は2002年比で19%減であり、この10年間に平均してマイナス2.3%（CAGR）のマイナス成長をしてきた。

　保有契約高という指標は、どれだけの保障を保険会社が請け負っているかを表す指標である。生命保険が死亡保障メインで、商品数が限られていた時代であれば保有契約高で業績を測ることに違和感はない。しかしながら、近年は医療保障などさまざまな商品が販売されている。例えば、医療保障についていえば、多くの保険金額を必要としないため、保有契約高のみを見て生命保険業界

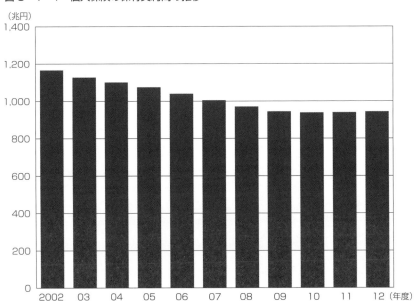

図3-1-1　個人保険の保有契約高の推移

注：内閣府『国民経済計算確報』国内総生産支出側デフレーター（連鎖方式）によりデフレート済み
出所：株式会社保険研究所『インシュアランス　生命保険統計号』各年度版より筆者作成

の行く末を悲観的であると判断するのは早計であろう。それでは、もうひとつの代表的な指標である、収入保険料はどのような推移をたどっているのだろうか。

② 収入保険料で見る楽観的見方

保険契約高では年率2.3%のマイナス成長だった生命保険業界も、収入保険料で測定するとむしろプラス成長の業界だと位置づけられる。図3－1－2は、過去10年の生命保険会社全体の個人の収入保険料の推移を表したものである[1]。同図からは、収入保険料が若干の増加傾向を見せていることがわかる。ただし、同図において注意しなければならないのは、株式会社かんぽ生命保険（以下、かんぽ生命）の値が2007年10月から算入されている点である[2]。郵政民営化によって、この巨大保険事業が2007年度に半年分、また翌2008年度からは通年で統計上組み込まれるようになったために、生命保険会社全体の収入保険料は大幅に増加しているように見える。この部分を差し引いて図を読み解かなければ生命保険業界のトレンドを正確に読み解くことはできない。

しかし、かんぽ生命の統計編入を差し引いたとしても、この10年間で保険料収入は増加傾向にある。直近の値は2002年比で50%増、また10年間の年平均成長率は4.6%と、保有契約高で見られた減少傾向と異なり、収入保険料で生命保険業界を見ると明らかに成長市場である。

収入保険料が年率4.6%で成長しているという傾向は、現在の人口構成を考えるとやや意外に思われる。なぜなら、生命保険業界では長らく、国内の人口減少や少子高齢化の影響を受けて、今後の市場の縮小が叫ばれてきたからであ

---

1) 生命保険会社全体の収入保険料を見る際には、団体保険などの収入保険料を含む数値を見ることが一般的であるが、本章では、後に個人保険にフォーカスを当て分析を行なっていくために、個人保険の収入保険料の推移を記載した。なお、団体保険などを含む全体の収入保険料の推移を見ても、傾向はさほど変わらない。

2) 図3－1－2で示している生命保険会社全体とは、生命保険協会に加盟している会社（2012年度末43社）である。2007年10月に、郵政民営化によって、簡易保険を引き継いだかんぽ生命が設立された。簡易保険とは、民間の生命保険と異なり、支払いに政府の保証が付くことや、法人税などの納付が不要であるなど、多くの点で民間の保険会社と比べ、有利な競争条件を与えられていた。そのため、簡易保険は日本最大規模の保険事業であった。

図3-1-2 個人保険の収入保険料の推移

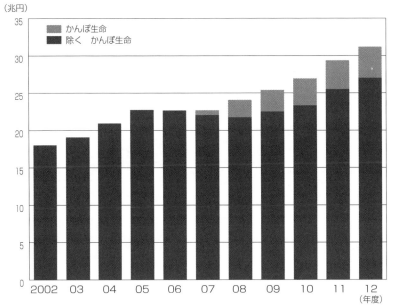

注：内閣府『国民経済計算確報』国内総生産支出側デフレーター（連鎖方式）によりデフレート済み
出所：株式会社保険研究所『インシュアランス 生命保険統計号』各年度版より筆者作成

る。高齢化が進み若者が減れば、働いている人の数が減ることになる。退職した人は高額の生命保険が不要になり、若年層が減れば新たな生命保険加入者が減る。そうなれば生命保険の掛け金を支払う人が減り、生命保険業界は衰退期に入る、と多くの人が予想してきたのである。

しかしながら、実際は生産年齢人口の減少は見られるが生命保険の収入保険料の減少は見られない。図3-1-3は、横軸に生産年齢人口、縦軸に収入保険料をとり、各年度における両者の値をプロットしたものである。簡単にいえば、生産年齢人口とは、15歳以上65歳未満の人口を指す。仕事をして、家計を支えている人々であるから、当然、この人たちが万が一の場合を考えて保険に加入する。それゆえ、生産年齢人口が減少すれば、収入保険料も減少すると予想するのが妥当であろう。

図3-1-3　日本の生産年齢人口と収入保険料の推移

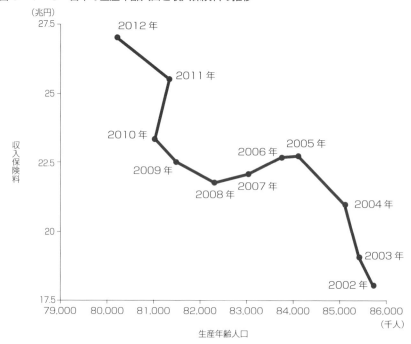

注：収入保険料は、内閣府『国民経済計算確報』国内総生産支出側デフレーター（連鎖方式）によりデフレート済み
出所：生産年齢人口は、総務省統計局刊行，総務省統計研修所編集『日本の統計2013』より、収入保険料は、株式会社保険研究所『インシュアランス　生命保険統計号』各年度版より筆者作成

　しかし、図3-1-3はそれとは逆の傾向を示している。2002年から始まって2012年に至るまで、徐々に生産年齢人口が減少して図の右から左に移動していくにつれて、グラフは上に上がっていく。たしかに生産年齢人口は減っているのだが、収入保険料はかえって増加しているのである。

　生産年齢人口が減少しているという逆境下でも保険料収入が増加している状況を見ると、今後も人口減少や少子高齢化という厳しい経営環境の中で、なおも生命保険市場は規模を維持し、場合によっては成長を続ける、という楽観的なシナリオを信じることも可能であるように見える。

　生命保険業界を保険契約高で見るならば、年率でマイナス2.3％の衰退業界であり、収入保険料で見るならば年率4.6％の成長業界である。生産年齢人口が減っているという逆境の中で、上の2つの対照的な数字をどのように解釈す

ればよいのだろうか。このように数字が相矛盾する傾向を示す場面では、数字を表層に見えているまま単純に受け取っておけばよいことにはならない。それらの数字の背後にあるメカニズムを明らかにする必要があるのである。この場合、おそらく人口動態と保険サービスの需要をしっかり読み解いていくことが特に必要だと思われる。次節から、その作業に取りかかることにしたい。

第2節————————————

人口動態分析による市場縮小傾向の解明

　本節においては、増加傾向にあった収入保険料をさらに詳細に分析することで、生命保険業界に起きている現象を背後のメカニズムにまで遡って解明していく。本節の結論を先に述べると、この先の生命保険市場を楽観視するには不安が残る、ということである。一見平穏に見える推移であっても、水面下で市場が大きく変容しているからである。その要点は以下のとおりである。

・収入保険料の拡大傾向は、貯蓄性商品の拡大という一時的な要因によって起きていた。しかしながら、この一時的な要因を除いたとしても、収入保険料は若干の上昇傾向を見せている。
・2人以上の世帯からの収入保険料は、若い現役世代の水準の低下と、加齢による保険料の上昇の鈍化により、今後急速に減少する傾向を見せている。さらに2人以上世帯の数そのものの減少がこの傾向に拍車をかけている。
・縮小する2人以上世帯の市場を支えていたのが単身世帯市場の拡大である。しかしながら、今後、単身世帯数の増加ペースが鈍化し、それとともに想定よりも単身世帯の保険加入率が伸びなければ、これまでのように、減少する2人以上世帯の市場規模を補うことはできなくなるだろう。

■1 生命保険市場拡大の要因

　生命保険市場が拡大しているように見えた原因は、貯蓄性商品の拡大である。

生命保険会社が販売している商品は、保障性が強い商品と貯蓄性が強い商品に大別することができる。個々の商品を見ると、いずれにも保障と貯蓄の両面が含まれているとしても、商品ごとにどちらがメインになるかという点で分けることが可能である。通常、生命保険が保障性の商品の典型であり、個人年金保険が貯蓄性の高い商品の典型である。この10年間の収入保険料の成長を支えてきたように見えるものは、実は、本来の意味での保険商品（保障性の強い商品）の拡大ではなく、市況や金利動向によって販売が左右されやすい運用商品（貯蓄性の強い商品）が売れたためである。

　この点を確認するために図3-2-1は描かれている。同図は、先に見た図3-1-2のグラフから、まずかんぽ生命の数字を除き、その上で残った数字を種類・払込方法別に分類したものである。この図からは、この期間の前半と後半では成長の源泉が異なることがわかる。前半の2002年から2005年にかけての拡大は、「一時払いの個人年金保険」が大きく寄与していた[3]。「一時払いの個人年金保険」は2002年から2005年の間に4.2倍に成長し、その後減少したものの2009年まで比較的大きな収入をもたらしていた。これは、銀行窓口における個人年金保険商品の販売が2002年に開始されて、そこで一時払いの個人年金の収入が増加したのがきっかけであった。後半の2008年から2012年の拡大には、「一時払いの個人保険」が大きく寄与していた。図には表れていないが、この「一時払いの個人保険」のデータを細分化して見ると、この中でも大きく増加したのは、「一時払い終身保険」である[4]。この「一時払いの個人年金」と「一時払い終身保険」はともに、保障性の商品というよりは、貯蓄性の商品である。

　「一時払いの個人年金」とは、保険料の運用を保険会社に任せ、運用の成果を年金原資として、年金支給を受けるものである。「一時払い終身保険」とは

---

3) 生命保険の主な払込方法には、一時払い、年払い、半年払い、月払いの4つがある。月払いとは、毎月1回指定の方法で保険料を支払う方法である。これに対し一時払いは、契約時に保険期間全体の保険料全額を一時に払い込む方式である。まとまった金額を払い込むほど、保険料総額は安く設定されている。実態的には、個人保険では月払いで保険料を払い込む契約の件数が圧倒的に多い。その一方で個人年金では、一時払いで保険料を払い込むことが多い。

4) 2008年から2012年にかけて、一時払いの個人保険の収入保険料は4.3倍に増加している。この一方で、同期間において新規契約件数のうち、終身保険の新規契約件数が2.1倍へと増加している。収入保険料と件数という異なる数値を比較しているが、一時払いの個人保険のうち、増加に大きく寄与したのが終身保険であると推論することは違和感ないだろう。

図3-2-1　商品・払込方法別収入保険料（かんぽ生命を除く）

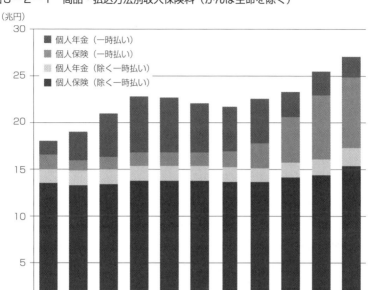

注：内閣府『国民経済計算確報』国内総生産支出側デフレーター（連鎖方式）によりデフレート済み
出所：株式会社保険研究所『インシュアランス　生命保険統計号』各年度版より筆者作成

1回の保険料の払い込みで、終身にわたる死亡時の保障に加え、解約返戻金による資産形成効果がある商品である[5]。つまり、商品特性上、一時払いの個人年金は投資信託と、一時払い終身保険は定期預金と比較される商品であるといえる。

　このように収入保険料を細分化して見るならば、生命保険市場は貯蓄性商品が一時的に拡大しているという面が見られるものの、その本来の強みである保

---

[5] 一時払い終身保険は、契約時から、一時払い保険料よりも大きな保障（死亡保険金）が発生し、保障は生涯にわたり確保される。また、解約返戻金は、短期間（モデル例では4年目）で元本（一時払い保険料分）を回復し、以後は元本が保証されたまま増加していく。このように、一時払い終身保険は、短期で解約すると元本割れを起こすデメリットはあるが、解約返戻金の利回りは定期預金より良い場合が多く、保険商品というよりは、一時的に余剰資金を預け入れる預金のような機能をもっていることがわかる。つまり、低金利である現在の市況を反映し、投資・貯蓄先のひとつとして一時払い終身保険が選好されていると考えられる。今後の市況の変化によってはこれ以上の拡大が見込めないばかりか、新規契約が取れない、既契約の保険が解約されるなどの状況に陥る可能性がある。

障性の商品については拡大しているとは言い難い。生命保険会社にとって最大の強みである保障性の商品は4.6%の成長市場ではなく、基本的には成長率が1.6%の横ばいに近い市場なのである。

　しかしながら、これで疑問が解消されたわけではない。なぜなら、生産年齢人口は2002～12年の間に7%程度減少しているにもかかわらず、収入保険料が1.6%の横ばいであるということだけでも、まだ直感に反するからである。生産年齢人口が減少しても、収入保険料を維持しつづけることができるのかどうか。それを考えるためには、なぜ現在時点で収入保険料が横ばいを維持できているのかを明らかにする必要がある。

　実は、生命保険市場を2人以上の世帯と、単身世帯とに分けて考えると2人以上の世帯の収入保険料は、これまでも縮小傾向にあったが、この先、縮小のスピードが加速する傾向が見て取れる。さらに、これまでは縮小傾向にあった2人以上の世帯の収入保険料を補う形で単身世帯の収入保険料が増加していた。すなわち、単身世帯の市場規模がこれまで以上に増加していかないかぎり、生命保険市場全体の縮小は免れない。

② コーホート分析から見た生命保険加入行動

　生命保険会社が手掛ける保障性商品や年金商品などに対する消費者の需要のトレンドは、消費者がどのように保障を考えるのかというような意識の変化にも大きく左右されるものの、何よりもまず何歳から何歳の人口が何人存在するかという人口構成と、その時代・年代・世代ごとの購買行動の変化に影響を受けることは間違いない。ここではコーホート分析という手法で、生命保険市場の変化を時代・年齢・コーホート（同一の特徴を共有する集団）の効果に分解して見ていくことで、この現象の背後のメカニズムに迫ることにしたい。

　特に注目するのは、例えば1965～70年生まれの世代が示してきた保険商品の購買行動と、1977～82年生まれの世代が示すそれが、ライフサイクル・パターンとして異なる、という点である。この種の問題にアプローチするにはコーホート分析という手法が有益である。コーホートとは、同じ時期に生まれた人々の集合や同じ歴史的事件を経験した人々の集合などを指す。本章では同

じ時期に生まれた人々をコーホートと考え、生まれた時期が異なると、そのライフサイクルを通じた保険との付き合い方が変わってきているという点に注目した分析を行ないたい。

ここでの分析視角を簡単に表現するならば、われわれは市場を「さまざまな異なる年代のコーホートの行動が足しあわされたもの」としてとらえるということである。あるいは多様な世代のライフサイクルが重合されて現在のマクロ・パターンが生まれていると言い換えてもよい。逆にいえば、市場全体のトレンドを、各コーホートの示すライフサイクル・パターンへと分解していくという方向で分析を進めるのである。このような分析を行なう上でコーホート分析は非常に有用である。

コーホート分析は、時代と年齢層を表したデータから、時代の効果・年齢の効果を視野に入れて、同時に同世代のコーホートが時とともにどのようなライフサイクルを描いているのかを推測していくことを可能にする。正確には時代の効果と年齢の効果、コーホートの効果をすべて分別できないのではあるが、それぞれの切り口を総合的に用いることで、市場のトレンドの背後にあるメカニズムを考察していくことが可能になるのである。

市場をコーホート（世代）のライフサイクル・パターンに分解して見ていくために、まず典型的なライフサイクル・パターンを把握しておくことにしよう。このパターンが時代とともに変わっていくのである。

●(1)消費者の生命保険の加入行動のモデルケース

まず、一般的な消費者を頭の中に思い浮かべ、消費者の生涯にわたる保険の加入パターンを理解していこう。生命保険は、日々の生活に起こりえるリスクを金銭的に保障する商品である。人生で起こりうるリスクを常日頃意識して生きている人はほとんどいない。通常は何かライフイベントが起こったときを機会に、リスクについて考え、保険を購入するのである。つまり、生命保険の加入、見直しの動機は、結婚や出産など、大きなライフイベントが起き、保障を意識するときである。そのときにはじめて、どのような年齢・時期に、どのようなリスクが問題なのかを考えるのである。そのようなリスクに対する意識を高めた状態であれば、図3－2－2に示される消費者の生命保険加入行動はすん

図3-2-2　消費者の生命保険加入行動例

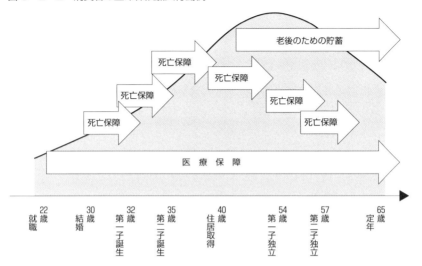

なりと理解できるだろう。横軸に一般的な消費者の一生涯とライフイベントをとり、その際に必要となる生命保険を上に列挙し、必要な死亡保障額を矢印で、また保険会社に支払う保険料を編みかけのついた曲線で示している。

〈就職・結婚〉

　消費者は、就職し、独立したとき、もしくは結婚し、配偶者ができたときに初めて自らの保障を考えるのが一般的である。学生時代には自らの生活や家族の生活に対して責任を負う部分は少なく、自らに襲いかかるリスクについてもそれほど強く意識している人は多くはない。しかし、就職して経済的に自立したり、結婚をして責任を負うべき人と暮らすようになると、自分が入院したときの保障として医療保険への加入を考えたり、死亡したときに配偶者に財産を残せるように死亡保障への加入を考えたりするのである。

〈子ども誕生〉

　就職・結婚の次に訪れるライフイベントは子どもの誕生である。子どもが誕生することで、自分が死亡した際も、子どもが独立するまでの期間、生活費や学費などの保障が必要となる。したがって、死亡保障額は子どもの誕生とともに増加する。もちろん子どもの数が増えれば、必要な保障額も増える。しかも

子どもが成長していくと学費がかさみ、大学卒業までカバーする費用が必要である。図中、32歳で生まれた第一子が22歳で大学を卒業し独立することが想定され、第二子が同じく22歳で独立すると想定されている。この独立までの養育費・教育費を負担するために死亡保障額が必要なので、死亡保障額自体は40歳前後でピークを迎えるようになっている。

〈住宅購入〉

　40歳前後になり、住居の購入を行なうと、住宅ローンを借りるときに団体信用生命保険にセットで加入するのが通例なので、通常の保険で補償されるべき必要死亡保障額は減少する[6]。死亡保障という矢印がこのあたりでピークを迎えることになっているのである。さらに、50歳後半になり、子どもが独立していくと、生活費や学費の心配をしなくてよくなるため、必要死亡保障額は減少していくだろう。

　しかし保険は死亡保障だけが重要なのではない。40歳ころをピークに死亡保障は減少していくが、同時に、年を取り、老後が近づくとともに、老後の生活費という新たな不安が生まれる。そのため、個人年金など新たに貯蓄性の商品への加入を考えていくだろう。

　このような消費者の加入行動を前提に、生命保険会社に支払う保険料をイメージしたものが、同図の背面の曲線である。加齢とともに死亡率や病気のリスクが上昇するために、保険料は自然と逓増していく。これに加えて先に見たようなライフイベントの発生によって保険料は上昇し、子どもの独立を境に減少に転じていくだろう。

　この保険との付き合い方のライフサイクルを見るだけでも、本章の冒頭にあった保険契約高（保障額の総額）が微減で、収入保険料（保険料の総額）が増加している背景のヒントが得られる。つまり単に高齢化が進むだけで、保険契約高が下がり、収入保険料が上がるという局面が発生しうるということである。しかしそれも時代・世代交代とともに変わる。この変化をコーホート分析によって明らかにしていこう。

---

6)住宅購入に伴い住宅ローンを組むと、基本的に団体信用生命保険に加入する。団体信用生命保険は、住宅ローンの返済中、契約者が死亡した場合、保険会社がローンを返済するものである。したがって、住居の購入によって以後の住宅費用が必要となくなるため必要補償額は減少する。

〈コーホート分析の基本的見方〉

　それでは、実際に分析に移る前に、コーホート分析の3つの効果の基本的な見方を簡単に説明しておこう。コーホート分析とは、ある一定の出生コーホートが、加齢や外部環境の変化によって、どのように変化していくかを分析する手法である[7]。

　年齢効果とは、ある時点で各年齢層がどのような傾向を見せているかについて着目し、年齢によってどのような差が生じているかを見るものである。例えば、現時点において若年層はスマートフォンの普及率は高いが、高齢層では低いという傾向の差を見るのである。

　時代効果とは、同一年齢層に着目し、時代の変化とともにどのような変化が生じているかを見るものである。例えば、5年前の20歳代と現在の20歳代を比べて、若年層のスマートフォンの普及率が高まってきている、という傾向を確認するのである。

　最後に、出生コーホート効果とは、同一の時期に出生した人々をひとつのコーホート（集団、この場合、世代）として見た場合に、そのコーホートが時代の変化とともにたどるパターンが、前の世代と比べてどのように変わってきているのか、それが全体にどのような影響を及ぼしているのかということを見るものである。例えば、若い時から携帯電話やパソコンを使用していたコーホートは、それよりも前の世代よりもスマートフォンの普及率上昇スピードが速い傾向がある、ということを確認する作業などがその典型である。

　次からは、先に見た消費者の生命保険の加入パターンを頭に入れて、消費者の生命保険加入行動に起きている変化を分析していこう。収入保険料で見た保険市場は、一時払いの貯蓄性のものを除いて保障性の商品のみを見ると、この10年にわたって微増傾向を示していた。この微増傾向を、さらに2人以上の世帯と1人世帯に分けてとらえるなら、前者（2人以上世帯）は微減、後者（1人世帯）は増加しており、両者の傾向が総合されて、全体が微増になっていたといえる。

　初めに2人以上世帯の生命保険加入行動に起きている変化を分析していこう。

───────────────

7)コーホート分析の解説については、沼上＋一橋MBA戦略ワークショップ［2013］　第1章、第2章を参考にしている。

その後に、同傾向にその年齢層の世帯数を掛け合わせることで市場規模を考慮に入れた分析を行なっていく。2人以上世帯の傾向の結論を先取りすると、世帯の払込保険料は今後急速に減少していく傾向を見せている。年々、若い現役世代において、払込保険料の水準は下がり続けている。さらに、本来加齢によって上昇していくはずの払込保険料の上昇率が緩やかになっている。つまり、保険の入り口の水準自体が下がるとともに、加齢によって水準が上昇していかないため、払込保険料は減少していくと予想されるのである。

● (2) 個別世帯のパターン

Ⅰ　年齢効果と時代効果

図3-2-3で示したものが、払込保険料について、同一時点での年齢間比較を行なったものである。すなわち、横軸に世帯主の年齢を、縦軸に世帯の払込

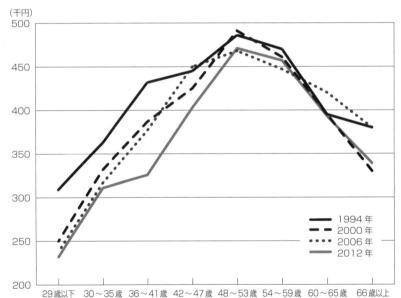

図3-2-3　払込保険料の同一時点間の年齢層比較

注：内閣府『国民経済計算確報』国内総生産支出側デフレーター（連鎖方式）によりデフレート済み
出所：生命保険文化センター『生命保険に関する全国実態調査』各年版個票データより筆者作成。なお、当分析に当たり、東京大学社会科学研究所　附属社会調査・データアーカイブ研究センター　SSJデータアーカイブから『生命保険に関する全国実態調査』（生命保険文化センター）の個票データの提供を受けた。以下の個票データに基づく分析のデータ提供元は同じ

保険料をとり、年齢層別に払込保険料（2人以上の世帯）を線で結んでいる。この図が1994年から6年ごとに描かれている。

　同図において注意しなければならないのは、図3-2-2で見たような、1人の人間の生命保険に関するライフサイクルを表したものではないということである。図3-2-2が同一人物のライフサイクルだったのに対し、図3-2-3はそれぞれの年齢層が別の人々である。しかし、各年齢層が別々の人々であるにもかかわらず、同図の全体像からは、消費者の生命保険の加入パターンで見たように、加齢とともに払込保険料が上昇し、50代前半をピークとして減少に転じているのが見て取れる。

　例えば2012年の曲線を見てみよう。2012年に20代の層の払込保険料は23万2000円であるが、48〜53歳では47万1000円と2倍以上に増加している。また、それよりも高齢の人々は払込保険料が低下し、66歳以上になると33万9000円になっている。世代間で同じパターンのライフサイクルを繰り返していれば、このような年齢層別のグラフを見ても、ほぼ個人のライフサイクルの図をそのまま集計したような形状が得られることになる。

　しかしながら、大まかに似ているようには見えても、やはり世代と時代の影響で少しずつ異なる形状になってきていることも事実である。図3-2-3に描かれている時代別の曲線の形状の相違を確認してみるとよい。特にこの図で注目されるのは、曲線全体が時とともに下方にシフトしているということである。2012年の年齢効果の曲線は、他の年齢効果の曲線と比べて、ほとんどの年齢層において一番下に位置している。例えば、36〜41歳では、1994年では43万2000円であったが2012年になると32万6000円と、18年で10万6000円も減少（1994年比24%減）している。特に若い現役層において2012年の値が1994年と比較して大きく減少しているのが見て取れるだろう。

　この減少傾向に着目して描いたグラフが図3-2-4である。同図は、払込保険料の各年齢階級における時代効果を示している。図3-2-3と異なり、横軸に年代を、縦軸に世帯の払込保険料をとり、各年齢層の世帯の払込保険料を線で結んでいる。同図を見ると、各年代によって払込保険料の大小はあるが、総じて同様の減少傾向を示していることがわかる。例えば30〜35歳の曲線を見てみよう。1994年時点での払込保険料は36万3000円であった。しかしながら、

図3-2-4 払込保険料の同一年齢層の時点間比較

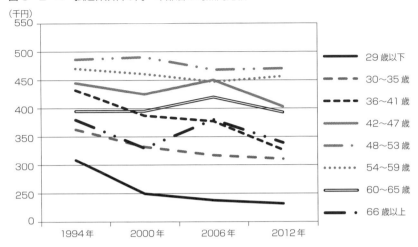

注：内閣府『国民経済計算確報』国内総生産支出側デフレーター（連鎖方式）によりデフレート済み
出所：生命保険文化センター『生命保険に関する全国実態調査』各年版個票データより筆者作成

2012年時点では5万2000円減少（1994年比14%減）し、31万1000円となっている。29歳以下の曲線や、先に見た36～41歳の曲線と合わせ、特に20代や30代の若年層において、減少幅が大きく、保険離れが進行していることが明らかとなる。

Ⅱ 出生コーホート効果

　同一時期に出生したコーホートに着目し、コーホートが年をとり、時代が変化するとともにどのような傾向を見せたかを表したのが図3-2-5である。同図は各世代別にライフサイクルのパターンを描いているという意味では本章の基本的な狙いに一番近い図である。例えば1959～64年出生コーホートの曲線を見てみよう。同出生コーホートが30～35歳であったとき、払込保険料は36万2000円であった。時を経て、同出生コーホートが42～47歳になったとき、払込保険料は45万円へと上昇している。

　同図からわかることは、ライフサイクルのピークが低くなっていく傾向が見られることと、スタート時点が低くなっていく傾向が見られることという2点である。

図3-2-5 払込保険料の同一出生コーホートの経年比較

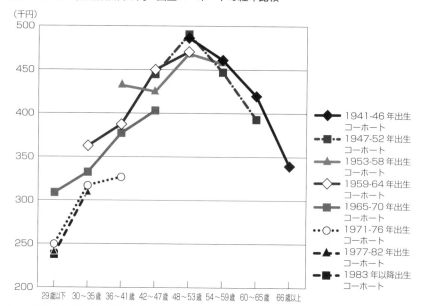

注：内閣府『国民経済計算確報』国内総生産支出側デフレーター（連鎖方式）によりデフレート済み
出所：生命保険文化センター『生命保険に関する全国実態調査』各年版個票データより筆者作成

　第一に、コーホートが若くなるにつれて、加齢とともに上昇する払込保険料の上昇率が緩やかになっているということである。ここで、1965～70年出生コーホートと、そのひとつ前の1959～64年出生コーホートの推移を比較してほしい。どちらのコーホートも30歳から47歳にかけて払込保険料が上昇している。しかしながら、1959～64年出生コーホートと比較すると、1965～70年出生コーホートの42～47歳の払込保険料の水準は約4万7000円も低くなっている。どちらの世代も若いときから、徐々に払込保険料を高めていくというライフサイクルを描いてはいるが、その「高めていく」という程度が弱くなっているのである。
　一般的には、ライフサイクルをたどるうちに、48～53歳に到達するところまで払込保険料が増加していく。しかし、現在42～47歳になっている1965～70年出生のコーホートが、あと6歳ほど年をとって48～53歳に到達するときには、この払込保険料のピークの高さが低くなっている可能性があることが予

想されるのである。

　この傾向は、より最近の出生コーホートでも顕著に表れている。例えば1971〜76年出生コーホートを見てほしい。この世代の人々は、30代前半の時期から30代後半になったときに、払込保険料の上昇がほとんど見られない。この傾向が続けば、この世代の48〜53歳時点のピークはさらに低くなっていく可能性がある。

　第二に、初期段階の若年層における払込保険料の水準が急速に低下している傾向も図3-2-5から顕著に見られる。1971〜76年出生コーホートは、1965〜70年出生コーホートよりも20代の払込保険料が低く、同じく1977〜82年出生コーホートは以前の出生コーホートと比べ20代の払込保険料は低水準である。ピークに向かう勾配が緩やかなだけでなく、そもそものスタート時点が低水準になってきているのである。

　この状況を簡単に戯画化していえば、図3-2-6のようになる。かつて払込保険料のライフサイクルの図が29歳以下の高いポイントからスタートして48〜53歳のピークに向けて急峻に上昇していったのに対して、近年の若い世代のライフサイクルは低いところから始まり、ピーク時でも山が低いまま推移する可能性があるということである。図中のAのようなライフサイクルからなる

図3-2-6　ライフサイクルの変化

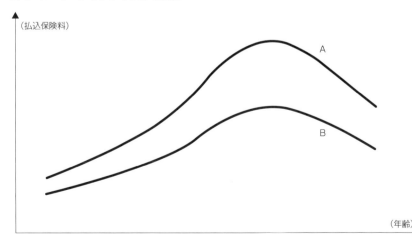

人々から構成されていた保険市場の消費者が、Bのようなライフサイクルからなる人々から構成されたものに変わるとすれば、将来市場の推移については厳しい見積もりを強いられることになるだろう。払込保険料は、急速に縮小していくことが予測されるのである。

●(3)市場規模の推移

ここまででは、個別の世帯（2人以上の世帯）がどのような払込保険料のパターンを示すようになっているのかを明確化した。しかし、実際の市場規模は、そこに世帯数を掛け合わせないとわからない。特に、団塊の世代や団塊ジュニア世代など、世帯数自体が多いコーホートがいると、そのコーホートの行動が市場全体に及ぼす影響が大きく表れる。その点を考慮に入れた分析が必要なのである。このように世代別の市場規模に注目して分析を進めていくと、①市場規模の大きなゾーン（世代）が市場から退出し、②これからボリュームゾーンにならなければならない層が保険離れを起こしていることが判明する。

Ⅰ　年齢効果と時代効果

図3-2-7で示したものが、払込保険料に、世帯数と生命保険加入率を掛け合わせた値の同一時点での年齢間比較を行なったものである[8]。この図で注目されるのは、年齢効果の移り変わりである。つまり、市場規模のピークとなる年齢層が、高齢化していくということである。1994年の年齢効果では、市場規模が大きな層は48〜53歳であった。2006年になると54〜59歳へと変化し、2012年には66歳以上へと移り変わっている。

個人のライフサイクルに注目して払込保険料の推移を見ると、どの時代・どの世代においても50代前半がピークとなっていた。つまり、人口のボリュームゾーンが変化したことによって、市場規模の年齢効果の形状が変化したため、市場の大きさという視点で見ると、どこが一番大きなセグメントであるのかと

---

8)直近の2人以上世帯数（2010年）は、団塊の世代と呼ばれる60〜66歳や、団塊の世代ジュニアと呼ばれる36〜41歳が他の世代と比べ、世帯数が多い。また、民間生命保険加入率（2012年）は、30代から7割を超え、多くの保険が必要となる50歳前後で85％を超えるなど、加齢とともに高くなる傾向がある。

図3-2-7 市場規模の同一時点間の年齢層比較

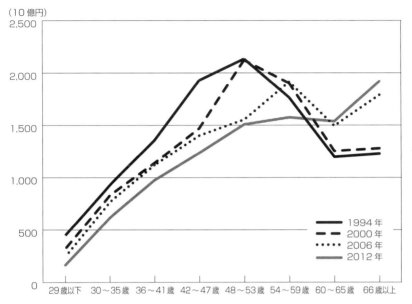

注：内閣府『国民経済計算確報』国内総生産支出側デフレーター（連鎖方式）によりデフレート済み
出所：2人以上世帯数は総務省『国勢調査』平成22年より、民間生命保険加入率、世帯当たり払込保険料は、生命保険文化センター『生命保険に関する全国実態調査』2012年より、それぞれの値を掛け合わせて筆者作成。なお、国勢調査と生命保険に関する全国実態調査の調査時期のずれにより、平成7年の国勢調査と1994年（平成6年）の生命保険に関する全国実態調査、平成12年と2000年（平成12年）、平成17年と2006年（平成18年）、平成22年と2012年（平成24年）の組み合わせで掛け合わせている。以下の市場規模のコーホート分析の作成方法も同様

いうのが変わってきているのである。

　高齢者世代の市場規模が大きくなっていくこと自体は保険会社にとっては望ましい面もある。実際、高齢者世代の世帯数はこの先も増加していくと考えられる。しかし、個々の高齢者に注目してみれば、それぞれの個人が保険に対してもつニーズはそもそも低く、払込保険料の水準も下がっていく傾向にある。それゆえに払込保険料の低下傾向を打ち消すほどに高齢者の数が増えるという状況がいつまで続くのかを注意深く見守らなければならない。また、今後は、高齢層の中でもさらに高齢化が進むため、加齢とともに保険料を支払わない顧客へと変わっていく人も出てくるだろう。そうなれば、図3-2-7の右端が徐々に上にシフトしていく傾向も弱くなっていくことになるであろう。

　各年齢階級によって、市場規模の変化の仕方が異なることは、図3-2-8の

各年齢階級における時代効果を確認することで明らかになる。同図からは市場
規模が拡大する高年齢層と、縮小する低年齢層の2つが存在することがわかる。
例えば、60〜65歳の曲線を見てみよう。この年代の市場規模は、1994年の1兆
1970億から2012年には1兆5370億の市場規模へと増加（28%増）していると推
定される。同様の傾向は66歳以上の市場規模についても見られる。先に見た
ように、1人ひとりの消費者のライフサイクルからすれば、この年齢層の払込
保険料は低下しているのだが、団塊の世代の高齢化に伴って、この年齢層に
入ってくる人口が多くなっているために、市場規模が大きくなっているのであ
る。

　これに対して、42〜47歳の世代は、1994年の1兆9280億円から、1兆2350億
円へと、18年で36%も市場規模を減少させている。さらに、36〜41歳や29歳
以下という年齢層を見ると、時代とともに確実に市場規模が低下してきている。

　先ほど見た、払込保険料の時代効果では、総じて減少傾向が見て取れた。こ
れに対し、世帯人口を加味した時代効果では、増加する高年齢層の存在が確認

図3-2-8　市場規模の同一年齢層の時点間比較

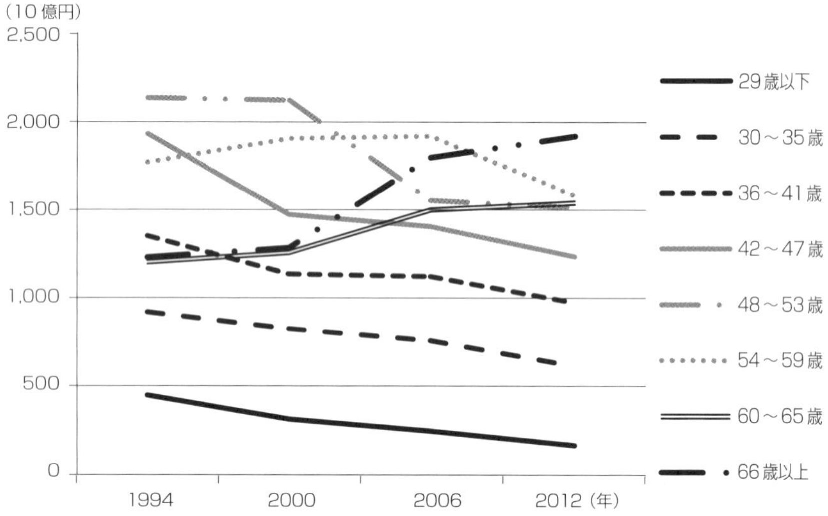

注：内閣府『国民経済計算確報』国内総生産支出側デフレーター（連鎖方式）によりデフレート済み
出所：2人以上世帯数は総務省『国勢調査』各年版より、民間生命保険加入率、世帯当たり払込保険料は、
　　　生命保険文化センター『生命保険に関する全国実態調査』各年版より筆者作成

できた。つまり、高齢化が進展し、払込保険料の減少を上回るほど高齢の世帯が増加したことによって、高齢層の市場規模が拡大していることがわかる。

Ⅱ　出生コーホート効果

　個々人の払込保険料と人口を掛け合わせた市場規模をコーホート別に図示したものが図3-2-9である。同図には、注目すべき点が2つある。

　ひとつは、1941〜46年出生コーホートや、1947〜52年出生コーホートが示していたような市場規模の水準に、それ以降の出生コーホートが届きそうにない点である。同出生コーホートは、団塊の世代と呼ばれる出生コーホートで、他の世代と比較して人口が多かった。したがって同出生コーホートは大きな市場規模を有していた。しかしながら、この団塊の世代以後の出生コーホートでは払込保険料自体の低下も相まって、市場規模が高い水準に達していない。

　例えば、1959〜64年出生コーホートの推移を見てみると、48〜53歳の時点まで市場規模が伸びてはいるのだが、その水準は団塊の世代の水準にはるかに及ばない。1947〜52年出生コーホートの71％程度の水準に留まっているのである。

　もうひとつの注目すべき点は、団塊の世代が突出して大きな市場を形成していたというばかりでなく、その後の出生コーホートを見ても、若い世代へ向かうにつれて市場規模が低下し、1953年以降のすべての出生コーホートが、同年代で比較した際、若い出生コーホートの水準は、上の世代の出生コーホートの水準を上回ることがないということである（曲線がすべて下にシフトしている）。つまり、すべての出生コーホートにおいて、水準が低下しているということである。

　具体的には、1965〜70年出生コーホートが36〜41歳であった水準と、現在36〜41歳である1971〜76年出生コーホートの水準を比較すると、前者が1兆1190億円、後者が9750億円と前者のほうが1440億円高い水準になっている。これは、若年層において生命保険の加入率が低下していることに加え、先に見た払込保険料の加齢に伴う上昇率が緩やかになっていることや、若年層における払込保険料の水準が急速に低下しているのが原因であろう。その結果として、高齢層を除くすべての年齢層において市場規模が縮小している。

図3-2-9 市場規模の同一出生コーホートの経年比較

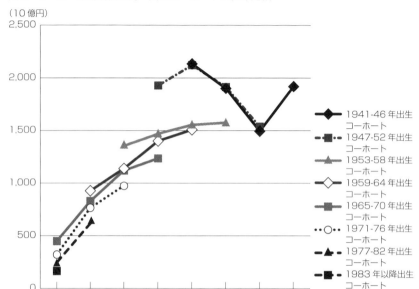

注:内閣府『国民経済計算確報』国内総生産支出側デフレーター(連鎖方式)によりデフレート済み
出所:2人以上世帯数は総務省『国勢調査』各年版より、民間生命保険加入率、世帯当たり払込保険料は、
　　　生命保険文化センター『生命保険に関する全国実態調査』各年版より筆者作成

　2人以上の世帯のみに限って見ると、収入保険料は微減であった。これが微減である理由は、すべての世代・年齢層がおしなべて同様に微減であったからではない。実際に生じていたのは、本来、払込保険料が減少していく50代後半から60代の人々が、1人当たりの払込金額を減らしつつも、その人数が増加していたために、全体としては減少が緩やかであったということである。直近の市場規模の上昇は、払込保険料の上昇によってではなく、世帯数の増加に多くを依存していた。今後の市場を担うべき団塊の世代ジュニア層も払込保険料は大きく上昇していない。しかるに、今後の高齢層の市場の縮小を、現役層の上昇で補えない可能性が高い。こう考えれば、今後の生命保険業界でも2人以上の世帯について見れば、市場規模の減少傾向は強まっていくと考えられる。これを果たして単身世帯市場が補えるかどうかが生命保険業界の将来を占うひとつのカギとなる。

❸ 増加する単身世帯の市場と生命保険市場の今後

　今後の生命保険市場の動向は、単身世帯がどれほど保険に加入し、どれほど
の保険料を払い込んでいくのかという点に左右されるだろう。しかし以下の分
析で示すように、今後、単身世帯数の増加ペースが鈍化するために、たとえ加
入率が上昇したとしても、減少する2人以上世帯の市場規模をこれまでと同様
に補うことはできなくなる可能性が高い。つまり、単身世帯市場は2人以上世
帯の落ち込みを補うことができないのではないかと思われるのである。

　2010年時点で、単身世帯数は、現役層、高齢層ともに増加している（2000年
比20.8%増）。このうち、高齢層の単身世帯数の増加は、死別・離婚などが原
因と考えられる。高齢者が、配偶者の死亡によって保障内容を手厚くするとい
うことは考えにくいため、高齢層の単身世帯が増加したからといって、市場規
模が大きくなるという傾向は強くはないと思われる。つまり、問題は、現役層
の単身世帯の市場規模がどのように変化したのかを考えればよい。

　現役層の単身世帯が市場規模を拡大していたのは、次の3つの要因に分解で
きる。世帯数の増加と加入率の増加、1人当たりの払込保険料の増加の3つで
ある。この3つの要因すべてが近年の日本を特徴づけている。

　例えば独身世帯数は増加傾向にある。現役層の単身世帯数は、晩婚化や生涯
独身傾向の高まりなどにより2000～2010年の間に15.8%増加した。また、独
身世帯の加入率も増加傾向を示している。2013年の加入率は2004年比で9.9ポ
イント増である。1人当たりの払込保険料も同7.9%増となっている。おそら
く、独身でいる期間が長くなると想定した場合には、自分が病気になった時の
ために医療保険への加入を考えたり、将来の人生設計を考えて、貯蓄性の保険
に積立を行なったりするようになるのではないだろうか。

　それでは、増加していく単身世帯の市場の存在によって、生命保険市場を楽
観視していいのだろうか。直近における単身世帯の生命保険加入率は49%と低
く2人以上世帯の78.4%という高い加入率と比較すると30%近くの開きがある[9]。
この数字を明るくとらえれば、今後加入率が上昇していく余地が十分にある、

---

9) 単身世帯の加入率は、『生活保障に関する調査』（2013年）より2人以上世帯の加入率は、『生命保険
　に関する全国実態調査』（2012年）より

ということも可能であろう。また、拡大していく単身世帯をターゲットとして、生命保険会社各社が単身世帯向けの生命保険を販売していくことも想定されるため、払込保険料が上昇していくシナリオも十分に描けるだろう。しかしながら、厚生労働省の人口統計によると、単身世帯の世帯数は直近がピークで、今後は徐々に減少していくことが予想されている。つまり、これまでのようなペースで単身世帯の市場が拡大していくことは予想しがたい。

図3-2-10は、これまでの議論を参考に、今後の生命保険市場をシミュレートしたものである。同図に示したように、生命保険市場全体で考えたとき、この先減少していく2人以上世帯の市場規模を補うほど単身世帯の市場規模が

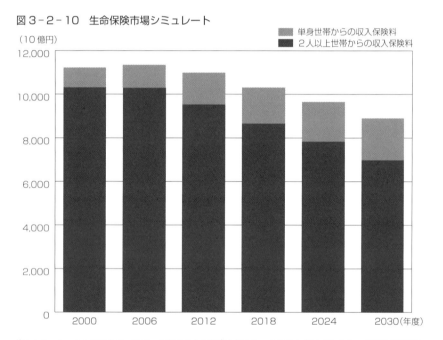

図3-2-10　生命保険市場シミュレート

注：シミュレーションにあたっては、下記のように仮定を置いた。インフレ率は0％とし、世帯数の推移は、単身世帯、2人以上世帯ともに、国立社会保障・人口問題研究所の推計値を使用した。2人以上世帯の払込保険料は、出生コーホートごとに、前の年代の同一出生コーホートが見せた変化率を使用し、加入率は一定とした。単身世帯の払込保険料は、年率0.5％の増加とし、加入率は年間0.5ポイントの増加とした
出所：世帯数は総務省『国勢調査』各年版より、世帯数予測は、国立社会保障・人口問題研究所『日本の世帯数の将来推計（全国推計）』（2013年）より、2人以上世帯の民間生命保険加入率、世帯当たり払込保険料は、生命保険文化センター『生命保険に関する全国実態調査』各年版より、単身世帯の民間生命保険加入率、世帯当たり払込保険料は、生命保険文化センター『生活保障に関する調査』各年版より筆者作成

拡大していかないため、決して行く末を楽観視してはいけないだろう。

　しかしながら、今後の市場の成長を担うひとつのカギが若年単身層であることに間違いはないだろう。先に述べたように増加する若年単身層は、単身であるという特性上、自らの死後について考えるというよりも、自らのけがや病気について身近にとらえられるため、医療保障に加入しやすいと考えられる。つまり、今後の市場のひとつの重要なポイントは、若者の医療保険への取り込みであるといえる。

第3節

「若者」「医療保険」と親和性が高いインターネット生命保険

　前節においては、日本国内の生命保険市場が縮小していく可能性が高いことを述べた。しかしながら、市場を詳細に分析していくと、市場の中身が変容していることが明らかとなった。中でも、若者を中心とした医療保険の需要は今後の市場を支える大切なポイントとなりそうである。

　若者と医療保険という2つのキーワードを考えたとき、既存の生命保険会社にとって新たな脅威と考えられるのが、インターネット生命保険（以下ネット生保）である。なぜなら、販売チャネルの特性を考えたとき、インターネット・チャネルは、若者と、さらに医療保険と親和性が高いと考えられるからだ。つまり、ネット生保が、今後の生命保険市場全体の重要なポイントである、若年層の医療保険の分野で急速に拡大していくために、既存の生命保険会社にとって十分な脅威となりえるのではないだろうか。

　このような問題を考えるために、本節では、3段階の議論を行なっていく。第一に、ネット生保とはどのようなものなのかについて簡単に説明する。一般的に安価であるという点と、医療保険が他の保険と比較して、ニーズが身近であるという商品の特性上、インターネット・チャネルでの生命保険の販売が、特に若年層を対象とした医療保険に向いていることを指摘する。

　第二に、ネット生保の成長の鈍化が見られるという指摘に対し、生命保険への加入動機を3つに分けることで分析する。現在の成長の鈍化は、新しいサービスが誕生したとき特有の、ペントアップデマンドが消失したことによる一時

的な現象であるといえる。

　第三に、インターネット・チャネルに対する顧客の意識を分析する。顧客の意識をコーホート分析していくことで、特に若年層において、インターネット・チャネルに対する意識が好転しており、ネット生保の拡大の土壌が醸成されつつあることが見て取れる。

■1 インターネット生命保険とは

　生命保険の販売方法は、戦後からこれまで、対面チャネルでの販売が中心であった。特に、大手生命保険会社は多くの営業職員を抱え、生命保険の販売活動を行なっていた。生命保険は、潜在型のニーズの商品であるため、対面での販売は、生命保険の販売に適していたといえる。ここで「潜在型」というのは、普通の人は何もきっかけがなければ「そうだ、保険に加入しよう」と突然欲求を抱くということが起こりにくい商品だということである。大切な友人を亡くすとか、結婚や出産を経験するのでないかぎり、人生に潜むリスクを意識する人は少ない。

　生命保険は、自分自身の健康についてリスクを強く意識するようにならないかぎり、「いつ加入するか」という加入の意思決定機会そのものが顕在化しにくい商品である。しかし、本当のリスクが目の前に来た時には保険料が高くなりすぎる。だから、「潜在的」であるうちに、リスクへの気づきを与えて早めに備えを始めるというのが適切である。このリスクへの気づきを与える契機を営業職員が提供できるのである。

　このように営業職員は生命保険と適合的なチャネルであるのだが、しかし同時にこの営業職員を多数抱えることで、保険会社には人的コストが多くかかるということもまた事実である。この問題を克服するひとつの方法がネット生保である。対面チャネルをインターネットに置き換えて、販売をインターネット上で完結させるために、ネット生保は従来型の生命保険と比べ人的コストを非常に低く抑えることが可能である。このコスト節約分を保険料に反映させて、これまでの生命保険よりも安価な保険を提供することがネット生保では可能になる。

しかし、これまでの「常識」からすれば、ネット生保が追求している価格訴求だけでは、顧客が保険加入に踏み切ってもらえないのではないだろうか。ネット生保には、このような疑問が投げかけられているため、近年のネット生保の売上推移について、否定的な解釈が支配的になっているように見える。

2008年に、SBIアクサ生命保険株式会社（現アクサダイレクト生命保険株式会社）とライフネット生命保険株式会社（以下、ライフネット生命）が誕生し、その後、ネット生保の契約件数は右肩上がりに増加してきたものの2013年度に入るとその成長に陰りが見え始めている。ライフネット生命の2012年度の新規契約件数は2011年度を下回った。また2013年度の新規契約件数も、前年同期比を下回っている。この傾向は、ライフネット生命だけではなく、同じインターネット専業で事業を行なうアクサダイレクト生命にも見られる。

もともと生命保険は、ニーズが潜在型の商品であるといわれてきた。したがって、営業職員などを介さず、インターネットを通じてダイレクトで保険を販売することは難しいと考えられてきた。この考え方に基づいて、近年のインターネット専業企業の業績成長の陰りを解釈するならば、「これまでのネット生保の成長は一時的な変則的事態に過ぎず、所詮、潜在型商品の生保はネットでは売れないのだ」という見解の正しさを証明しているようにも見える。つまり、インターネットを通じた商品の販売は、能動的に需要が発生する商品とは融和性が高いが、潜在的な需要が存在する保険のような商品とは融和性が低いという本質的な部分を社会全体で学んだ結果が現状の停滞なのだという理解である。

●ネット生保の将来性

それでは、ネット生保はこれ以上の拡大は見込めないのであろうか。否、実際にはこの統計数字を読み解くにはもう少し深く考える必要がある。実際、ネット生保はこの先急速に拡大する可能性が大いに残されている。その理由として2つあげることができる。第一に、現在のネット生保の成長鈍化は一時的な現象である可能性が高いということ。第二に、消費者のインターネットに対する選好が変わりつつあり、インターネットとの関わり方の変化により、とりわけ若い世代については、保険とインターネットとの親和性が高まりつつある

こと。この2つの理由から、現在見られるネット生保の成長鈍化は、次の成長へ向けた一時的なものだと考えるほうが適切ではないか、というのが本章のスタンスである。

とりわけ重要なポイントは、医療保険と若者の意識の変化である。すでに述べてきたように、保険商品には死亡保障を中心とする生命保険ばかりでなく、けがや病気が対象となる医療保険もある。身近な人が死亡するという事件はリスクを強烈に意識させるが、同時に頻繁には起こりにくい。それよりも、職場の同僚がけがや病気で入院するほうが頻度は高いであろう。医療保険は比較的心理的な障壁が低いと考えれば、営業職員によるプッシュがなくても、顧客が比較的スムーズに医療保険に加入する可能性が残されている。

このように考えると、ネット生保の拡大へのカギとなるエントリーポイントは、当面の間、死亡保障ではなく、医療保険となる可能性が高い。つまり、まず医療保険に入り、その後、知識が蓄積され、ライフイベントが生じることで、死亡保障にも入る、というパターンが見られる可能性があるということである。

インターネットそのものへの抵抗感が薄れ、ネット保険が認知されれば、価格で優位に立つネット保険は、十分に選択肢として想起されるようになる可能性がある。今後、若い単身世帯が増加していくなかで、医療保険の加入が増加し、その際にネット生保が選択肢にあがることでネット生保が拡大していくシナリオは十分に予想できよう。本節はこの点を分析していく。

② ペントアップデマンド消失による一時的成長の鈍化

現在のネット生保の需要低迷は、ペントアップデマンドが消失したことにより、一時的に成長が鈍化しているように見えているだけだという可能性がある。ペントアップデマンドとは、繰越需要や繰延需要などと訳され、本来顕在化しておかしくない需要が次の時期に繰り越されて出てくる需要のことをいう。例えば景気後退期などに買い換えを我慢していた顧客の需要は累積的に積み上げられていて、景気回復期にそれが一気に顕在化する。このように繰り越される需要をペントアップデマンドという。類似の現象は新しい製品・サービスが登場したときなどにも見られる。これまで欲しかったけれども利用可能ではな

かった製品・サービスの潜在需要が厚く累積的に積み上がり、「これが欲しかったのだ」という新製品・サービスの登場によって一気に需要が顕在する。これまで潜在化していた需要が一気に顕在化することによって一時的に需要が急拡大するが、同時に、その累積的に積み上がっていた需要が一巡すると、定常的な需要部分へと落ち着くのである。このポイントを理解するために簡単な仮設例を考えて見よう。

　例えば25歳以上の人が欲しがる新製品が登場したとしよう。このとき、登場した直後の市場は25歳以上の人口すべてである。欲しいと思う人が多数累積されているので、当初は相当量の需要がある。しかし、次の年は、①新たに25歳になった人の中でこの製品を欲しがる人と、②26歳以上でまだこの製品を購入していない人が対象になる。最初の年に購入した人が多ければ26歳以上でまだこの製品を購入していない人が随分少なくなっているに違いない。さらに次の年には、また新たに25歳になってこの商品を購入する人と、それまで購入していなかった人の合計が需要になる。この後者の需要部分（まだ購入していない対象層）は、新製品導入時には、あたかも在庫が積み上がっているように、満たされない需要として「積み上がっている」のだが、これが解消されると、毎年の需要量は徐々に新規に顧客対象になる人の流入量と等しいところに近づいてくる。

　このように考えるなら、初期段階の「満たされていなかった需要部分」が解消されるまでは旺盛な需要が見られ、それが解消されると、毎年新たに生まれる需要部分のみになるので、一見、需要が低迷しているように見える。しかし、それを「衰退」と考えてはならない。「需要の繰り越し」あるいは「需要の積み残し」が解消された後の安定需要期に入ったと考えなければならない。そうなると、残された問題は、安定需要期に入り、次々と新たに顧客対象になってくる顧客層がどれほど多くこの製品に引きつけられるようになっていくかというポイントの見極めになる。ペントアップデマンドについて、ここで考えたいのはまさにこのような問題である。

● 3つの加入方法から見た分析

　簡単にいえば、需要を「過去からの積み残し」の部分と、「新たな流入」部

分の２つに分けて、この「新たな流入」部分がどれほど低下傾向にあるのか、増加傾向にあるのかということを見極める必要がある、ということである。この点を理解するために、生命保険への加入の仕方を、次の3つに分類して考えることにしよう。

①　生命保険契約がない状態から加入する新規加入：この部分は純粋に新規流入分であり、今後の定常的な需要を支える部分である。この新規生命保険加入者のうち何％がネット生保に流れているかという点を注視しておかないと長期的な判断で間違いを犯すことになる。

②　既存の契約に追加して加入する追加加入：この部分も、新規流入分である。ただし、すでに何らかの保険には加入しているので、既存の累積された顧客層が前提になっており、場合によっては、この追加加入が増えると、タイムラグを経て、次の「見直し」によってネット生保に切り替える潜在的な顧客層が増える可能性がある。

③　既存の契約を見直して加入する見直し加入：この部分がほぼペントアップデマンドに対応する。すでに他の生命保険に加入している累積顧客ベースが大きかったので、その中で早めに切り替える人のプールが存在したと考えると、その人たちが急速にネット生保に切り替えることで、初期の成長を支えていた可能性がある。

　このように3つの部分に分かれることを理解した上で、図3-3-1を見てみることにしよう。同図は、ライフネット生命の新規加入件数を、加入方法による内訳を見たものである。同図からは、ネット生保の始まった2008年から3年後の2011年までは、成長の原動力として、新規加入ばかりでなく、「見直し」が貢献していたことが明らかになる。また2012年にライフネット生命の新規加入数が頭打ちになったのは、新規流入分（新規＋追加加入）は増えているものの、「見直し」が減少しているからである。新規は一定水準を維持し、また将来の見直しにつながる可能性のある追加加入は増えている。この全体的なパターンを見るかぎり、ネット生保の新規加入件数が頭打ちになったからといって、その勢いが止まったと判断するのは早計であろう。

生命保険はスイッチングコストが高い商品であるため、保険の見直しには一定以上の動機が必要となる。ネット生保初期段階において、最も早くスイッチする特定の顧客層、すなわち、イノベーターや、価格弾力性の非常に高い層が保険の切り替えを終えたため、一時的に新規契約の成長が鈍化しているのではないだろうか。これまでの成長は、ペントアップデマンドによって一時的に押し上げられていたように見えていたためであり、現在の成長の鈍化はこのペントアップデマンドの消失によるものである、と考えるほうが適切であるように思われる。

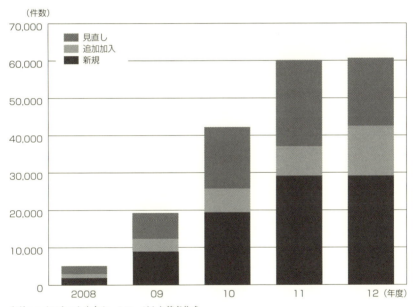

図3-3-1 ライフネット生命の新規加入件数

出所：ライフネット生命ホームページより筆者作成

❸ インターネット・チャネルに対する顧客の意識

　ネット生保が今後本格的に既存の市場を侵食していくのか否かを考えるには、新規流入部分をどれほど奪えるかを見る必要がある。とりわけ新規加入者のような比較的若い世代が、生命保険をインターネット経由で購入するという購買行動を示すようになるのかどうか、という点を考えておくことが重要である。このインターネットを介して保険を購入する行動が若年層から浸透して徐々に一般化していけば、何年か後に追加加入の層もインターネット経由が増加していくことになると思われる。この点を考察するためには、インターネット・チャネルについて、顧客の意識がどのように変化しているのかを明らかにする必要がある。ここでは、前節において用いたコーホート分析の手法を用い、顧客のインターネット・チャネルに対する意識を分析していく。

　分析を進めていくと、若い世代を中心に、一般にインターネット・チャネルに対する選好は高まっており、インターネットでの金融取引も徐々に拡大していることがわかる。これまでインターネット・チャネルには「なじみやすい」と思われていた財・サービスばかりでなく、金融取引までインターネット経由で活発化してきているということは、今後のネット生保の拡大への土壌が出来上がりつつあると考えることができるように思われる。

●年齢効果と時代効果

　図3-3-2は、今後、インターネットから生命保険に加入したいと考える割合の年齢効果である。同図では、どの時期の調査でも29歳以下が低く、33〜35歳の年齢層で高くなり、その後低下しているというパターンが見られる。

　29歳以下の関心が低いのは、おそらくインターネットへの関心が低いというよりも、単に保険に関する知識が薄いことの反映であるように思われる。実際29歳までの年齢層は、生命保険会社からの営業職員からの加入を望む割合が33.8%と、30代の29.5%と比較すると高いことがわかる 。

　同図で注目すべき点は、年齢効果の曲線が、時を経るとともに上にシフトしていることである。特に若年層において曲線の上昇幅は大きくなっている。例えば2009年の20代の割合は、9.9%であるのに対し2012年では15.6%と、5.7ポ

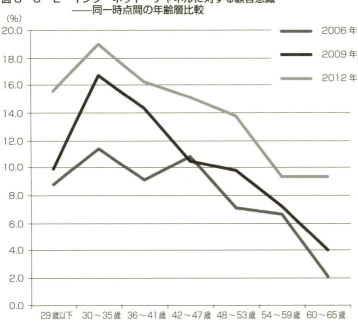

図3-3-2 インターネット・チャネルに対する顧客意識
——同一時点間の年齢層比較

出所:生命保険文化センター『生命保険に関する全国実態調査』各年版個票データより筆者作成

イントも上昇している。若い世代であればあるほど、インターネットを利用して情報を収集する傾向が強く、インターネット・チャネルを選好する傾向が出てきているのではないだろうか。

この傾向は、図3-3-3で示した、インターネットからの加入意向の推移の時代効果を見るとさらによくわかる。同図からは、先ほど確認したように、インターネットから生命保険に加入したいと考える割合が時を経るとともに上昇しているのが見て取れる。図中の一番上に描かれている33〜35歳の年齢層を示す曲線では2006年には11.4%であった割合が2012年には19.0%と、7.6ポイントも上昇している。2008年にネット生保が創業し、ネット生保の認知度が上がってきたことが主な要因だと考えられるが、1.7倍に増えている点は注目に値する。

図3-3-3　インターネット・チャネルに対する顧客意識
　　　　──同一年齢層の時点間比較

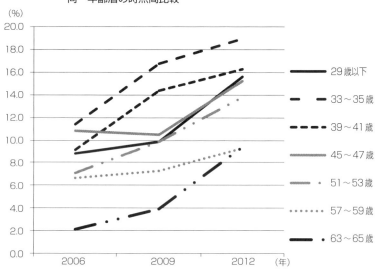

出所：生命保険文化センター『生命保険に関する全国実態調査』各年版個票データより筆者作成

● 出生コーホート効果

　年齢効果で見たような、若年層における傾向は、出生コーホート効果を見てもよくわかる。図3-3-4で表したのが、インターネットからの加入意向の出生コーホート効果である。同図から、ネット生保の今後の需要動向を探る上で重要なポイントが2つ読み取れる。1点目は、若い出生コーホートであればあるほどインターネットからの加入意向が高くスタートしているということである。例えば1977〜79年出生コーホートでは20代の時点で8.8％の値を示し、1983年以降出生コーホートでは20代の時点で15.6％の値を示している。

　2点目は、若い現役世代になるほど、加入意向が加齢とともに増加する程度が高まっているということである。1956〜58年出生コーホート以後は、すべての世代が右肩上がりの曲線になっているが、若いコーホートになればなるほど、その右肩上がりの曲線の傾きが急峻になってきている。若い世代ほど、そもそもインターネットに親和する層になっているというばかりでなく、現在の時点である程度の年齢層に到達している世代も、インターネットとの関わり方

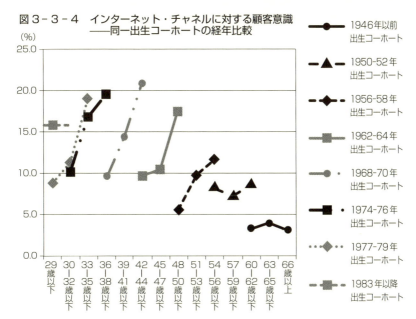

図3-3-4 インターネット・チャネルに対する顧客意識
——同一出生コーホートの経年比較

注：作図の都合上、いくつかの出生コーホートの曲線を表示していないものの、概ね他の出生コーホートと同じような傾向を示している
出所：生命保険文化センター『生命保険に関する全国実態調査』各年版個票データより筆者作成

が深くなるように学習が進んできているように見える。

　このような傾向は、生命保険に関する今後の意向に見られるだけではなく、他の分野での消費者の実際の行動にもすでに表れている。図3-3-5は、インターネットで金融取引を利用したことがない人の割合を表している。同図からは、インターネットでの金融取引は拡大していることがわかる。また、その傾向は若い世代層ほど強い。例えば2006年で30代の値は48％であったのに対し2010年には37.3％まで低下している。50代では、62.6％が、57.6％へと、30代ほどの低水準ではないが、同じく低下傾向を見せている。今後、若い世代においてインターネットでの金融取引が拡大していけば、時代を経るとともに、さらにインターネットでの金融取引が一般的になっていくと考えられる。

　つまり、インターネット取引の拡大は、金融業界においても例外ではなさそうだということである。事実、銀行や証券、損害保険においては生命保険業界よりも先行してインターネット化が進んでいる。各業界においてインターネッ

図3-3-5 世代別インターネットで金融取引を利用したことがない割合

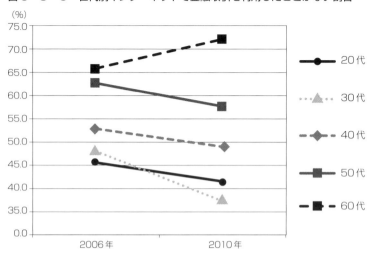

出所:日経リサーチ金融総合定点調査『金融RADAR』(2006年)、(2010年)より筆者作成

ト専業で業務を行なう会社は右肩上がりで成長しており、一定以上のプレゼンスを発揮している。生命保険業界においても同様の流れが起きると考えられる。

第4節

まとめ

　ニーズが「潜在型」であり、これまで営業職員での販売が中心であった生命保険業界において、インターネット・チャネルでの販売がどの程度拡大していくか否かということは非常に興味深いテーマである。

　生命保険という商品は、ニーズが「潜在型」であるがゆえに、その必要性はわかるものの、いざ加入するという行動になかなか移りにくい。したがって、インターネット・チャネルへの加入意向が高まっていたとしても、いかにして加入させるかという仕組みが構築されていかないかぎり、急成長は難しいとも考えられる。つまり、顧客がどのような経路をたどってインターネット・チャネルから生命保険に加入するのか、という情報が決定的に重要となるだろう。インターネット損保や、インターネット銀行などの他の金融サービスを行なう

ホームページからの流入が考えられるのか、または盛んに見直しを勧めるCMに絶大な効果があるのだろうか。

どのような経路からネット生保へと流入してくるのかというエントリーポイントの認識は、今後のネット生保、さらには若い単身者の保険商品市場での競争にとって非常に重要な状況になる。そしてこの情報は、既存の営業職員チャネルから得られるのではなく、実際にネット生保のサービスを展開することで獲得され、蓄積されていくことになるはずである。既存の生命保険会社は、すでに営業職員チャネルを保有しており顧客情報を熟知しているとか、インターネット・チャネルの規模はまだまだ小さいなどといって、インターネット・チャネルを無視することはできないのではないだろうか。

本章で目的としていたのは、あくまでも市場のメカニズムの解明であり、市場予測ではない。本章では、主に、コーホート分析という手法を用いることで生命保険市場を2つの観点から考察した。ひとつは顧客の生命保険加入行動のトレンドの変化から見る生命保険市場の動向である。一見すると平穏な推移に見えた生命保険市場も、顧客を年代別に分けて分析していくことで、水面下では市場が大きく変容しようとしていることが明らかになった。

2つ目に、生命保険の販売チャネルという観点から、新たに登場したインターネット・チャネルに対する考察を行なった。本章では、この先の市場の拡大が見込める医療保険の若者単身世帯を契機に、インターネット・チャネルが拡大していくのではないかという読み筋を示した。

これまで見てきたように、市場は、1人ひとりの顧客の行動を足し合わせたものである。戦略を策定する際には、市場のトレンドを把握することが重要であるのはいうまでもないが、市場全体の集計数字だけをみて判断するのではなく、顧客の1人ひとりのトレンドへの分解・分析を行ない、マクロなパターンの背後にあるメカニズムを把握することが重要なのである。

参考文献

〈書籍〉
岩瀬大輔 [2009]、『生命保険のカラクリ』文藝春秋
出口治明 [2008]、『生命保険はだれのものか』ダイヤモンド社
出口治明 [2009]、『生命保険入門 新版』岩波書店
ニッセイ基礎研究所 [2011]、『概説日本の生命保険』日本経済新聞出版社
沼上幹 [2000]、『わかりやすいマーケティング戦略 新版』有斐閣
沼上幹＋一橋MBA戦略ワークショップ [2013]、『戦略分析ケースブックVol.3』東洋経済新報社

株式会社保険研究所 [2002]、2002年度版『インシュアランス　生命保険統計号』
株式会社保険研究所 [2003]、2003年度版『インシュアランス　生命保険統計号』
株式会社保険研究所 [2004]、2004年度版『インシュアランス　生命保険統計号』
株式会社保険研究所 [2005]、2005年度版『インシュアランス　生命保険統計号』
株式会社保険研究所 [2006]、2006年度版『インシュアランス　生命保険統計号』
株式会社保険研究所 [2007]、2007年度版『インシュアランス　生命保険統計号』
株式会社保険研究所 [2008]、2008年度版『インシュアランス　生命保険統計号』
株式会社保険研究所 [2009]、2009年度版『インシュアランス　生命保険統計号』
株式会社保険研究所 [2010]、2010年度版『インシュアランス　生命保険統計号』
株式会社保険研究所 [2011]、2011年度版『インシュアランス　生命保険統計号』
株式会社保険研究所 [2012]、2012年度版『インシュアランス　生命保険統計号』

生命保険文化センター [1994]、平成6年度『生命保険に関する全国実態調査』
生命保険文化センター [1997]、平成9年度『生命保険に関する全国実態調査』
生命保険文化センター [2000]、平成12年度『生命保険に関する全国実態調査』
生命保険文化センター [2003]、平成15年度『生命保険に関する全国実態調査』
生命保険文化センター [2006]、平成18年度『生命保険に関する全国実態調査』
生命保険文化センター [2009]、平成21年度『生命保険に関する全国実態調査』
生命保険文化センター [2012]、平成24年度『生命保険に関する全国実態調査』
※本章で行なったコーホート分析に当たり、東京大学社会科学研究所　附属社会調査・データアーカイブ研究センター　SSJデータアーカイブから『生命保険に関する全国実態調査』（生命保険文化センター）の個票データの提供を受けた。

生命保険文化センター [2004]、平成16年度『生活保障に関する調査』
生命保険文化センター [2007]、平成19年度『生活保障に関する調査』
生命保険文化センター [2010]、平成22年度『生活保障に関する調査』
生命保険文化センター [2013]、平成25年度『生活保障に関する調査』

日経リサーチ金融総合定点調査 [2006]、『金融RADAR』
日経リサーチ金融総合定点調査 [2010]、『金融RADAR』

〈雑誌〉
週刊東洋経済臨時増刊『生保・損保特集号2013年度版』東洋経済新報社

〈ウェブサイト〉
総務省統計局　『日本の統計2013』
(http://www.stat.go.jp/data/nihon/index1.htm)
内閣府　国民経済計算確報
(http://www.esri.cao.go.jp/jp/sna/kakuhou/kakuhou_top.html)
ライフネット生命保険株式会社　株主・投資家情報
(http://ir.lifenet-seimei.co.jp/)

第4章
造船業界における市場地位別の競争戦略分析
——水平分業化進行の可能性

　本章では、造船業界におけるグローバルな企業間競争を、リーダー企業である韓国の現代重工業の行動を中心として読み解いていく。ここで造船業界に注目するのは、日本企業が世界市場で直面している典型的な競争環境の変化がこの業界で鮮鋭に観察されるからである。かつて日本企業は欧米企業からシェアを奪って世界首位に立ったが、近年は韓国企業にその座を奪われ、さらに中国企業が台頭してきている。しかし、大きなトレンドとしては国際競争力の変遷が起こる中でも、日本企業の中に独自の競争ポジションを維持できている企業もある。欧米→日→韓→中という国際競争力の変遷にさらされている他の業界にとっても、こうして強いポジションを確保している日本企業の戦略的な特徴を学ぶことは意義深いのではないだろうか。このような問題意識に基づいて、本章では主に韓国と日本の企業に視座を置き、市場地位別のマーケティング戦略のフレームワークを用いて考察を巡らせていく。

　本章の結論を先取りすれば、次のとおりである。
　第一に、造船市場において、リーダー企業（現代重工業）がとった生産能力の規模拡大を伴うフルライン・フルカバレッジの製品戦略は、短期的には成功したが、長期的な視点からは最適ではなかった可能性が高い。
　造船市場は、需要変化の波動が約30年という長期の間隔で大きな上下変動をしながら、数十年から100年単位の超長期的には右肩上がりに成長していくという構造的な特徴をもっている。仮に15年の成長フェーズの後に、15年の

衰退フェーズが到来すると考えてみてほしい。15年という期間は、小規模企業が大規模企業に成長するのに絶好の機会であるが、同時に大規模企業が倒産するのにも十分な長さである。これが繰り返され、しかし超長期では成長するというところに、造船業界の特徴がある。一方では、長期需要変動における停滞期にも存続できるように固定費を無駄に高くしないような戦い方が望ましいように思われる。しかし同時に、需要の成長フェーズではできるだけ早いタイミングでの積極的な投資により市場シェアを高めることも必要である。それゆえ、超長期では成長トレンドにある市場において、比較的長く続く成長フェーズと、同じく比較的長い停滞期をどのように戦っていくのかという全体観あるいは戦略観が必要な業界なのである。

　この両者のバランスをいかにダイナミックに読み込むかという点が重要だと考えるならば、従来の市場地位別のマーケティング戦略の定石をやみくもに当てはめることの危険性が見えてくるだろう。需要の好調期にリーダー企業の定石をそのまま当てはめてフルライン・フルカバレッジの戦略を採用すると、それを達成するための固定的な設備投資がオーバーシュートしやすい。

　本章の結論の2つ目は、このリーダー企業の過剰投資によって、停滞フェーズでは他の企業が独特の戦略を遂行できるようになる、ということである。造船市場におけるリーダー企業の過剰投資は今後、造船需要が停滞期を迎えるに当たりドックの低稼働率という問題をもたらす。このドックの低稼働率を逆手にとって、リーダー企業をはじめとする造船企業をある種の「下請け」として活用するポジション取りが可能になる。典型的には、通常の船舶に高度技術を上乗せするような海洋資源開発用の船舶を企画する企業にとっては、船舶部分の建造・改造を安価に調達できるようになるということである。逆に成長フェーズで積極的な設備投資を行なったリーダー企業は、海洋資源開発船の船舶部分を受注することで、需要の衰退期を生き残ることが可能になる。

　このような船舶部分の低コストでの生産という機能と、そこに上乗せする資源開発システムの企画という機能が分化することを観察すると、船舶市場でも水平分業化が進んでいく可能性が示唆される。これまでの造船市場では垂直統合のビジネス・モデルをもつ企業間の競争が前提となっていたが、新しい海洋市場では水平分業のビジネス・モデルをもつ企業との競争や補完を考慮する必

要があるということを示唆している。つまり、リーダー企業をはじめとする主要な企業の過剰投資を契機として、業界が水平分業化に進むインフラが整えられる、ということである。

このような結論に到達するべく、本章では次の手順で議論を進めることとしたい。第1節では、市場地位別マーケティング戦略のフレームワークを用いて、本章の分析対象となる企業を分類する。第2節では、分析の前提となる造船業界の特徴を説明する。第3節では、2000年以降の造船市場において各社がどのような戦略をとったのかを示し、それぞれの戦略を評価する。第4節では、造船好調期にリーダーをはじめとする大手造船会社がとった過剰な固定設備を伴う行動が、今後の海洋市場に与える影響を考察する。第5節では、第4節までに得られた結論をまとめるとともに、今後の戦略策定に向けて得られた知見を明らかにしたい。

第1節—————————————————————————
市場地位別の分類

■1 本章の分析対象企業

本章では、造船業界の中から、韓国企業2社と日本企業2社を事例として取り上げ、それぞれ次のとおり市場地位別に分類する。韓国企業のうち、業界首位の現代重工業をリーダーとし、その座を奪おうとするチャレンジャーとしてサムスン重工業を取り上げる。圧倒的な規模を活かしてフルライン・フルカバレッジの戦略をとる現代重工業に対して、サムスン重工業は高付加価値分野に集中することで堅実にシェアを伸ばしている。戦い方の異なる韓国企業2社の競争状況を具体的に読み解くことで、韓国企業の成功要因を安易に為替レートの安さや積極的な投資姿勢、技術の模倣に求めるような短絡的な思考から脱却した深い分析が可能になる。

日本企業のうち、中堅造船会社の名村造船所をフォロワーとし、三井海洋開発をニッチャーと位置づける。名村造船所は創業100年以上の歴史をもつ中堅

造船会社であり、近年は現代重工業やサムスン重工業を上回る営業利益率を達成している。名村造船所の製品の中心は、低付加価値製品に位置づけられる「バルカー」という種類の船である。バルカーの建造は技術的にそれほど難しくないため、中国等の新興企業の参入が最も多い。名村造船所が利幅の薄いはずの製品系列に特化しながら、いかにしてリーダーやチャレンジャーを上回る利益率を実現しているのかを分析する。これに対して、三井海洋開発は、新たな成長市場である海洋市場で先行して、独自の生存領域を築いてきた。海洋市場というのは，海洋資源開発のための船の市場であり、海底油田から原油を引き上げてタンカーに積み込むための船などがその典型である。かつて海洋市場には日本の他の大手造船会社も参入していたが、ほとんどの会社が撤退していった。当時は、市場自体が未発達であったことに加えて、海洋資源開発用の特殊船の建造には技術上・事業上のさまざまなリスクが存在したため、多くの企業が十分な利益を出せなかったのである。しかし、三井海洋開発は、粘り強く海洋市場で経験を積むことで、技術力を高めてきただけでなく、ビジネス・モデルを洗練させていった。このような三井海洋開発の特異なビジネス・モデルを説明するとともに、今後、リーダー企業をはじめとする大手造船会社が海洋市場への参入を進展させた場合の影響を考察する。

❷ 各社の業績の推移

　図4-1-1は、分析対象企業である現代重工業とサムスン重工業、名村造船所の3社と比較対象企業として日本の重工系造船会社の売上高の推移を示している。なお、三井海洋開発はビジネス・モデルの異なるニッチャーであるため、ここでの比較対象から外し、後にまた別に検討を加える。

　図から、リーダーである現代重工業が、2000年代に大きく売上規模を伸ばし、圧倒的な地位を築いていることは明らかである[1]。2012年における現代重工業の売上高は、チャレンジャーである業界2位のサムスン重工業のそれの約1.58

---

1)現代重工業の売上高円換算額が、2009年に減少しているのは、為替レートが2007年から2009年にかけて大きく円安・ウォン高に推移したためである。2007年、2008年、2009年の期中平均レート（ウォン／円）はそれぞれ0.127、0.097、0.074である。現代重工業のウォン・ベースの売上高は2011年まで一貫して増加している。

図4-1-1 主要造船会社の売上高の推移

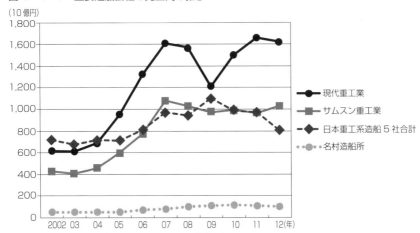

注：韓国企業の売上高は各年の期中平均レート円換算を行なっている
現代重工業の値は、造船部門と海洋部門の合計値を使用している。2009年以前の現代重工業の値には、現代尾浦造船の個別財務諸表の値を加算している。なお、2010年以降は、現代三湖重工業とともに現代尾浦造船は、現代重工業の連結決算対象に含まれている。日本重工系5社には、三菱重工業と川崎重工業、IHI、三井造船、住友重機械工業の船舶海洋部門の値を使用している。名村造船所は、新造船部門と修繕船部門の合計値を使用している
出所：SPEEDAホームページ (http://www.uzabase.com/speeda/)、現代重工業「アニュアルレポート」セグメントデータより筆者作成

倍である。さらに、そのサムスン重工業と日本の重工系造船会社5社合計の売上高がほぼ同規模であり、韓国企業と日本企業とでは規模には大きな差が存在することも、この図から読み取れるであろう。

● 現代重工業の利益率低下と他3社の業績

図4-1-2は、各社の営業利益率の推移を示している。この図から2つのポイントを指摘したい。第一に、現代重工業の利益率が近年低下傾向にあり、2012年にはサムスン重工業を下回るようになっている、という点である。現代重工業の利益率は2005年から上昇して2010年には17.5%という高い水準にまで達した。しかし、その後、現代重工業の利益率は下降して、2012年には5.9%となり、サムスン重工業が8.3%でそれを上回っている。第二に、フォロワーである名村造船所の営業利益率は、2004年以降に上昇して、2012年時点では14.4%に達し、現代重工業とサムスン重工業を上回るまでになっている。

図4-1-2　主要企業の営業利益率の推移

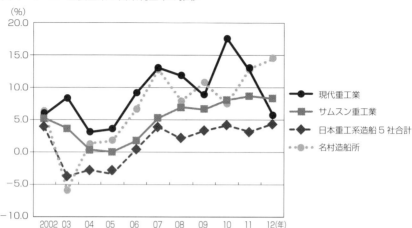

注：図4-1-1と同様
出所：SPEEDA ホームページ（http://www.uzabase.com/speeda/）、現代重工業「アニュアルレポート」のセグメントデータより筆者作成

　名村造船所の利益率の高さは、同じ経済環境下に置かれている日本の重工系造船会社と比較するとさらに明確になる。2002年から2003年にかけては名村造船所も重工系造船会社も大きく利益率を低下させているが、翌年から名村造船所の利益率は上昇し、重工系造船会社との差が大きく開いている。

　ニッチャーである三井海洋開発の業績推移は、他の企業とは分けて、図4-1-3に示している。三井海洋開発の売上高は増加傾向にあるものの、営業利益はむしろ低下傾向にある。しかし、これは同社の業績が低下しているというよりも、三井海洋開発が進めているビジネス・モデルの変更のために、財務諸表上の営業利益では評価しづらい利益構造になっているためである。

　三井海洋開発は、海洋資源開発用の船舶を建造して販売するだけでなく、それを自社保有して、リースやオペレーションのサービスを提供している。これらのサービス事業は、商社等のパートナーと合弁して関連会社を設立して運営されるため、三井海洋開発の財務諸表の営業利益には反映されない。しかし、実際には、三井海洋開発は関連会社を通じて多くの利益を稼いでいる。図4-1-3の棒グラフでは、三井海洋開発の連結財務諸表上の営業利益に加えて、関連会社（持分法適用会社）の持分割合調整後の営業利益を表示している[2]。

第4章 造船業界における市場地位別の競争戦略分析　135

図4-1-3　三井海洋開発と持分法適用会社の営業利益

営業利益（億円）　　　　　　　　　　　　　　　　　　　　　　　　　　　売上高（億円）

- 営業利益：三井海洋開発
- 営業利益：関連会社（持分法適用会社）
- 売上高：三井海洋開発

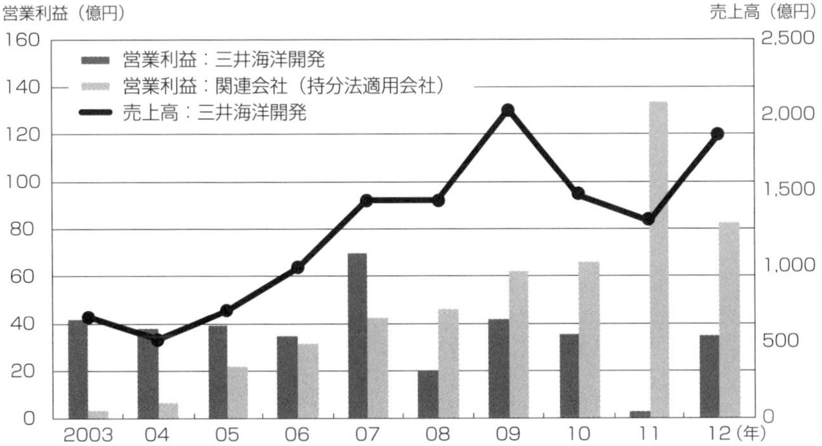

注：関連会社（持分法適用会社）の営業利益は、三井海洋開発の持分割合調整後
出所：SPEEDA ホームページ（http://www.uzabase.com/speeda/）、三井海洋開発「決算説明会プレゼンテーション資料」（2013年12月期、2008年12月期）より筆者作成

　2012年における三井海洋開発の財務諸表上の営業利益34億円に対して、関連会社の営業利益はその2.4倍の83億円にまで達している[3]。

　売上規模を順調に伸ばしてきた現代重工業の利益率低下、サムスン重工業の着実な利益率向上、名村造船所と三井海洋開発の高業績は、どのように説明できるのだろうか。本来であれば、業界のリーダー企業が最も多くの利潤を獲得し、2番手以下が低い利益率に甘んじるというのが多くの人の抱くイメージではないだろうか。しかも、ニッチャーはともかく、フォロワーに分類されている企業が最も利益率が高いというのはどのようにして説明されるのだろうか。この点を理解するためには、造船業界の特徴を把握しておく必要がある。

2）関連会社（持分法適用会社）の利益は、連結財務諸表において営業外損益項目の「持分法による投資損益」に計上される。ただし、「持分法による投資損益」には、関連会社で発生する営業外収支や法人税等が加味されていることに加え、未実現損益の調整等の連結決算固有の会計処理も含まれている。本章では、関連会社による利益の規模をより理解しやすい指標として、関連会社の持分割合調整後の営業利益を使用している。

3）2013年度における三井海洋開発の業績は売上高2544億円（過去最高）、営業利益37億円で好調を維持しており、さらに関連会社の持分割合調整後の営業利益は129億円で前年度比46億円の増益を達成している。

第2節

造船業界の概観

本節では、各社の戦略を分析するための前提として、市況と製品セグメントの2つについて説明する。

第一に、一般商船の造船市場は2000年代に急激に成長したが、現在、低迷期へと向かいつつある。これに対して、今後の成長が期待されているのが海洋市場である。造船会社は、成長期から低迷期へと向かう一般商船の造船市場と、成長期にある海洋市場という、2つのコントラストのある市場に対して、どのように対応するかという問題に直面している。このセグメント別の市況について考察しておかなければ、各社の戦略を評価することができない。

第二に、造船業界における付加価値の高め方について、である。造船市場において付加価値を高めるには、船を大型化していくという方向と、船の種類を高度化（高度技術化）していくという方向の2つがある。これらの2つの方向を理解しておくことで、各社の戦略が明確になる。たとえば、リーダー企業の現代重工業は、この高付加価値化のための2つの方向を両方追求している。これに対してチャレンジャーのサムスン重工業は、船の種類の高度化に集中している。

1 成長期から低迷期へと転換しつつある造船市場

図4-2-1は、造船の竣工量ベースの市場規模の推移と造船国別の内訳を示したものである。造船の市場規模は2000年代になって伸長し、特に2005年～2011年にかけては、年平均13.8％という高い成長率を達成した。しかし、その後の2012年には造船竣工量は減少に転じている。この間の国別内訳を見ると、中国の成長が著しい。各国の2005年から2011年にかけての成長率は、トップの韓国が12.5％であるのに対して、日本が2.8％、中国は35.3％である。35.3％という成長率は、それを継続できれば、3年で6倍、5年で93倍の規模に到達する高水準である。

他の産業での経験と同様に、造船業界でも、中国の新興企業は低い労働コス

第4章　造船業界における市場地位別の競争戦略分析　137

図4-2-1　国・地域別造船竣工量の推移（2000～2012年）

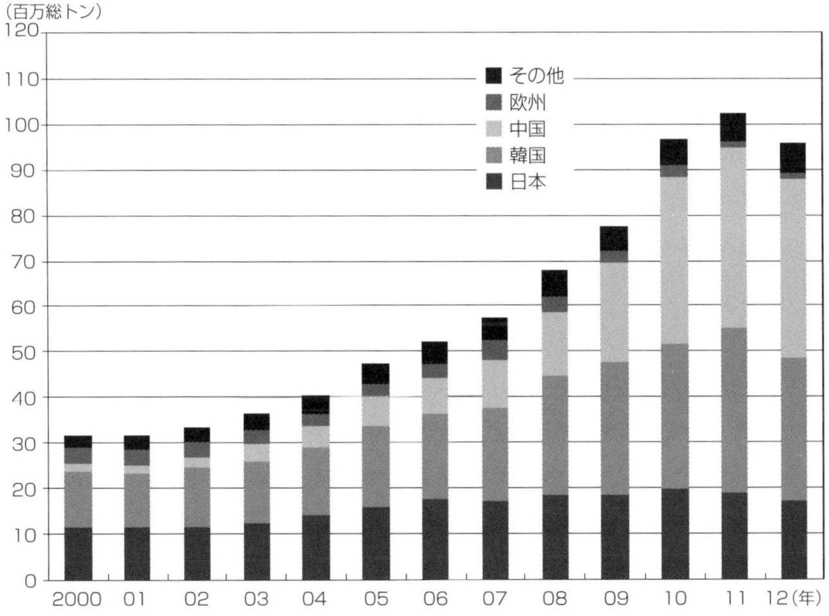

（百万総トン）

凡例：
- その他
- 欧州
- 中国
- 韓国
- 日本

出所：日本造船工業会「造船関係資料」（2005年、2008年、2013年）より筆者作成

トを武器として付加価値が相対的に低い製品から攻めてくる。これに対抗するために、先行する韓国や日本の企業としては、より高度な技術を必要とする製品セグメントに主戦場を移すか、既存の製品セグメントで何らかの差別化を図る、という対応をしてきた。

　一般商船の造船市場の規模は2012年から減少に転じているが、海洋市場は成長ポテンシャルが高く、新たな成長市場として期待されている。海洋市場は、海底から石油や天然ガスを採掘・生産するための浮体式の洋上生産プラントや特殊船の建造を対象としており、高い技術力が要求される。当該市場はこれまでニッチ市場とみなされてきたが、在来型の陸上石油ガス田の発見が少なくなり、海上での石油ガス開発技術が発達してきたことで、今後は海上から資源を獲得することが多くなると予想されている。そのため、海洋市場の成長が今後ますます高まると期待されているのである。図4-2-2は、造船と海洋の受注額の推移を示している。造船受注額が2007年以降、急激に減少しているのに

図4-2-2　造船・海洋別の受注額推移

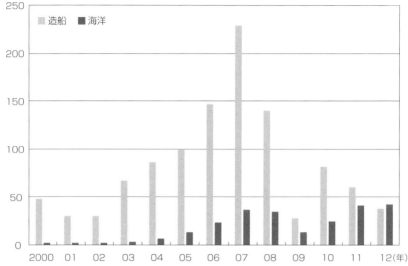

出所：Clarkson Research［2009］, *World Shipyard Monitor*, Vol.16, No.1, pp.10、Clarkson Research［2013］, *World Shipyard Monitor*, Vol.20, No.1, p.10 より筆者作成

対して、海洋関連の設備・船舶の受注額は緩やかに増加し、2012年には造船を上回っている。

　もう一度、図4-2-1と図4-2-2を見比べていただきたい。同じような図に見えて、実は両者には微妙な違いがある。図4-2-1は竣工ベースの数字で作成され、図4-2-2は受注ベースの数字で作成されている。実際、図4-2-1では竣工のピークは2011年であったが、図4-2-2の受注ベースでは2007年がピークになっている。3年から4年のタイムラグが発生しているのである。船舶は、注文を受けた後、およそ3年の建造期間をかけて完成（竣工）させて顧客に引き渡される製品である。

　逆から見れば、図4-2-2の受注ベースの数字は、3年程度先の造船市場（竣工）の動向を推し量るための指標となる。2008年以降、造船受注は急激に落ち込んでおり、造船市場は低迷期を迎えつつある。これに対して受注ベースで見れば、2012年には海洋市場の受注額が一般商船の受注額を上回っているのだから、大手造船会社にとって、今後成長が見込まれる海洋市場の戦略的重要性は

第4章 造船業界における市場地位別の競争戦略分析　139

明らかに増しているのである。

❷ 船の種類・大きさと付加価値の関係

　造船・海洋市場における各社の競争戦略を理解するために、製品セグメントについて確認しておこう。造船市場においては、船の種類（船種）と船の大きさ（船型）によって、おおまかに製品の付加価値の高さを分類することができる。主な船種とその用途は、表4－2－1に示されているとおりである。参考として、2012年・2013年時点の各船種の価格水準を記載している。
　ここでは、この表から次の3つを確認しておいてほしい。

● 船種による付加価値

　第一に、一般商船（造船市場）において、最も付加価値が低いとされる船種がバルカーであり、最も付加価値が高いとされるのがLNG船である。バルカーは、鉄鉱石や石炭、穀物などを運ぶための船であり、特別な仕組みが最も少なくて済む船種である。そのため、バルカーには技術蓄積の少ない中国等の新興造船会社でも参入が容易であり、その結果として競合する企業が多くなり、価格も低くなる。コンテナ船は、まさにコンテナ輸送を行なうための輸送船である。現代の海運業界では、コンテナが倉庫兼船艙、トラック車体となり、一貫輸送を効率化する役割を果たしているので、重要な船種ではある。しかし、コンテナに対応するための加工が必要なためにやや価格が高くなる傾向はあるものの、多くの企業が参入できるセグメントであるため大幅に高価になるわけではない。
　これに対して、LNG船は液化天然ガスを運搬するためにマイナス162度以下に冷やすなど独特の性能を発揮する船であり、安全性の確保と効率性の達成のために技術の巧拙の差が出る船種である。技術的な差別化が利くがゆえに、多くの企業が競争できるわけではないので、LNG船の価格が最も高くなっている。

● 船型による広い価格帯

　表から確認してほしい第二の点は、表中に随分広い価格帯が示されていると

いう点であり、そのバラツキの源泉が船の大きさにあるということである。た
とえばタンカーであれば、3000万〜1億ドルまで幅広い。この差は主として船
型（船の大きさ）によって変わってくる部分である。同じ船種でも船型が大き
いほど価格が高くなる。船型が大きいほど価格が高くなる理由は、物理的な条
件と技術的な条件の2つの要因によって競合できる企業が少なくなるからであ
る。

　物理的な条件とはドックの大きさの制限ゆえに、競争相手の数が限られると
いうことである。当たり前のことだが、大きなドックで小さな船を建造するこ
とは可能であるが（非常に非効率だが）、小さなドックで大型船を建造するこ
とは物理的に不可能である。船型が大型になるほど、それを建造できるドック
を保有する企業が限られるため、競争相手の数が減り、付加価値を高くするこ
とが可能になるのである。

　技術的な条件とは、大型化に伴って技術的な難易度も上がるということであ
る。船が大きくなると、船体構造の強度を確保するために、より厚い鋼板や特
殊な鋼材を使用しなければならず、これには高度な加工・溶接技術が求められ
る。大型船は、単に形が大きくなるだけではなく、それを建造するのに必要な
技術や現場のノウハウなどが変わってくる。それゆえに、競争相手の数が限ら
れ、より大きな付加価値を獲得できる可能性が高まることになる。

●海洋市場の成長

　表から確認していただきたい第三のポイントは、下段の表を見てわかるよう
に、一般商船よりもさらに付加価値の高い分野として、近年、海洋市場が成長
してきている、ということである。一般商船ではLNG船が高価格であると指
摘したが、海洋資源開発の船はその比ではない。たとえば、天然ガスの浮体設
備であれば、LNG船の20倍以上の価格で取引されている。

　近年、海洋資源開発のために、特別な装備を施された海上プラントの市場が
成長している。船体自体には独特の技術は必ずしも必要ではないが、その船を
海上で安定的に係留する技術や、その船体に装備されるプラントの技術につい
ては非常に高い技術力を必要とする。特に1000メートル級の深い海底から資
源を取り出すための海上プラントは、きわめて高度な技術を必要とするため、

表4-2-1　船種の用途と価格帯（2012年・2013年時点）

●造船市場（一般商船）

船　種		用　途	価　格 （百万米ドル）
バルカー		鉄鉱石や石炭、穀物等の乾貨物を梱包せずに運ぶ	20〜80
タンカー		原油や石油製品等の液体貨物を運ぶ	30〜100
コンテナ船		多種多様な貨物を収納する国際規格の海上コンテナを運ぶ	20〜150
ガス 運搬船	LPG船	プロパンやブタンなどを液化した液化石油ガスを運ぶ	60
	LNG船	マイナス162度以下に冷却した液化天然ガスを運ぶ	200

●海洋市場（海洋資源開発用の船舶・設備）

船種		用途	価格 （百万米ドル）
オフショア支援船		海洋開発・生産の支援業務（掘削作業支援、物資・燃料運搬等）	大型：100〜 中小型：50〜
ドリルシップ		海底油田・ガス田の試掘、開発	500〜
浮体式 生産設備	FPSO	原油の生産・貯蔵・積出設備	1000〜2000
	LNG- FPSO	天然ガスの生産・貯蔵・積出設備	3000〜

注：価格は2012年・2013年時点の標準的な水準である。実際の船の価格は、個別の使用条件や需給状況によって大きく変動する
出所：商船三井のホームページ「暮らしと産業をささえるいろいろな船」（http://www.mol.co.jp/）、Clarkson Research［2013］, *World Shipyard Monitor*, Vol.20, No.1, p.10,『週刊東洋経済』「構造不況の造船 海洋資源に走る」2013年10月5日、p.100、大宇造船海洋ホームページのIR資料（http://www.dsme.co.kr/）を参考にして筆者作成

競争が緩やかで高い付加価値を確保できる市場セグメントである。

　ここまでの解説で明確になったように、造船業においては、①船の種類を変更することで高価格になるという方向（バルカー→コンテナ船→LNG船→海洋資源開発用船舶）があると同時に、②船型を大きくすることで価格を高めていくという2つの方向が存在する。このような2つの方向性を明らかにするために造船業の市場セグメントを図示したのが、図4-2-3である。図中には造船業における付加価値向上のための道筋も矢印で示されている。

　1つ目の道筋として、図の上方にいくほど、船種の付加価値が高くなる。船種の順番は表4-2-1とちょうど逆になっている。2つ目の道筋として、ボリュームゾーンの船種であるコンテナ船とタンカー、バルカーには、右側にいくほど船型が大型化し、付加価値が高まることを示している。

図4-2-3　造船業における付加価値向上の2つの道筋

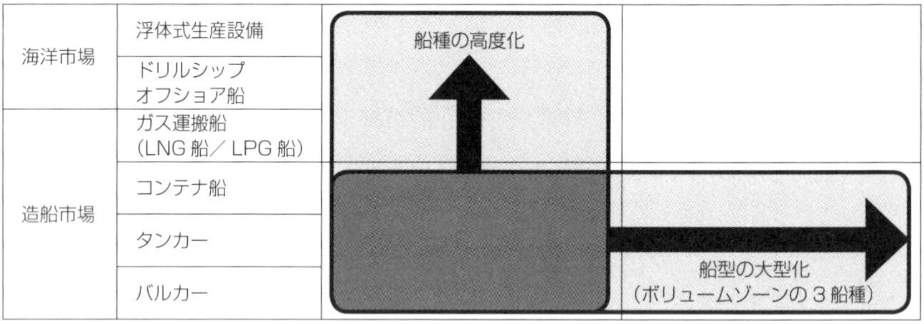

海洋市場	浮体式生産設備	船種の高度化	
	ドリルシップ オフショア船		
造船市場	ガス運搬船 （LNG船／LPG船）		
	コンテナ船		船型の大型化 （ボリュームゾーンの3船種）
	タンカー		
	バルカー		

出所：筆者作成

　このような基本的な業界の構図が明確になると、各社がこれまでに採用してきた戦略を、この構図の中に位置づけ、評価していくことができるようになる。リーダーである現代重工業は、圧倒的な規模を活かして、①船種の高度化という上方向と②船型の大型化という右方向の道筋を同時に追求することで、すべての製品系列に対応するフルライン・フルカバレッジ戦略をとってきたと位置づけられる。チャレンジャーであるサムスン重工業は、ある程度、製品系列を絞りながら、上方向への戦略である①船種の高度化に集中することで、特定セグメントでリーダーに先行する戦略をとってきたと考えられる。

　このような位置づけの明確化によって、次に問われるべきポイントが明確になっていく。たとえば、2000年代の造船市場の好調期には、いずれも成功していたリーダーとチャレンジャーの戦略は、今後の停滞期を迎えるに当たりどのように評価できるだろうか。今後も、これらの戦略は高業績を生み出すことになるのだろうか。

　また、フォロワーである名村造船所は、図4-2-3の最下段にあるバルカー、つまり最も付加価値の低いセグメントに集中している。当該セグメントは、中国等の新興企業の参入が多く、価格競争に陥りやすいと思われる。それにもかかわらず、名村造船所はなぜ、そのような製品セグメントで高業績を達成できているのだろうか。

　さらに、ニッチャーである三井海洋開発は、図4-2-3の最上段にある海洋資源開発用の浮体式生産設備のセグメントを対象とし、企画・設計の部分に特化したビジネス・モデルを築いている。近年、リーダー企業をはじめとする大

手造船会社が海洋市場への参入を強化していることは、三井海洋開発に対して、どのような影響を及ぼすのであろうか。これらの問いに答えるべく、次節では、各社の競争戦略について順番に分析していく。

第3節
造船市場における市場地位別の競争戦略分析

■1 リーダーとチャレンジャーの戦略分析

●現代重工業（リーダー）の概要

　現代重工業は1972年に創業し、1985年に世界最大の造船所となった[4]。設立からわずか13年で世界一になったのである。その後、2002 年には韓国財閥の現代グループから離脱し、独自の企業グループを形成するようになった。現在、現代重工業は、韓国造船会社の中でも多角化の進んだ企業であり、図4－3－1に示すとおり、造船・海洋以外にも多くの事業に進出している。2012年における現代重工業の全社売上高は3兆9303億円である。このうち、造船・海洋部門の売上高は35.6%を占め、精油部門（41.1%）に次いで2番目に大きい事業部門となっている[5]。ただし、エンジン機械部門（4.7%）の多くが船舶向けエンジンであり、実質的には造船・海洋部門関連（40.3%）の事業といえるため、同部門は精油部門と同規模の同社の二本柱のひとつである。営業利益率では、2012年時点でエンジン機械部門が11.6%で最も高く、造船・海洋部門が5.9%、精油部門が1.2%となっている。

　ここでは同社の造船・海洋部門のみを分析対象とする。現代重工業は将来ビジョンとして、非造船分野の売上シェアをさらに成長させることをめざしているものの、「造船分野のマーケット内のポジションは下げない」方針を表明し

---

4)『COMPASS』「韓国の大手造船所 第1回 現代重工業」2003年5月号、p.28
5)精油部門は、現代重工業が2010年に経営権を中東企業から取得して新たに追加された事業部門である。

図4-3-1　現代重工業の部門別売上高構成（2012年）

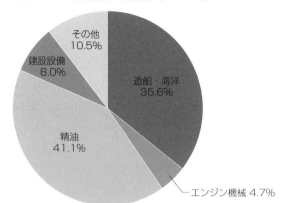

注：各部門の数値にはセグメント間の取引を含めている。その他には、建設機械、電気電子システム、産業プラント、グリーンエネルギー（太陽光発電等）、金融等の事業部門を含めている。
出所：現代重工業「アニュアルレポート」（2012年）のセグメントデータより筆者作成

ており[6]、今後も造船・海洋部門は現代重工業にとって重要な事業であると位置づけられている。

● 現代重工業（リーダー）のフルライン・フルカバレッジ戦略

　現代重工業は、超大型・高付加価値の船舶から中小型船舶まで、幅の広い製品ラインを展開するフルライン・フルカバレッジ戦略をとっている。同社の戦略の強みは2つある。第一に、現代重工業は、造船の資機材調達において圧倒的な市場シェアを活かし、調達における規模の経済を実現している。具体的には、グループ会社間で資材・機材の規格統一化を進めて共同調達することで、買い手の交渉力を高めているのである。

　現代重工業の造船・海洋部門は、現代重工業に、現代三湖重工業と現代尾浦造船を加えた3社で構成される。現代重工業は2002年に、アジア通貨危機後に経営不振に陥っていた旧三湖重工業を買収して企業グループに組み入れた。さらに、造船市場の拡大に合わせて、韓国最大の修繕専門造船所であった現代尾

---

6)『COMPASS』「現代重工業、最強の秘密」2012年5月、p.49。現代重工業・李載星社長のインタビュー記事より。

浦造船の新造船への転換を進め、2005年には修繕からの完全撤退を実現した[7]。このようにして、現代重工業は2000年代に企業グループとして規模を拡大し、買い手の交渉力を高めてリーダーの座を確固たるものとしたのである[8]。

第二に、現代重工業は船舶の主要機材のひとつであるディーゼル・エンジンを内製しており、垂直統合度の高いビジネス・モデルを築いている。エンジンは船の建造コストの10%〜15%を占める重要部品である[9]。現代重工業のエンジン機械部門は、造船・海洋部門よりも高い利益率を達成している[10]。エンジンを内製して、市場価格よりも安価に調達できることは、現代重工業の造船・海洋部門にとってコスト面で大きな強みとなりえる。このメリットを得られるのも、やはりフルライン・フルカバレッジ戦略を採用して、造船部門が大規模だからである。この大規模な買い手部門があるからこそ、コア部品の内製にも規模の経済が発揮されるのである。

現代重工業は、市場全体をターゲットとしたフルライン・フルカバレッジ戦略をとることで、調達における規模の経済性とディーゼル・エンジンへの後方統合によるコア部品の規模の経済（安価な調達）という競争優位を獲得している。しかし、フルライン・フルカバレッジ戦略には弱点もある。幅広い製品系列を揃え、多種多様な船種・船型を柔軟に受注するためには、多様な種類の生産能力を抱えておく必要がある。特定の船種・船型に特化すれば無駄のない経営資源の蓄積と活用が可能であるが、フルライン・フルカバレッジの場合には、常に使うわけではない経営資源も保有している必要性が生まれやすい。船を組み立てるドックや重量物を運ぶための大型クレーンといった物理的な設備に加え、多様な製品に対応できる設計・技術員等の人的資源など、常に必要とは限らない資源が保有されることになるのである。このような未利用資源という余剰が発生するがゆえに、フルライン・フルカバレッジ戦略は、市場で圧倒的な地位を築いて豊富な資源を有するリーダー企業だからこそ、とりえるカネのか

7）『COMPASS』「韓国造船業再び拡大へ」2006年5月、p.19
8）2012年末時点の生産能力を比較すると、現代三湖重工業・現代尾浦造船の2社合計が現代重工業1社の1.1倍に相当する。出所：Clarkson Research［2013］, *World Shipyard Monitor*, Vol.20, No.1, p.22
9）maritimejapan.comホームページ（http://www.maritimejapan.com/）の業界情報より。
10）現代重工業はエンジンの内製だけでなく外販も行なっており、世界シェア1位の舶用ディーゼル・エンジン製造会社となっている。

かる戦略なのである。

　これに対して、規模で劣るチャレンジャー以下の企業は、リーダーほどは資源を豊富にもっていないのだから、ターゲット・セグメントを絞らないと、リーダーに対抗することは難しい。チャレンジャーであるサムスン重工業は、高付加価値分野に集中している。

●サムスン重工業（チャレンジャー）の集中戦略

　サムスン重工業は、韓国財閥のサムスングループの系列企業であり、いわゆる「選択と集中」により高付加価値船で競争力を確保している。2012年度におけるサムスン重工業の売上高は1兆288億円、営業利益率は9.5%である[11]。サムスン重工業は、造船・海洋事業以外に建設事業も行なっているものの、造船・海洋部門の売上高が全体の94.1%を占め、現代重工業ほど多角化は進んでいない。サムスン重工業は、特に近年、造船分野ではLNG船や大型コンテナ船といった高技術・高付加価値市場をリードしており、海洋分野ではドリルシップやFPSO（Floating Production, Storage and Offloading system: 浮体式海洋石油・ガス生産貯蔵積出設備のこと）で世界最多の建造実績を記録している[12]。

　「選択と集中」とは、裏返せば、何をしないかということである。サムスン重工業は、他の韓国造船会社が2000年代に需要の高かったバルカーを製品ラインに加える中で、「バルカーでは競争力がない」と判断し、参入を見送ってきた[13]。その代わりに、将来への布石として、現代重工業や他の大手造船会社に先行して海洋分野に取り組み、実績を積み重ねてきたのである。

●リーダーとチャレンジャーの製品戦略の比較

　2000年代の市場の成長期において、現代重工業とサムスン重工業は、どのように製品系列を変化させていったのだろうか。ここでは、前節で説明した図

11）サムスン重工業ホームページ（http://www.shi.samsung.co.kr/eng/）のIR資料、2014年2月より。
12）サムスン重工業の技術力を示す事例として、2009年に開発した「環境配慮型LNG-SRV（Shuttle and Regasification Vessel）」が世界最高の環境配慮型船舶を対象とする「Green Ship Award」を受賞していることがあげられる。日本船舶輸出組合・日本船舶技術研究協会 ［2012］『韓国の造船業に関する経営実態調査』2012年3月、p.56
13）『COMPASS』「猛る韓国造船業　みなぎる自信とにじむ不安」2010年11月号、p.52

4-2-3「造船業における付加価値向上の2つの道筋」のフレームワークを当てはめて、現代重工業とサムスン重工業の戦略の違いを読み解いていこう。

図4-3-2から図4-3-4は、それぞれ2002年、2007年、2012の現代重工業とサムスン重工業の船種・船型別の受注残高を示している[14]。受注残高とは、すでに受注済みの契約のうち、顧客への引き渡しが完了していないもののことであり、今後2、3年の仕事予定を示している。受注残高に着目することで、年ごとにバラつきのある単年分の受注量や竣工量よりも、製品系列の構成の違いを明確に確認することができる。もちろん、両社が置かれている競争状況を正確に知るためには、それ以外の他社も含めた比較が必要となる。ここでは、両社の製品戦略の違いを明確にするために、敢えて2社に絞って分析を行なう。

図4-3-2から図4-3-4では、図の上方にいくほど、船種の付加価値が高くなる。これに対して、ボリュームゾーンの船種であるコンテナ船とタンカー、バルカーの3船種については、右側にいくほど船型の大型化により付加価値が高まることを示しており、左から順に小型・中型・大型・超大型に区分してある。濃く網カケしている部分は、両社を比較して、他方の会社よりも2倍以上の受注残高を有していることを示している。受注残高がない船種・船型については、空白で示している。

●空白がない現代重工業

2002年を図示した図4-3-2からは、その空白部分に注目することで現代重工業とサムスン重工業の製品系列の違いを明確にとらえることができる。2002年当時、同図に見られるように、現代重工業は海洋市場以外ではほとんど空白がない。同社は造船市場で主要な船種のすべてを手掛けており、小型から超大型まで幅広い製品系列をもっていた。これに対して、空白の目立つサムスン重工業の製品系列はやや狭い。現代重工業がタンカーのすべての船型と、コンテナ船・バルカーの超大型以外の船型を建造しているのに対して、サムスン重工

---

14) 図4-3-2から図4-3-4では、現代重工業とサムスン重工業の製品戦略の違いを視覚的に示すことを目的として、詳細な数値は割愛している。詳細な数値を含めた製品構成の変遷については、章末のAppendixに記載している。

図4-3-2 現代重工業とサムスン重工業の受注残高比較（2002年時点）

		現代重工業				サムスン重工業			
海洋市場	浮体式生産設備								
	オフショア船								
造船市場	ガス運搬船	LNG船				LNG船			
		LNG船							
	コンテナ船	小型	中型	大型			中型	大型	
	タンカー	小型	中型	大型	超大型		中型	大型	超大型
	バルカー	小型	中型	大型					

出所：Clarkson Research［2003］，*World Shipyard Monitor*, Vol.10, No.1, pp.24-30 より筆者作成

業はバルカー全般を扱っていないだけでなく、コンテナ船とタンカーの小型も製品系列に加えていない。また、全部で6セルある両社がともに扱っている船種・船型のシェアを比較すると、現代重工業がタンカーの超大型で優位に立っているものの、その他のセグメントでは大きな差はない、ということもこの図から読み取れる。

　この図を次の図4-3-3と比較してみると、2002年から2007年までの5年間で両社の製品構成に、次のような変化があったことが読み取れる。現代重工業は、バルカーの中・小型を受注していないが、コンテナ船とタンカーの中型・大型でシェアを伸ばすとともに、バルカーでは超大型の船型を製品ラインに加えている。

●技術の高度化目立つサムスン重工業

　サムスン重工業は、造船市場の中で最も付加価値の高いLNG船でシェアを伸ばすとともに、オフショア船のドリルシップを現代重工業に先駆けて製品ラインに加えている。現代重工業もFPSOに参入しているが、この表の上へ向かう動き、すなわち技術の高度化はサムスン重工業のほうに強く見られることは明らかであろう。逆に、下半分のセルの中で強い網掛けに変わった部分が多いことを見てわかるように、この間に現代重工業は低付加価値の船で市場シェアを高めている。両者の戦略的な方向性の違いは、この時点ですでにかなり明確であったと思われる。

　この傾向はその5年後の2012年にはさらに明確になる。2012年を描いた図4

第4章　造船業界における市場地位別の競争戦略分析　149

図4-3-3　現代重工業とサムスン重工業の受注残高比較（2007年時点）

市場	製品	現代重工業				サムスン重工業			
海洋市場	浮体式生産設備	FPSO				FPSO			
						ドリルシップ			
	オフショア船								
造船市場	ガス運搬船	LNG船				LNG船			
		LNG船							
	コンテナ船	小型	中型	大型			中型	大型	
	タンカー	小型	中型	大型	超大型		中型	大型	超大型
	バルカー			大型	超大型				

出所：Clarkson Research［2008］, *World Shipyard Monitor*, Vol.15, No.1, pp.68-82 より筆者作成

図4-3-4　現代重工業とサムスン重工業の受注残高比較（2012年時点）

市場	製品	現代重工業				サムスン重工業			
海洋市場	浮体式生産設備	LNG-FPSO				LNG-FPSO			
		FPSO				FPSO			
	オフショア船	ドリルシップ				ドリルシップ			
		その他オフショア船				その他オフショア船			
造船市場	ガス運搬船	LNG船				LNG船			
		LPG船							
	コンテナ船	小型	中型	大型			中型	大型	
	タンカー	小型	中型	大型	超大型			大型	
	バルカー	小型	中型	大型	超大型				

出所：Clarkson Research［2013］, *World Shipyard Monitor*, Vol.20, No.1, pp.30-35 より筆者作成

－3－4からは、2012年時点の製品構成として、現代重工業のフルライン戦略とサムスン重工業の高付加価値分野への集中戦略がいままで以上に明確に表れている。現代重工業は、低付加価値分野における製品ラインの幅を広げつつ、高付加価値分野で同質化を進めている。現代重工業は、製品ラインに改めてバルカーの小型・中型を加えている。LNG船でサムスン重工業との差を縮め、出遅れていたオフショア船のドリルシップ等にも進出しているが、しかし、図中のLPG船よりも下の部分に強みをもっていることは明確である。

　これに対して、サムスン重工業は、造船市場においては、タンカーの船型を大型に集中させ、製品ラインがさらに絞られている。しかも、海洋市場においては、ドリルシップのシェアを維持しつつ、世界初となる液化天然ガスの浮体式生産・貯蔵・積出設備（LNG-FPSO）の受注に成功している。

　リーダーである現代重工業は、圧倒的な規模をいかしてフルライン・フルカバレッジの製品戦略をとり、市場全体としてのシェアの維持・向上を追求して

いる。他方、チャレンジャーであるサムスン重工業は、ボリュームゾーンの船種・船型を徐々に絞りつつ、高付加化価値分野に集中している。さらに、図4－3－2から図4－3－4を通して眺めれば、サムスン重工業がより上方へと、自社の集中する製品セグメントを機動的に移していることがわかる。決定的セグメントに集中しつつ、リーダーによる同質化を避けるために、機動的に主戦場を変更していくことが、チャレンジャーの戦略の定石であり、サムスン重工業はまさに長期にわたってその戦略シナリオを実現してきているのである。

●リーダーとチャレンジャーの戦略の評価

2000年以降の造船市場の好調期において、現代重工業とサムスン重工業は、それぞれの市場地位別の定石にそった戦略を採用して、ある種のすみ分けをしながら利益を上げることに成功した。これらの戦略は短期的には成功したかに見えるが、現在のように、造船市場が成長期から低迷期へと移行しつつあるなかで、そのまま高業績を生み出せる戦略なのであろうか。特に、近年の現代重工業の利益率の低下の理由は、どのように説明されるだろうか。造船市場の需要変化をより長期的な視点から眺めることで、現代重工業がとった規模拡大を伴うフルライン・フルカバレッジ戦略は適切ではなかった可能性が示唆される。この結論に至るためには、好況と不況が長期的に繰り返すという造船市場の構造的な特徴を理解する必要がある。

図4－3－5は1930年から2012年までの造船竣工量の推移を示している。そこから読み取れる特徴は2つある。

第一に、造船ブームというべき大きな山が1940年代前半と1970年代中旬、2000年代後半の3回にわたって現れている。一般的に船舶の寿命は約30年といわれる。そのため、前回の造船ブームで建造された船舶が寿命を迎えることによって約30年間隔で更新需要が生じる。これが造船業の波動を生み出す要因である。

第二に、2000年以降の世界の造船竣工量が未曽有の規模へと急激に増加している点も図から明らかである。この主な理由は、中国をはじめとする新興国経済の発達によって海上輸送量が増加し、今後もさらなる増加が期待されるために、新造船の需要が拡大したことによる。これに、1970年代に建造された船の

図4-3-5 国・地域別造船竣工量の推移（1930～2012年）

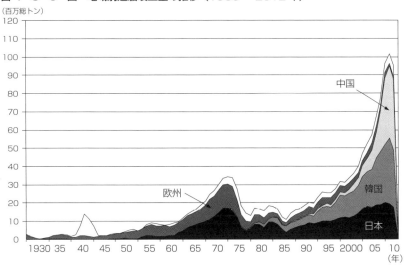

注：100総トン以上の船舶を対象としており、1953年までは進水量、1954年以降は竣工量のデータを使用している。
出所：Lloyd's Register of Shipping, *Annual Summary of Merchant Ships Launched*（1954年、1964年、1966年、1970年）、Lloyd's Register of Shipping, *Annual Summary of Merchant ships Completed*（1976年、1986年、1992年）、日本造船工業会「造船関係資料」（1995年、2000年、2005年、2008年、2013年）より筆者作成

更新需要が重なったことで、2000年代後半の建造量の波は急激に高くなったと考えられる。しかし、造船ブームの山が高くなることは、その後の谷の局面との落差もまた大きくなることを意味している。たとえば、前回の造船ブームでは、1975年にピークを迎えた後に、1980年にはその38％にまで落ち込み、20年近くをかけて元の水準に戻っている。もちろん、人は過去から学ぶため、そのまま繰り返すわけではないけれども、今回の造船ブーム後も厳しい低迷期が数年にわたって続くことが予想される[15]。

成長期の後に数年間の低迷期が到来することを考慮すれば、成長期に増大する需要に対応するために生産能力を高めるだけでなく、その後の低迷期に備え

---

15) 国内大手造船会社である三菱重工業は2010～2020年の中期的な需要を年間5200万総トンと予測している。これは2011年のピーク時点の建造量の約半分の水準である。三菱重工業IR資料「船舶・海洋事業本部　事業説明会」2012年6月11日、p.6

て、固定費を過度に増やさないような戦略が適切であると評価される。しかし、同時に需要の拡大期に設備投資を絞ってしまっては、企業の成長力は高まらない。このバランスをどのようにとるかが、造船業では重要なのである。

●低迷フェーズでは足かせになる現代重工業の戦略

このような観点から見ると、現代重工業がとったフルライン・フルカバレッジの戦略は、成長フェーズでその成長を最大化する方向に大きく舵を切ったものであったように思われ、それが今後の低迷フェーズでは大きな足かせになる可能性が示唆される。同社は、成長期においては外部からの調達や内製ディーゼル・エンジンの生産で規模の経済のメリットを受けることができた。しかし、いくらトップ・シェアだとしても、生産量が70％や60％へと低下していけば、これまで享受できていた規模のメリットは弱まっていかざるをえない。逆に、いったん稼働率が低迷し始めると、これまでフルライン・フルカバレッジを維持するために抱えていた余剰経営資源がさらに余ってしまうという問題を抱える可能性が高い。先にも述べたとおり、フルライン・フルカバレッジの戦略を採用するためには、多様な船種・船型に対応できるドック等の固定的な生産設備や労働者の熟練を保有していなければならない。この余剰資源を抱えていても、成長フェーズでは、多様な船種・船型に対応できるがゆえに、背後で標準化が進められさえすれば、部品のレベルで調達や内製に規模の経済を発揮できる。しかし、需要の低迷フェーズではこの規模の経済性が十分には発揮できなくなる。

しかも、もし過剰な固定設備を保有していないとしても、労働者の熟練や段取りの組み方、ビジネス・プロセスの回し方など、多様な点でフルライン戦略は特定船種・船型に特化した集中戦略とは異なっている。それゆえに、部品調達・部品内製における規模のメリットが薄れていくにつれて、フルライン戦略の企業の効率性は、特定の船種・船型で集中戦略をとっている企業が達成できる効率性よりも劣ることになる可能性が高い。なぜなら、集中戦略をとっている企業は、部品調達・部品内製における規模の経済は享受できなかったものの、同一の船種・船型の累積生産量が大きく、学習効果によって、特定船種・船型を建造するためのコストを低下させていると考えられるからである。これらの

ことから、好況と不況が長期的に繰り返す造船市場において、リーダー企業の定石であるフルライン・フルカバレッジ戦略を採用した現代重工業は、需要の低迷期には強い逆風に直面する可能性が高いと考えられる。

フルライン・フルカバレッジの戦略をとったリーダーの現代重工業に対して、チャレンジャーであるサムスン重工業は、より高付加価値の船種へと資源を集中させることで差別化を図ってきた。このような差別化集中戦略は、造船市場における長期的な需要の上下動の波に適していただけでなく、今後の成長分野である海洋市場にリーダー企業の現代重工業に先んじて参入することに成功したという点でも、高く評価できる。

さらに、中国企業の追い上げに対する頑健性という点でも、サムスン重工業に軍配が上がる。中国企業がこれから低価格を武器にバルカーの需要を奪いに来れば、需要の低迷フェーズというトレンドに加えて、この中国企業からの競争によっても、現代重工業は生産規模を維持することが難しくなる。これに対してサムスン重工業は、現時点では少なくとも中国企業との競争を避けることができる市場を主戦場に選んでいる。これらの総合的な効果が、サムスン重工業と現代重工業との利益率の逆転という近年の傾向を生み出してきたのだと考えられるのである。その意味で、この10年間にわたる現代重工業の戦略とサムスン重工業の戦略は、両者の命運を大きく分ける可能性がある重要なポイントであったと考えられる。

2 低付加価値分野に集中する名村造船所の戦い方

リーダーとチャレンジャーの2社については、今後の需要低迷期に大きく業績の差が出てくる可能性が示唆された。しかし、需要の低迷期には、この上位2社のような巨大企業以外にとって、どのような意味をもつのだろうか。はたして、バルカーのような低価格セグメントはすべて中国企業に奪われてしまい、日本の中堅企業などは消え去ってしまうのだろうか。この問いに対して、明確に「戦いようがある」という答えを出している企業がある。その一例である名村造船所の戦略を検討する作業に移ることにしよう。

名村造船所は、佐賀県伊万里市に工場を有する中堅造船所である。2012年度

における売上高は1184億円（そのうち造船部門が1036億円）、営業利益率は13.3%（造船部門は14.4%）である。名村造船所は低付加価値船であるバルカーの中でも、さらにターゲットを絞り込んだ戦略をとっており、具体的には、①同型船の連続建造による効率化と、②特定用途への最適船型の開発による付加価値向上を実現している。これらの戦略をとった結果、当初フォロワーであった名村造船所は、近年では、コスト集中と差別化集中の両面を併せもち、フォロワー（徹底的なコストダウン）とニッチャー（独自の差別化）の両面を保有する企業へと進化したととらえることもできる。

●連続建造による効率化

名村造船所は、2000年初旬からの造船市況の好調期に乗じて、大型（ケープサイズ）のバルカーの連続建造を基軸とした建造体制に移行した[16]。図4-3-6は、名村造船所の手持工事の推移であり、徐々にバルカーへ集中していることがわかる。2002年時点で手持工事に占めるバルカーは約55%であったが、2012年時点では100%になっている。

技術的な難易度の低い船種であるバルカー市場には、安い労働コストを武器とする韓国や中国の新興企業の新規参入が多いため、価格競争が起こりやすい（ただし、総じてコスト高の体質をとなっている国内造船大手や韓国造船大手との競合は限定的であるといえる）。

このような製品セグメントにおいて、名村造船所は船種・船型を絞ることで、設計の共通化や建造工程の学習効果を高めている。それによって、過度な設備投資を避けつつ、スループットの向上による生産能力の向上が可能になる。特定の船種・船型に絞ることで、初めて可能となるプロセスの無駄を徹底的に排除し、非常に高いコスト競争力を身につけているのである。フルラインによる規模の経済性追求とは異なり、特定市場に特化することによるプロセスの効率性追求が行なわれている、ということである。

---

16) ただし、名村造船所が、完全に大型（ケープサイズ）に特化しているわけではなく、営業の基本方針としては、中型（パナマックス）以上の船種・船型を軸に据えている。出所：『COMPASS』「現地ルポ 西九州の中堅造船所」2004年5月、p.43

図4-3-6　名村造船所の手持工事推移（隻数）

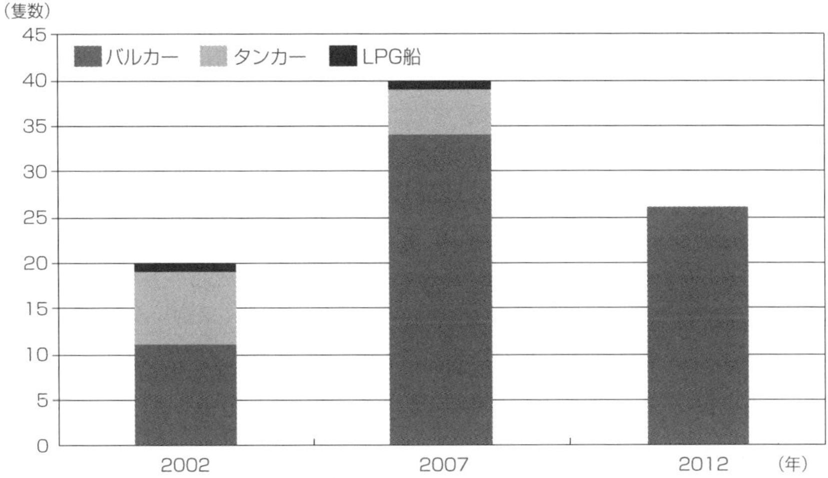

出所：Clarkson Research [2003], *World Shipyard Monitor*, Vol.10, No.1, pp.24-30, Clarkson Research [2008], *World Shipyard Monitor*, Vol.15, No.1, pp.68-82, Clarkson Research [2013], *World Shipyard Monitor*, Vol.20, No.1, pp.30-35 より筆者作成

●最適船型の開発による付加価値の向上

　名村造船所は、このようにスループットの向上によるコスト競争力アップを行なっているばかりではなく、独自開発による差別化も行なっている。バルカーという船種は、一般的には付加価値が低く、コモディティ化しがちな製品セグメントである。しかし、このような市場の中において、用途を絞り込んだ自社独自の開発を進めることで、独自の付加価値の向上を名村造船所は実現している。この独自開発力が、需要の低迷期においても、同社が受注量をそれほど落とさずに、高業績を維持している理由であると考えられる。このような開発を成功させるには、技術力だけでなく、顧客である船主・海運会社の要望を巧みに製品企画に盛り込んで、他社に先駆けて顧客のニーズにフィットさせるマーケティング能力が重要になる。

　名村造船所が開発した船の代表例が、西豪州向けの最大船型「WOZMAX」（25万重量トン型鉱石運搬船）である[17]。名村造船所は、喫水や船体主要寸法

17)『COMPASS』「日本が切り開く新鋭バルカー」2011年1月、pp.55-62

に制限のある西豪州主要3港の港湾条件を考慮して、浅い喫水に抑えつつ、25万トンという最大の積載重量を実現した船舶を開発した[18]。WOZMAXは、2005年ころから開発に着手された船であり、2010年に一番船の引き渡しが完了した後も、受注や引き合いが続くヒット船型になっている。このような売れる製品の開発を成功させるためには、経験・技術の蓄積だけでなく、顧客である船主・海運会社による船の使用状況に適合させるためのマーケティング能力が必要になる。そのために、名村造船所は、開発の区切りごとに顧客の生の意見を聴取するとともに、顧客と合同で船を使用する港の現地調査を実施している。こうして、顧客の要望を適切に吸い上げたり、丁寧な説明によって、一部の顧客が抱いている懸念点を解消させたりすることが可能になる。

　名村造船所は、まず同型船の連続建造で効率性を高めるコスト集中戦略をとり、その後、マーケティング力と独自技術を蓄積することで、その後の製品開発に結びつけた。こうして、徐々にバルカーという付加価値の低いはずの製品セグメントの中で差別化集中戦略の特徴も併せもつようになり、フォロワーとニッチャーの両面を併せもつポジションへと変わってきたと考えられる。その結果として、全体的に造船需要が低迷しつつある中でも、名村造船所は受注量をそれほど落とすことなく、リーダーやチャレンジャーを上回る利益率を達成している。

❸ 海洋市場で特異なポジションをとる三井海洋開発

　現代重工業とサムスン重工業、名村造船所は、それぞれの異なる市場ポジションに沿った戦略をとっているが、ドックをもって造船を行なっているという点では共通している。これに対して、海洋市場におけるニッチャーである三井海洋開発は、自らは建設を行なわずに、企画・設計に特化するという水平分業のビジネス・モデルを築いている。

　三井海洋開発は、三井造船のグループ会社であるが、通常の造船会社とは一

---

18) 喫水や積載重量の設定以外にも、①推進性能と操縦性能のバランスを考慮した船首形状の最適化や、②バラストポンプの大型化による荷役効率の向上、といった細かな設計上の工夫が施されている。

線を画した特異なポジションをとっている。2012年における売上高は1869億円、営業利益は35億円（営業利益率1.5%）である。ただし、第1節で説明したとおり、三井海洋開発は、関連会社を通じた取引で多くの営業利益を稼いでいる。三井海洋開発の特異性は、ターゲットとする製品セグメントとビジネス・モデルの2つに分けられる。

　三井海洋開発のターゲット・セグメントは、FPSO等の洋上の石油・ガス生産設備である。その中でも、ライバルが存在しないような技術的に難しい深海のプロジェクトを選んで受注することで、独自の生存領域をもつニッチャーとして活動している。海洋開発を行なう場合、開発する油田・ガス田の井戸元が深くなるほど、設備を係留するために高度な技術が求められる。海が深くなると、洋上の船を一定の範囲内にとどまるように係留するのは実はかなり難しい。特に、水深1500メートル以下の深海に耐えられる技術を有するのは、オランダのSBMオフショア社と三井海洋開発の2社だけであるといわれる[19]。このように、三井海洋開発は石油・ガス生産設備の中でも競合他社が対応できないニッチな製品セグメントをターゲットとしている。

● ビジネス・モデルの特徴

　三井海洋開発のビジネス・モデル上の特徴は2つある。①自らは企画・設計やプロジェクト管理に特化して、建造部分を他社に外注している。②海洋資源開発用の設備・船舶を受注・販売するだけでなく、リースやオペレーションのサービスを提供している（したがって、ファイナンスが重要な活動になる）。これらのサービスが関連会社を通じて行なわれるため、第1節で説明したとおり、三井海洋開発を単独で見た場合の営業利益は低くとどまっている。しかし実際には、関連会社を通じて、より多くの利益を稼いでいるのである。図4-3-7には、三井海洋開発のビジネス・モデルにおける2つの特徴を、一般的な造船会社の場合と比較して示している。図に示されている特徴を簡単に述べておこう。

　第一に、三井海洋開発は、工場をもたないファブレス企業として建造部分を

---

19)『週刊エコノミスト』「2014年の経営者 宮崎敏郎 三井海洋開発社長」2014年5月6日・13日合併号、pp.4-5

海外の造船会社や専門業者に外注し、自らは設計・資材調達やプロジェクト管理に特化している。代表的な洋上生産設備であるFPSOは、タンカー（船）の上に原油処理用の設備を据えつけたものである。既存のタンカーを改造する場合はシンガポールや中国の造船会社に外注し、大型の設備等で新たにタンカーを建造する必要がある場合には、韓国の造船会社を利用することが多い。このように、他社でできる建造工程は外注しつつ、自社は付加価値の高い設計やプロジェクト管理に特化するというビジネス・モデルを構築している。

第二に、三井海洋開発は、設備を建造して販売するだけでなく、それを自社保有し、リースやオペレーションのサービスを提供している。従来は、顧客であるオイルメジャーや国営石油会社が、自ら海洋資源開発用の設備を建造・保有し、その後の石油開発・生産に至るまでの一連のプロセスを直轄していた。しかし近年では、海洋資源開発プロジェクトの大型化に伴って、顧客が資金負担やリスクを軽減するために、リースやオペレーションをアウトソースする場合が増えている。そのため、三井海洋開発は、総合商社等の社外パートナーと合弁会社を設立して、これらのサービスを提供している。

三井海洋開発は、ライバル企業が対応できないような、きわめて高度な技術

図4-3-7　三井海洋開発のバリューチェーン

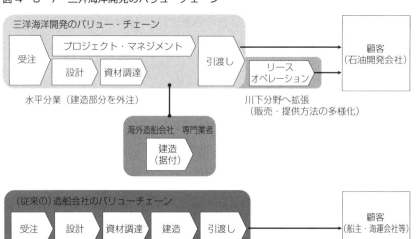

出所：三井海洋開発「有価証券報告書」を参考に筆者作成

が要求される製品セグメントに特化している。しかし、同社の特異なポジションは、そのような製品の設計・製造段階における技術蓄積だけによってもたらさるのではない。三井海洋開発は、設備の操業（オペレーション）段階の技術ノウハウや、顧客の資金負担を軽減するための金融機能といった、複合的な技術・機能を組み合わせることで、独特のビジネス・プロセスを構築しており、その特異なポジションを構築・維持しているのである。

第4節

造船市場の変化が海洋市場に与える影響

リーダー企業である現代重工業をはじめとする大手造船会社は、造船市場が低迷期を迎えつつあるなかで、新たな成長分野である海洋市場への参入を積極化している。このことは、海洋市場にどのような影響をもたらすだろうか。特に、当該市場で先行する三井海洋開発のような企業の優位性は、今後も持続するのであろうか。本章の最後に、この点を考察しておきたい。

本節における結論を先取りすると、①造船市場の需要が低迷するなかで、過剰能力を抱える造船会社が海洋市場の船体建設部分への参入を進めることで、価格下落が起こる可能性が高い。それを逆手にとって、②三井海洋開発のように建造部分以外に優位性をもつ企業は、大手造船会社をある種の「下請け」として安価に使うポジション取りが容易になる。

リーダー企業をはじめとする大手造船会社が海洋市場への参入を積極化させる理由は2つある。第一に、造船市場が今後、数年間の低迷期を迎えつつあるなかで、大手造船会社は、新たな成長分野として海洋市場を位置づけている。第二に、2000年代の造船好況期にドック等の固定設備を過剰に抱えてしまった大手造船会社は、当該設備を活用できる関連分野として海洋市場の船体建造への参入を加速させる。このことは、本来は高付加価値の製品セグメントであるはずの海洋市場において、価格下落という大手造船会社にとって好まざる結果をもたらすと考えられる。なぜなら、固定設備の稼働率を向上させて、固定費を少しでも回収するためには、採算性が低くなろうとも、安値で受注しようという動機が働くためである。

ただし、価格下落は、あくまで建造部分にとどまると考えられる。韓国の大手造船会社は近年、海洋市場への参入を進めているが、基本設計分野での経験や技術蓄積が不足している。そのため、基本設計は、シェルやBPといった設計能力を有するオイルメジャーや、三井海洋開発のような海外のエンジニアリング会社に任せざるを得ない。実際のところ、現代重工業等の大手造船会社が近年、海洋市場で高いシェアを占め、実績を積み重ねているのは、あくまで建造部分であって、基本設計部分ではない。将来的にはリーダー企業をはじめとする大手造船会社が基本設計部分の技術力を高めることで、従来の造船のビジネス・モデルと同様に、設備の設計から建造まですべてを一貫して、垂直統合で担当できるようになる可能性もある。しかし、付加価値の高い設計・エンジニアリング業務の技術蓄積を短期間で実現することは困難である。このため、まずは建造部分から参入することになり、まずその部分で競争が激しくなり、価格下落がおきる。

これに対して三井海洋開発のように建造部分以外に優位性をもつ企業は、これを逆手にとって、大手造船会社を互いに競わせながら「下請け」として安価に活用するというポジション取りが可能になる。つまり、船舶部分の建造・改造が過剰供給能力になれば、その部分をこれまでよりも安価に調達できるようになるため、それをうまく使いつつ、より優位性の高い部分に特化する水平分業のビジネス・モデルを採用した企業が登場しやすくなるということである。三井海洋開発は、前節で説明したとおり、企画・設計部分に特化したビジネス・モデルをすでに確立している。このため、同社の事業にとって、より安価に船舶部分の建造・改造を調達できることが、有利に働くことは容易に想像できる。しかし、それ以外の部分に優位性をもつ企業がそこに特化して、水平分業のビジネス・モデルへと移行することで、供給能力が過剰になっている建造・改造部分をうまく使うポジション取りをすることが可能である。たとえば、タンク等の貯蔵設備やガスの分離精製設備といった中核機材の供給（設計・製造）に特化するということも、水平分業のビジネス・モデルの一例といえる。このようにして、特定の部分における過剰な供給能力の発生を起点として、これまで垂直統合のビジネス・モデルが前提となっていた造船業界が、水平分業のビジネス・モデルへと変化していく可能性が出てくるのである。

第5節————————————————————————————————————

まとめ

　本章では、造船業界における企業間競争を、市場地位別のフレームワークを用いて読み解いていった。その結果として、次の2つの結論を得た。

　第一に、造船市場において、リーダー企業である現代重工業がとった生産能力の規模拡大を伴うフルラインの製品戦略は、短期的には成功したが、長期的な視点からは最適ではなかった可能性が高い。造船市場は、需要変化の波動が約30年という長期の間隔で高さを増しながら到来するという構造的な特徴をもっている。需要の好調期に積極的に市場シェアを獲得しようとしてフルライン・フルカバレッジの戦略とそれによって可能になる調達・内製の規模の経済を追求すると、固定的な設備のオーバーシュートが起こりやすい。フルライン・フルカバレッジというリーダー企業の定石は、そのまま適用するのではなく、注意深く背後のメカニズムを確認する必要があることが示唆される。

　第二に、造船市場におけるリーダーの過剰投資は、今後の造船需要の停滞期を迎えるに当たり、ドックの低稼働率という問題をもたらす。このドックの低稼働率を逆手にとって、リーダー企業をはじめとする造船企業をある種の「下請け」としてポジション取りが可能になる。

　このことは、これまでの造船市場では垂直統合のビジネス・モデルをもつ企業間の競争が前提となっていたが、新しい海洋市場では水平分業のビジネス・モデルをもつ企業との競争や補完を考慮する必要があるということを示唆している。

　この2つ目の結論は、需要変化の波が繰り返される特徴をもつ他の業業界でもすでに観察されている。典型的には半導体業界なども、この議論に該当するように思われる。半導体業界にはシリコンサイクルと呼ばれる比較的短期の需要の波動が存在する。そのため、高価な最新設備を導入しても、投資資金を回収する前に需要が低迷して設備が陳腐化してしまうというリスクが存在する。従来は、設計・開発から製造までを自社で行なう垂直統合型の半導体デバイスメーカーが主流であった。しかし、現在では、台湾のTSMCのように製造に

特化したファウンダリーと、米国のクアルコムのように設計・開発に集中するファブレス企業との水平分業が一般化している。

　日本の多くの造船会社は、過去の造船不況のつらい経験を教訓にして、2000年代の造船好調期にあっても設備投資を抑制して、過度に生産量を増やさない戦略をとった。ただし、これらは基本的に垂直統合を前提とした、不況期を耐え忍ぶための対処策であったといえる。今後、水平分業のビジネス・モデルを前提とするならば、他社を補完的に使いながら、自社はより付加価値の高い、あるいは需要の変動の影響を受けづらい分野に集中するといった戦略の重要性が大きくなると考えられる。

Appendix　現代重工業とサムスン重工業の受注残高推移

【現代重工業】

（重量単位：千DWT）

船種（船型名称）		船型	2002年末		2007年末		2012年末	
			隻数	重量	隻数	重量	隻数	重量
海洋市場 浮体式生産設備	LNG-FPSO							
	FPSO				2	308	1	155
オフショア船	ドリルシップ						13	484
	その他						4	17
造船市場 ガス運搬船	LNG船		7	501	16	1,520	23	1,979
	LPG船		4	180	59	2,300	24	1,014
コンテナ船	大　型	100-160型	10	1,000	94	11,534	48	6,408
	中　型	50-99型	22	1,390	127	9,130	26	1,773
	小　型	50型未満	17	593	44	1,483	8	281
タンカー	超大型 （VLCC）	200型以上	16	4,980	35	10,967	7	2,229
	大　型 （Suezmax、Aframax）	80-200型	47	5,823	110	14,641	7	838
	中　型 （Panamax）	60-79型	14	1,028	4	300	2	146
	小　型 （Handy）	60型未満	63	2,383	150	6,679	47	2,144
バルカー	超大型 （VLOC）	200型以上			14	4,424	4	1,051
	大　型 （Capesize）	100-200型	14	2,296	15	4,424	1	179
	中　型 （Panamax）	60-99型	2	148	0		14	1,139
	小　型 （Handymax、Handysize）	60型未満	2	104	0		20	862
その他の船舶	自動車運搬船		0		34	694	17	340
	その他		4	395	19	416	33	1,070

【サムスン重工業】

（重量単位：千DWT）

船種（船型名称）		船型	2002年末		2007年末		2012年末	
			隻数	重量	隻数	重量	隻数	重量
海洋市場	浮体式生産設備	LNG-FPSO					1	200
		FPSO			2	385	1	220
	オフショア船	ドリルシップ			16	1,557	21	1,320
		その他					5	576
造船市場	ガス運搬船	LNG船	6	433	40	4,238	26	2,174
		LPG船						
	コンテナ船	—	100-160型	8	800	60	7,899	29	4,008
		—	50-99型	19	1,099	55	3,077	13	1,160
		—	50型未満					
	タンカー	超大型（VLCC） 200型以上	8	2,455	3	954	0	
		大型（Suezmax, Aframax） 80-200型	42	5,273	49	6,434	28	3,942
		中型（Panamax） 60-79型	10	730	2	146	0	0
		小型（Handy） 60型未満	0		0		0	0
	バルカー	超大型（VLOC） 200型以上						
		大型（Capesize） 100-200型						
		中型（Panamax） 60-99型						
		小型（Handymax, Handysize） 60型未満						
	その他の船舶	自動車運搬船						
		その他	2	446	2	15		

注：表中に網かけしている部分は、現代重工業とサムスン重工業の同時期を比較して、同じ船種・船型で2倍以上の受注残高（重量ベース）を有していることを示している。重量単位のDWT（Dead Weight Tonnage）は、積載貨物の重量を表す単位

コンテナ船・タンカー・バルカーの船型は1隻当たりの重量をもとに分類しており、例えば100型とは100千DWTを意味する。なお、受注残高の集計に当たり重量の記載がないデータは除外

出所：Clarkson Research ［2003］, *World Shipyard Monitor*, Vol.10, No.1, pp.24-30, Clarkson Research ［2008］, *World Shipyard Monitor*, Vol.15, No.1, pp.68-82, Clarkson Research ［2013］, *World Shipyard Monitor*, Vol.20, No.1, pp.30-35 より筆者作成

164

参考文献

〈論文〉
麻生潤 [2013]、「船種別造船市場と韓国造船業」『同志社商学 第64巻 第5号』同志社大学商学会、
　　pp.619-630
具承桓・加藤寛之 [2013]、「日韓造船産業の競争力転換とその要因分析
―成熟産業における製品戦略と多角化戦略の罠―」東京大学 Discussion Paper, MMRC DP No.423.
具承桓・加藤寛之・向井悠一朗 [2010]、「造船産業のダイナミズムと中手メーカーの製品戦略―
　　国際競争構図の変化と新たな取り組み―」東京大学 Discussion Paper, MMRC DP No.286.

〈書籍〉
Clarkson Research [2003], *World Shipyard Monitor*, Vol.10
Clarkson Research [2008], *World Shipyard Monitor*, Vol.15
Clarkson Research [2009], *World Shipyard Monitor*, Vol.16
Clarkson Research [2013], *World Shipyard Monitor*, Vol.20
Lloyd's Register of Shipping [1954], *Annual Summary of Merchant Ships Launched 1954*
Lloyd's Register of Shipping [1964], *Annual Summary of Merchant Ships Launched 1964*
Lloyd's Register of Shipping [1966], *Annual Summary of Merchant Ships Launched 1966*
Lloyd's Register of Shipping [1970], *Annual Summary of Merchant Ships Launched 1970*
Lloyd's Register of Shipping [1976], *Annual Summary of Merchant Ships Completed 1976*
Lloyd's Register of Shipping [1986], *Annual Summary of Merchant Ships Completed 1986*
Lloyd's Register of Shipping [1992], *Annual Summary of Merchant Ships Completed 1992*
日本船舶輸出組合・日本船舶技術研究協会 [2011]『オフショア産業向け舶用市場調査』2011年3
　　月
日本船舶輸出組合・日本船舶技術研究協会 [2012]『韓国の造船業に関する経営実態調査』2012
　　年3月
日本造船工業会 [1995]、「造船関係資料1995年8月」
日本造船工業会 [2000]、「造船関係資料2000年8月」
日本造船工業会 [2005]、「造船関係資料2005年8月」
日本造船工業会 [2008]、「造船関係資料2008年3月」
日本造船工業会 [2013]、「造船関係資料2013年9月」
沼上幹 [2008]、『わかりやすいマーケティング戦略　新版』有斐閣

〈雑誌〉
『COMPASS』「韓国の大手造船所 第1回 現代重工業」2003年5月号、pp.28-31
『COMPASS』「現地ルポ 西九州の中堅造船所」2004年5月、pp.42-47
『COMPASS』「韓国造船業　再び拡大へ」2006年5月、pp.12-21
『COMPASS』「猛る韓国造船業　みなぎる自信とにじむ不安」2010年11月号、pp.46-58
『COMPASS』「日本が切り開く新鋭バルカー」2011年1月、pp.55-62
『COMPASS』「現代重工業、最強の秘密」2012年5月、pp.46-54
『週刊エコノミスト』「2014年の経営者 宮崎敏郎 三井海洋開発社長」2014年5月6日・13日合併号、
　　pp.4-5
『週刊東洋経済』「構造不況の造船 海洋資源に走る」2013年10月5日、p.100

〈ウェブサイト〉

maritimejapan.com ホームページ（http://www.maritimejapan.com/）
SPEEDA ホームページ（http://www.uzabase.com/speeda/）
現代重工業ホームページ（http://www.hhiir.com/EN/）
サムスン重工業ホームページ（http://www.shi.samsung.co.kr/Eng/）
商船三井のホームページ（http://www.mol.co.jp/）
大宇造船海洋ホームページ（http://www.dsme.co.kr/）
三井海洋開発ホームページ（http://www.modec.com/jp/）
三菱重工業ホームページ（https://www.mhi.co.jp/）

〈ウェブ記事〉

maritimejapan.com ホームページ「国産造船舶に国産主機を（低速ディーゼル機関業界の現状と
　　課題）」2005年3月14日
（http://www.maritimejapan.com/topPage/content.php?post_id=20326）

第5章

ネット通販の普及による利益ポテンシャルの変化
——宅配便業界

　本章では、業界の構造分析手法を用いて、アマゾン・ドット・コム（以下、アマゾン）や楽天などのネット通販の普及により、ヤマト運輸（以下、ヤマト）や佐川急便（以下、佐川）を代表とする宅配便業界の利益ポテンシャルがどのように変化するかについて考察する。一見すると、ネット通販の普及はヤマトや佐川にとってビジネス・チャンスであり、利益率を高める方向に作用すると思われがちだが、全体的な構造を視野に入れていくと、両者の利益性は必ずしも向上することなく、場合によっては低下する可能性すらある、というのが本章の基本的な主張である。

　ここ数年、日本においてインターネット商取引（eコマース）は加速度的に普及している。経済産業省「電子商取引に関する市場調査」（平成18〜24年度）によると、小売業（旅行や保険などサービス商品を除く）におけるeコマースの市場規模は、2005年度の1兆7000億円から2012年度には4兆9980億円まで拡大している（図5-0-1）。年平均成長率（CAGR）に換算すると、ここ7年間で年平均16.6％の成長を遂げていることになる。小売業全体に占めるeコマースの割合であるEC化率は、2005年度の1.20％から2012年度には3.55％まで増加しており、今後もこの傾向が継続してeコマースの市場規模はさらに拡大していくことが予想されている。

　この市場成長に伴い、販売した商品を配送する宅配便の取扱個数も増加している。総務省「信書便事業の現状」によると、宅配便取扱個数は2005年度の31億7400万個から、2012年度には35億2600万個へと約3億5200万個増加して

図5-0-1 eコマース市場規模の推移（小売業）

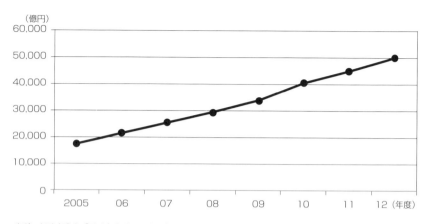

出所：経済産業省『電子商取引に関する市場調査』を参考に筆者作成

図5-0-2 宅配便取扱個数の推移

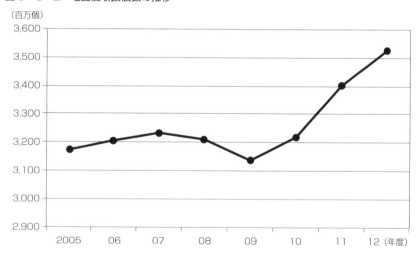

出所：総務省『信書便事業の現状』

いる（図5-0-2）。2005年度から2012年度までの年平均成長率は1.67％である。

　しかも同期間中の前半よりも後半の取扱個数の伸びが著しい。2005年度から2008年度までの成長率は年平均0.97％であるのに対して、2009年度から2012年度までは2.37％と、ここ最近の成長が加速している。国内人口の減少や、お中

元・お歳暮といった慣習の希薄化といった現状を鑑みると、宅配便取扱個数の成長の背後にはネット通販の存在があることは想像に難くない。この取扱個数の数字を見ると、ネット通販の普及は宅配便業者にとっても追い風であるように見える。新規参入が増えないかぎり、市場の成長は既存企業間の対抗度を低下させるため、既存企業の利益ポテンシャルが高まるはずだからである。

しかし、本当にそうなのだろうか。図5-0-3はヤマト宅急便の単価の推移を示している。これを見てわかるとおり、リーマン・ショックのあった2008年度を境に急激に単価が下落し、2012年度の平均単価は2008年度のそれよりも20円低い。2008年度から2012年度までの下落率は、デフレータによる調整を行なっても約2.9%である。年平均で換算すると、2008年度以降は毎年0.76%単価が下落していることとなる。ちなみに、デフレータによる調整前の実際の単価で見ると、直近4年間で単価は55円下落し、年率でマイナス2.20%と急低下している。

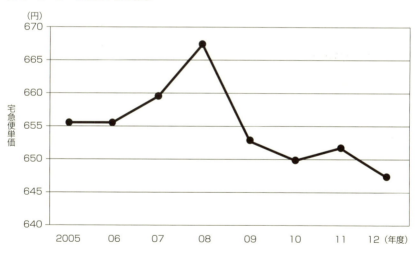

図5-0-3　宅急便単価の推移

出所：SPEEDAのデータを参考に筆者作成（デフレータ調整後）

図5-0-4 佐川宅配便の単価の推移（四半期別）

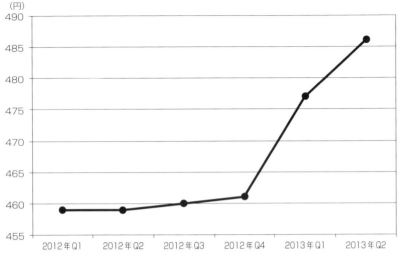

出所：SGHD資料を基に筆者作成

● 単価下落の原因

　ネット通販により取扱個数が増え、その結果として需要増に直面しているはずの宅配便業界が、なぜ低価格化に直面しているのだろうか。実はネット通販の普及そのものが宅配便の単価下落の原因である、という側面が見られる。大口需要家であるがゆえに、単価を低く抑える交渉力をもつからである。宅配便取扱個数に占めるネット通販の割合は、いまや3割を占めるまでになり、取扱個数に占める割合が高いネット通販向けの単価下落が、全体の平均単価の下落をもたらしたと考えられるのである[1]。佐川の場合、アマゾンとの取引を中止した2013年4月以降、半年で平均単価が約25円上昇している（図5-0-4、デフレ調整前）。このことは、ネット通販業者の存在が、平均単価に大きく影響を及ぼしていることを示唆している。

　ただし、現状では単価が下がってはいるものの、利益率には大きな影響を与えてはいない。図5-0-5はヤマトホールディングス・デリバリー事業の営業利益率（ROS）、及び佐川ホールディングスの連結営業利益率の推移を表して

---
1)『週刊東洋経済』2013年9月28日号、p.41

図5-0-5 ヤマトと佐川のROSの推移

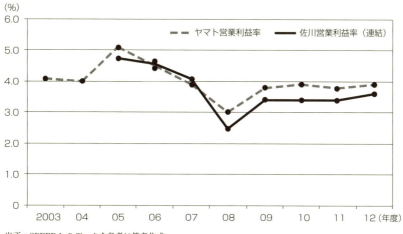

出所：SPEEDAのデータを参考に筆者作成

いる。ヤマトのROSは、リーマン・ショックからの回復後、さほど変化していない。佐川の場合は連結ベースのため、宅配便事業の動向を正確に表しているとは言い難いものの、おおむね同様の動きで推移している。

単価下落が利益率低下に直結しない理由は、以下の2点であると推察される。第一に、個数増加に伴う積載効率の向上である。図5-0-6は、ヤマトのトラック1台当たりの平均配送個数の推移である。過去5年間で、積載個数は年平均4.3％成長している。ネット通販向け配送の単価は安いものの、取扱個数の増加によってトラックの積載効率が向上し、他の宅配物も合わせた全体コストが低下していることが、利益率が大きく下がらないひとつの要因だと考えられる。

第二に、大口法人向け宅配は効率的に行なえる点である。大口法人の場合は出荷側が仕分け作業を行なうことが多い。例えばアマゾンの場合、小田原の物流拠点から出荷する際には、アマゾン側のスタッフが荷物の仕分けを行ない、行き先に応じて分けられたヤマト専用の荷車に載せている[2]。その結果、「トータルでの作業効率が個人や小口商流と比べ3～5割も高くなり、その分コストが下がる」（山内雅喜ヤマト運輸社長）という[3]。

---

2)『日経ビジネス』2013年9月16日号、p.38
3)『週刊東洋経済』2013年9月28日号、p.42

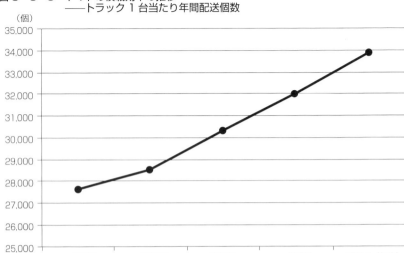

図5-0-6　ヤマトの積載効率の推移
——トラック1台当たり年間配送個数

出所：ヤマトHD資料を参考に筆者作成

　このように、ネット通販向けの荷物は増加し、単価は下落している。そのトータルの効果として利益率は増えてもいなければ、減少もしていない。しかし、利益率という表層的な数字が変化していなくても、ネット通販向けの荷物量の増加と単価の下落という明確な変化は生じている。しかもその背後にはさらにいくつかの構造変化が見られる。それゆえ、現在の表層的に安定している利益率に惑わされることなく、宅配便業界が現在の構造に基づいてどれほどの利益を上げ続けられるポテンシャルをもつのかを確認する作業が重要であると思われる。なぜなら、長期的に達成可能な利益水準は、この背後の構造によって左右されるからである。短期的な現状ではなく背後の構造を見ることで、本当に安心できる状況なのか、それとも危険な状況なのかを判別できるのである。

● 利益ポテンシャルに対する影響

　以下の分析で明らかになるように、ここ数年のネット通販の普及は、宅配便業者にとって非常に大きな構造変化をもたらしてきた。本章では業界構造分析というアプローチから、ネット通販の普及が宅配便業者の業界構造にどのような変化をもたらし、利益ポテンシャルに影響を与えるのかを分析する。

本章の要点は以下の3点である。

・宅配便業界は過当競争を引き起こしやすい業界ではあるのだが、①広域な配送ネットワークというインフラによる規模の経済性、②仕分け作業や配送作業に関する経験効果という2つの強力な参入障壁が存在するため、寡占化による業界内の安定的競争を維持しつづけることができている。それゆえ、現状においては利益ポテンシャルを保ちつづけている。
・アマゾンや楽天といった大手ネット通販業者が買い手の集中度を高めており、宅配便業者の買い手に対する交渉力が一部で弱まっている。
・ネット通販業者が物流拠点を分散して設立したことにより、「ドアtoドア」で行なわれていた配送が、「発地・拠点間」配送と「拠点・着地間」配送の2つに分割された。この変化は、単に配送距離を短くするだけではなく、業界の基本的な構造を変えることになる。「発地・拠点間」配送と「拠点・着地間」配送という2つのフェーズにおいて代替可能な業者が登場することにより、既存企業間の競争が激化するだけでなく、買い手の交渉力が増加する。現状では利益ポテンシャルを維持しているものの、これに対する対応策をとらないかぎり、長期的に宅配便業界は利益ポテンシャルを維持することができなくなってしまう。これが、表層的な利益率推移だけでは把握できない、業界構造の分析から得られる知見である。

　本章の構成は以下のとおりである。第1節では、基本的な業界構造分析フレームワークを用いて、宅配便業界の構造を分析する。既存企業間の対抗度、新規参入の脅威、売り手の交渉力、買い手の交渉力、代替品の脅威、補完財という業界全体の構造を俯瞰した議論を、後の議論のベースとして行ないたい。第2節では本章のメインテーマである、宅配便業者と買い手業者の間における利益の奪い合いの基本構造について議論する。買い手にはいくつかのセグメントが存在するが、本節では特にアマゾンや楽天といった大手ネット通販業者との関係性にフォーカスする。第3節では、ヤマトが現在推し進めている、ゲートウェイを利用した高速配送ネットワークの構築という戦略を、宅配便業者とネット通販業者の間における利益の奪い合いという観点から考察する。

第1節
宅配便業界の業界構造分析

　本節では宅配便業界を中心とした業界構造分析を、シックス・フォーセズ・モデルを用いて行なう。これは、既存企業間の対抗度、新規参入の脅威、買い手の交渉力、売り手の交渉力、代替品の脅威という伝統的なファイブ・フォーセズ分析に加えて、補完財もしくは補完的プレーヤーの動向を分析することで、当該業界（本章では宅配便業界）と、それにかかわる複数のプレーヤーのうち、どこが「儲かりやすい」ポジションに位置するのかを構造的に明らかにする分析手法である。図5-1-1は、宅配便業界に関する主なプレーヤーを表したものである。

図5-1-1　宅配便業界の見取り図

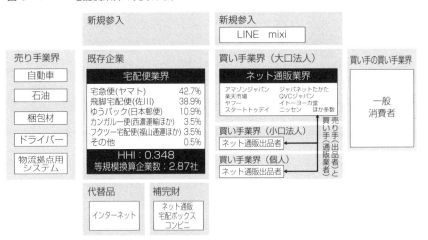

　業界構造分析の結論は以下の3点である。第一に、宅配便業界は過当競争を引き起こしやすい業界であるにもかかわらず、寡占化によって業界内の競争が安定的であるため、現状においては利益ポテンシャルを保ちつづけることができている。第二に、寡占化が進んでいる原因は、①広域な配送ネットワークというインフラによる規模の経済性、②仕分け作業や配送作業に関する経験効果という2つの強力な参入障壁が存在する業界の中で、これまでに激しい競争が

繰り広げられ、その結果として弱小企業が淘汰されてきたためだということである。第三に、楽天やアマゾンといった大手ネット通販業者が買い手の集中度を高めており、宅配便業者の買い手に対する交渉力が一部で弱まっている。このネット通販業者の集中度の高まり方次第で、宅配便業者の利益ポテンシャルは低下していく可能性もある。

　本節では、シックス・フォーセズのうち、「宅配便業者とネット通販業者との関係性」という本章のテーマに関して特に重要な、既存企業間の対抗度、新規参入の脅威、買い手の交渉力の3つに重点を絞って議論する。宅配便業者とネット通販業者の交渉力の強弱に注目しているので、その文脈においては売り手の交渉力や補完財は決定的に重要な要因ではない。なお、代替品の脅威については本章の内容と直接的に関連してはいないのだが、今後の宅配便業界を占う上で考慮すべきトピックであるため付記することとする。

1 既存企業間の対抗度——寡占化による高い安定度

　宅配便は固定費が大きく、サービスの質の差別化が難しい商材であるため、厳しい競争に陥りやすいという側面もある。しかし現状では、業界の寡占化が進んでいるがゆえに、既存企業間の対抗度が抑えられており、比較的安定した業界だと評価できる。

　業界内の対抗度を高める要因としては、第一に固定費が大きいという点があげられる。集荷作業や仕分け作業のために全国各地に拠点を配置しているだけでなく、配送のために大量のトラックが必要となる。ドライバーを正社員として雇用

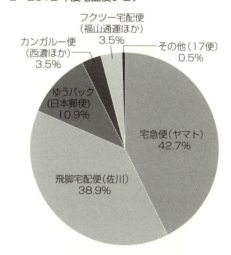

図5-1-2　2012年度宅配便シェア

出所：国土交通省『平成24年度宅配便等取扱実績関係資料』

している場合は人件費も固定費といえる。このように、固定費が大きい場合、損益分岐点が高いため、稼働率を上げるためには多少の値引きもいとわない。しかも価格競争に陥ったときに、貢献利益さえ出ていれば各社操業を継続するため、低価格が永続し、価格競争が激しくなってしまう。第二に、サービスの質で差別化するのが難しいという点も、利益を上げにくくする方向に作用する。業界の黎明期においては、宅配のスピードや正確性、決済サービスや取扱店舗数といった点でサービスの差別化を図ることができたが、現在では残っている宅配便業者のサービスの質は横並びになってきており、それらは差別化のポイントにはなりにくくなってきた。

しかし、これらの利益ポテンシャルに不利に働く要因が存在するにもかかわらず、宅配便の業界では寡占化が進んできたため、利益ポテンシャルを一定に保つような力も働くようになってきたと考えられる。業界の寡占化は、ここ10年におけるハーフィンダール・ハーシュマン指数（HHI）の推移から見て取れる。HHIとは、各企業の市場シェアを2乗して足し合わせたものである。

HHIは、競争業者の数が多ければ多いほど小さくなるだけでなく、企業間の格差が小さいほど（シェアが拮抗すればするほど）小さくなる。それゆえ、HHIが小さければ小さいほど、激しい競争に陥りやすいと推測できる。国土交通省が発表している宅配便取扱個数のシェアをもとに、2003年度、2007年度、2012年度における宅配便業界のHHIを算出したところ、2003年度は0.269、2007年度は0.279、2012年度は0.348となった。

HHIの逆数は等規模換算売り手数あるいは等規模換算企業数と呼ばれる。例えば、等規模な企業が4社あるとHHIは0.25であり、3社なら0.33である。それぞれ逆数をとると、4と3になる。このような考えを一般化すると、0.279というような数字の逆数、すなわち3.58を、この業界が等規模企業から構成されていたら何社ある場合と同程度の集中度か、ということを表す指数として読むことができるのである。

この等規模換算企業数を用いると、2003年度は業界内に対等なシェアを保有する企業数が3.72社あるのに対して、2012年度は2.87社となる。この変化は、等規模の企業が市場から9年間で約1社消えたということを意味しており、業界の寡占化が進行していることがわかる。なお、2003年度調査では、現在シェ

ア3位である日本郵便が民営化前であったため含まれていない。この日本郵便を2003年度のデータに含めていれば、当時の*HHI*はさらに小さかったはずである。そのように見ると、この9年間で宅配便業界から2社が消え、2強1弱という構造へと業界が変化してきたと考えられるのである。

最終的に競争業者が減少し、残った上位企業は利益を安定的に確保できるようになってきたのだが、その間に淘汰されてきた下位企業は利益を確保することが難しい状況であった。ヤマト、佐川に次いで業界3位であった日本通運のペリカン便も、事業開始から2009年に日本郵便に統合されるまで、一度も黒字化したことがなかったといわれている[4]。それゆえ、業界内で撤退や統合が相次ぎ、業界が寡占化されてきたのである。下位企業が退出してきたことで、業界構造は安定してきているといえる。宅配便業界は熾烈な価格競争を引き起こしやすい商材であるにもかかわらず、業界が寡占化されているために、過当競争を防ぎ、現在生き残っている少数の企業にとっては利益ポテンシャルが保たれているのである。

② 新規参入の脅威——高い参入障壁

少なくとも今日の段階では、宅配便業界の新規参入の脅威はきわめて小さい。その理由は、宅配便業界には①広域な配送ネットワークというインフラによる規模の経済性と②仕分け作業や配送作業に関する経験効果、という2つの参入障壁が存在するためである。

第一に、配送ネットワークによる規模の経済性である。発地から着地まで「ドアtoドア」で配送を行なう場合、関東のみといった地域限定で行なう地場宅配便業者より、全国的に配送を行なう業者のほうが圧倒的に有利になる。そのためには、トラックや物流拠点といった有形資産への投資が必要なのはもちろんのこと、取次店の確保といったチャネル政策も重要となる。

この巨大な配送ネットワークのインフラは、既存企業に規模の経済性というメリットをもたらしている。同じ操業度で比較した場合、より大規模な配送能

---

4)『月刊ロジスティクス・ビジネス』2009年5月号、p.12

力をもつ宅配便業者のほうが平均費用を抑えることができる。すでに既存企業は大規模な配送能力を保有していることを考えると、これらの既存企業と同等の条件で競争できるように同業界に参入しようと考えるなら、相当な規模で参入しなければならない。少なくとも全国ネットワークの業者として参入する場合には、小規模に参入して徐々に成長していくという手が取りにくいのである。したがって長年かけてそれらの配送ネットワークを構築してきたヤマトや佐川が存在する宅配便業界の参入障壁は非常に高いといえる。

　第二に、経験効果である。例えば、ラスト・ワンマイル配送に関してはさまざまなデータやノウハウの蓄積がある。地域内において効率的な配送ルートを見つけ、それをドライバーに徹底させることも重要となる。また、コストを引き上げる大きな要因である再配達を防ぎ、ファーストデリバリー（1回目の配送による受け取り）の比率を高めるためには、1戸ごとの不在率といったデータを蓄積することが非常に重要となる。経験効果は配送業務だけでなく、物流拠点での仕分け作業においても当てはまる。作業員の習熟度に伴い、荷物1個当たりにかかる人的・時間的コストは低減する。これらの経験効果は、これまでに配送された荷物の量に依存して蓄積されるものだと考えられる。

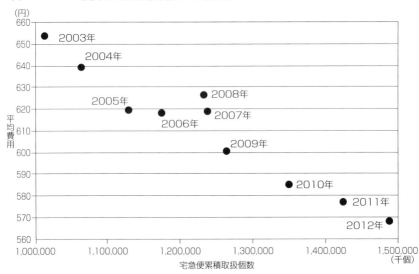

図5-1-3　宅急便の累積取扱個数と平均費用

出所：ヤマトホームページを参考に筆者作成

表5-1-1　経験効果と規模の経済の試算

期	t	$t+1$	$t+2$	$t+3$	$t+4$	$t+5$	$t+6$	$t+7$	$t+8$	$t+9$
A社年間取扱個数（個）	100	100	100	100	100	100	100	100	100	100
B社年間取扱個数（個）										350
A社累積取扱個数（個）	100	200	300	400	500	600	700	800	900	1,000
A社の単位コスト 87.5％の経験曲線 期末の単位コスト	100.0	87.5	81.0	76.6	73.4	70.9	68.8	67.1	65.6	64.3
3分の2乗則の場合 B社の単位コスト										65.9

　図5-1-3は、ヤマトにおける宅急便の累積取扱個数と平均費用の関係を表している[5]。2003年度から2012年度のデータで計算すると、宅配便の場合、累積取扱個数が2倍になると、1単位あたりのコストが87.5％になる。

　表5-1-1は、新規参入業者が規模の経済のみでこのコストダウンを達成するにはどれほどの取扱個数が必要かを試算したものである。ここでは、t期の1単位当たりコストを100とし、既存企業A社は10年間毎年100個配送すると仮定している。87.5％経験曲線の場合、10期目である$t+9$期の単位コストは64.3となる。もし一般的に規模の経済で指摘されている3分の2乗則（総費用が生産規模の3分の2乗倍になるという規則性）を使うならば、新規参入であるB社がA社の3.5倍の個数を配送する規模で参入したとしても、規模の経済のみでA社と同等の単位コストを達成することはできない[6]。実際の企業で当てはめると、ヤマト宅急便の2012年度の取扱個数は約14.8億個なので、新規参入業者は年間で約44.4億個配送したとしても、ヤマトの蓄積した経験効果に対応できるコスト水準に到達できない。2012年度の国内全体の宅配便取扱個数が約35億個であることを鑑みると、新規参入業者が規模の経済のみでヤマトの経験効果を凌駕することは不可能であり、ヤマトにとって脅威となるような新規参入企業が登場するとは思われない。

　このように、大手宅配便業者はすでに巨大な配送ネットワークを構築し、大

---

5) 宅急便の平均費用は「宅急便平均単価×（1－ヤマトホールディングス・デリバリー事業セグメントの営業利益率）」によって算出した。

6) 3分の2乗則は、生産規模の拡大と総費用の関係についての経験則である。平均費用を計算するには、さらにそれを生産量で割る必要がある。フル稼働を仮定するなら、マイナス3分の1乗になる。もしこの規則性が当てはまるとすると生産規模が2倍の場合、平均費用は約80％になる。

量の経験効果を蓄積しているため、参入障壁は非常に高いものだといえる。ただし、後の議論で見るように、ここで述べてきた2つの参入障壁は、ネット通販業者が物流拠点を全国各地に設立することで低下しつつあり、このことは業界構造を変質させる重要な変化として注目される。この点については第2節で詳しく言及する。

3 買い手の交渉力──強まる「超」大口法人の影響力

宅配業における買い手（荷主）は、大きく分けると個人、小口法人、大口法人という3つに分類される。ネット通販出品者と、アマゾンや楽天などのネット通販業者との関係については、出品者がネット通販業者に手数料を払っているため、一見すると「出品者＝買い手・ネット通販業者＝売り手」という関係が目立つように見える。その側面は確かに存在するのだが、その一方で、出品者はアマゾンや楽天というプラットフォームを魅力あるものにするためのパーツであり、テナントと百貨店の関係性に似ているととらえられる面もある。本項では後者の側面をより重視し、「出品者＝売り手・ネット通販業者＝買い手」という関係性で整理している。

宅配便業者における買い手の交渉力については、宅配便業者の個人及び小口法人に対する交渉力は強いが、大口法人に対しての交渉力は近年急速に弱まっている。三者に対する交渉力を決定づけるキーワードは、「買い手の購入量」である。ある商品を1個しか買わない個人より、100万個買う企業のほうが価格交渉力は強い。宅配便業者の売上高に占める買い手の購入量の比率が高まるため、強い交渉力をもつからである。特に、ネット通販の普及により、アマゾンや楽天といった「超」大口法人の存在感が急速に増している。配送個数が増えたとしても、そこに占めるアマゾンや楽天等の「超」大口法人の割合が増えるのであれば、宅配便業者にとって利益ポテンシャルは低下する可能性がある。

「超」大口法人である大手ネット通販業者が宅配便業者に対する価格交渉力を高める理由は、取扱個数ばかりではない。大手ネット通販業者は全国に自前の物流拠点を置くことで、大手宅配便業者に依存する程度を引き下げつつあり、買い手の交渉力が高まっていると考えられる。この点についてはもう少し詳細

に検討する必要があるので、後の第2節で重点的に議論することにしたい。

■4 代替品の脅威――目に見えない代替も

　代替品の脅威に関しては、何を運ぶのかによってその大きさが異なってくる。最後まで物理的な製品を配送しなければならないモノであれば、宅配便業界にとっての代替品の脅威は弱いといえるだろう。しかし、音楽の配信がCD販売に代わり、Kindleなどの電子書籍のダウンロードが書籍販売に代わるということを考えると、情報的なコンテンツの領域では代替品の脅威が強いといえるであろう。3Dプリンタが多くのモノを再現できるようになれば、宅配便業界が配送する必要のあるモノが減少する可能性もある。

　さらに、もう少し目に見えない形の代替はすでに発生してきているかもしれない。例えば、現在のデジタル機器のほとんどは、ネットワークを通じたアップデートが可能になっている。新商品を買わなくても機能が向上するため、ハードウェアの購入頻度が減少する。その結果、配送機会が減少するという目に見えない代替が起こってきているという考え方もできる。しかし、多様な技術進歩のスピード次第ではあるものの、水やワイン、野菜など、代替できない製品カテゴリーも多く、いましばらくはモノの配送が増加傾向にあり、代替の脅威にさらされて利益ポテンシャルが低下傾向に入るということはないように思われる。

　以上に述べてきたとおり、宅配便業界は過当競争を引き起こしやすい業界ではあるのだが、①広域な配送ネットワークというインフラによる規模の経済性、②仕分け作業や配送作業に関する経験効果、という2つの強力な参入障壁が存在するため、寡占化による業界内の安定的競争を維持しつづけることができ、現状においては利益ポテンシャルを保ちつづけている。

　しかし、大手ネット通販業者が買い手の集中度を高めており、宅配便業者の買い手に対する交渉力が一部で弱まっている。さらに、ネット通販が物流拠点を全国各地に設立することによって、利益ポテンシャルがより一層低下する可能性がある。次節ではそのメカニズムについて議論する。

第2節―――――
ネット通販の普及に伴う利益ポテンシャルの変化

　本節では、先ほど簡単に検討した買い手の交渉力について、もう少し詳細な分析を行なうことにしたい。より具体的には、ネット通販業者が全国各地に独自の物流拠点を置く戦略をとることによる、宅配便業者の利益ポテンシャルの変化について考察を深める。ネット通販業者の独自物流拠点設立に伴う配送プロセスの分割によって、ネット通販業者が潜在的に使える宅配便業者数が増加し、競争が促進されるため、宅配便業者の利益ポテンシャルが低下することを本節での分析を通して指摘する。

■ ネット通販業者の物流拠点設立ラッシュ

　近年、大手ネット通販業者は全国主要地域に次々と物流拠点を設立し、在庫を分散させている。表5-2-1は、アマゾンと楽天の物流拠点の設立動向を表したものである。アマゾンは2000年11月の日本進出以来、物流拠点は千葉県のみで運営していたが、2009年10月の大阪・堺を皮切りに、全国主要地域に立てつづけに拠点を設立している。

表5-2-1　アマゾンと楽天の物流拠点の設立動向

	場所	都道府県	面積	稼働開始時期
アマゾン	市川	千葉県	6万2300㎡	2005年11月
	八千代	千葉県		2007年10月
	堺	大阪府	6万7900㎡	2009年10月
	川越	埼玉県	3万9000㎡	2010年7月
	大東	大阪府	2万5200㎡	2010年11月
	常滑	愛知県		2011年4月
	芳野台　川島　狭山	埼玉県		2011年9-10月
	鳥栖	佐賀県	6万5000㎡	2012年5月
	多治見	岐阜県	約8万㎡	2012年11月
	小田原	神奈川県	約20万㎡	2013年9月
楽天	市川Ⅰ	千葉県	3万8572㎡	2008年11月
	市川Ⅱ	千葉県	1万0641㎡	2013年1月
	柏	千葉県	5万0159㎡	2013年9月
	市川Ⅲ	千葉県	4万2190㎡	2014年1月
	川西	兵庫県	7万3121㎡	2014年1月

出所：『週刊東洋経済』2013年9月28日号を参考に筆者が作成

アマゾンは、商品を自社で仕入れてから発送する仕組みになっている。電機製品について具体的にいえば、①まずアマゾンが電機メーカーから製品を購入し、自社の物流拠点に納品させ、在庫し、②しかる後に注文に応じて商品を顧客に発送する、というステップをとるのである。

また近年では、大手メーカーの商品を仕入れているだけでなく、FBA（フルフィルメント・バイ・アマゾン）というサービスも行なっている。FBAとは、アマゾン・マーケットプレイスで販売する、個人や小規模店舗の商品における物流部分をアマゾンが全面的に引き受け、アマゾンの物流拠点で製品の在庫・仕入れ・梱包・発送等を行なうものである。

出品者がFBAを利用する大きな理由のひとつは、アマゾンの価格交渉力である。個々の企業単体では、宅配便業者に対する価格交渉力はあまりにも小さい。しかし、圧倒的な購買量を背景に強い価格交渉力をもつアマゾンの物流ネットワークに乗ることで、自社が負担する配送料を減らすことができる。もちろんアマゾン側もFBAを行なうことでメリットがある。FBAによって短納期で配送することが可能になるので、顧客サービスが向上するばかりでなく、宅配便業者から得られる配送料の数量割引部分の一部を流通業者が入手できるからである。

メーカーから仕入れた商品をできるかぎりスピーディに個人に配送するためにも、また多くのマーケットプレイス参加者を誘引して最終顧客に商品を届ける上でも、商品を在庫する物流拠点はアマゾンにとって非常に重要である。そのため、アマゾンは物流関連費用に多額の投資を行なっている。クレディ・スイス証券による見積では、アマゾンは粗利益の40％以上を物流センターに投資し、4.4％を営業利益にしている[7]。このように、同社の物流センターへの投資意欲は非常に高い。

これに対して楽天の場合、かつては物流についてそれほど大きな投資を行なってこなかった。過去の楽天にとっては、ネット上の出店スペースを貸すことが仕事であって、その後のモノについてのリアルな仕分けや梱包、配送といった物流業務は出店企業任せだったのである。上記のクレディ・スイス証券の推計では、楽天は粗利の57％を営業利益にしており、物流センターへの投

---

7)『週刊東洋経済』2013年9月28日号、p.54

資には積極的ではなかった。もし楽天がそのまま旧来のビジネス・モデルを維持していれば、ヤマトなどの宅配便業者は個別に中小規模の業者と取引するという状況を維持できるため、宅配便業者は厳しい価格交渉には直面しないで済んだものと思われる。

しかし、楽天は近年、この旧来のビジネス・モデルを変更してきている。楽天市場で購入した顧客が高い運賃負担を強いられる点、配送のスピードや品質といったサービスも個別の中小業者により未統一であったため、消費者が知覚するサービス品質がアマゾンに比べて低かった点を問題視したからである。

これらの問題を解決するべく、楽天は、出店企業に対して物流機能を提供する「楽天スーパーロジスティクス」（RSL）の提供を2012年8月に開始した。これは、出店企業の商品在庫を物流センターで預かり、仕分け、梱包、発送といった業務を、出店企業に代わって行なうというサービスであり、アマゾンのFBAと類似のものである。楽天はそれまで、千葉県市川市に物流拠点を1つもっているだけだったが、表5-2-1で示しているとおり、2013年以降立てつづけに拠点を設立している。さらに、現在九州と東北に物流拠点の設立を検討しており、2015年内には全8拠点となる予定で、拠点数においてアマゾンと同等となると予想されている[8]。このような物流拠点への投資と宅配業務の一元管理化によって、ヤマトなどの宅配便業者は多数の中小業者ではなく、少数の巨大なネット通販会社に直面することになる。アマゾンや楽天の物流拠点への投資を考えると、宅配便業者の直面する買い手側はますます交渉力を高めてきているのである[9]。

❷ ネット通販物流拠点設立による配送プロセスの変化

ネット通販業者が物流拠点を設けることにより、配送のプロセスも変化している。図5-2-1で表しているとおり、従来は、商流としては楽天などのネット通販業者を経由したとしても、物流としては出店業者（発地）から購入者

8）『週刊東洋経済』2013年9月28日号、p.55

9）アマゾンや楽天といった大手だけでなく、中堅ネット通販業者も、自前の物流拠点を抱えるようになっている。例えば、アパレル通販ゾゾタウンを運営するスタートトゥデイは、習志野市茜浜に10.8万㎡の巨大倉庫を設立した。

図5-2-1 配送の分割

①物流拠点がない場合

②物流拠点がある場合

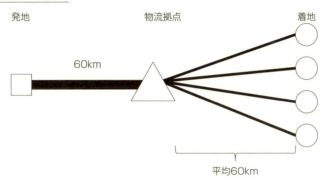

（着地）まで1回の配送で完結していた。

　しかし、通販業者の物流拠点が設立され、通販業者が物流業務の一部を担うようになっていくと、配送が「発地・拠点間」配送と「拠点・着地間」配送との2回に分割されることになる。

　この2分割の効果は、宅配便業者が受け取れる金額の多寡に影響を与えるため、少し丁寧に考察を加えておく必要がある。ここで図5-2-1のような状況を想定しよう。通販業者の物流拠点を経由しない場合には、発地と着地の間の距離が100kmであると仮定しよう。図の下段に示されている状況は、通販業者の物流拠点がつくられた場合の設例である。発地の出店業者から楽天などの通販業者の物流拠点を経ないと購入者（着地）へと到達できなくなるので、総距離は少し遠回りになる。ここでは、出店業者（発地）から通販業者の物流拠点までが60km、さらにその通販業者の物流拠点から購入者（着地）への距離がそれぞれ60kmである想定しておこう。

　本当は図の上段のケースでも、途中でヤマトなどの宅配便業者の中継基地を経由するから、構造的には類似のものになるはずなのだが、通販業者が物流拠

点を構築した場合には、宅配便業者が相手に課金できる距離が変わってくる。

　例えば、10個の荷物を運ぶケースを考えてみよう。上段のケースでは10個の荷物について、着地が10個異なるのであれば、100km×10個の配送距離をサービスとして提供していることになる。実際の移動距離をどう短縮して効率化するかは、ヤマトなどの宅配便業者の努力によって左右され、宅配便業者は自らの利益を自分の努力で高める自由度をもっている。

　しかし、通販業者が物流拠点をつくると、この自由度が大幅に制限されることになる。まず、出店業者が販売する10個の商品は、通販業者の物流拠点に運び込まれる。この距離を仮定どおり60kmとすれば、10倍の体積の荷物が1個ということになる。この部分を600km分として通販業者に要求することは難しいと考えられるため、180km分に相当する費用を請求できると想定しておこう[10]。次いで、この荷物が物流拠点から購入者に配送されるので、物流拠点から着地までが60km×10個＝600kmになる。

　この設例では、合計で780km分に相当する配送コストしか要求できなくなり、当初の1000kmよりも距離が短くなる。ある程度の売上数量が見込めるようになると、通販業者が物流拠点を構築すれば物流拠点までの配送でコストダウンを要求できるようになるために、宅配便業者が不利になるのである。

　さらに、通販業者が物流拠点を構築すると、拠点・着地間の混載配送も可能になる。アマゾンの物流拠点では、異なる出品者からの荷物であっても1つの段ボールにまとめて配送することができる。例えば、同じ日に書籍と靴を異なる出品者から購入しても、同じ段ボールに梱包されて届けることが可能である。これにより、若干重量は高まるものの、複数回運んでいた荷物を1回で運ぶことが可能になるため、配送距離はさらに短縮する。

　このように、一見遠回りに見える物流拠点を通した配送は、実は宅配便業者が課金できる配送サービスの量を減少させる効率的な方法である。そのため、通販業者は自社の物流拠点を設立して、そこを介した配送を増やそうとしている。その結果、配送プロセスが分割され、拠点・着地間の距離が短くなり、全

---

10) 10の三乗根は約2.15である。ゆうパックの料金表によれば、都内で60サイズの荷物を運ぶ料金が600円、140（長さ2.3倍、体積12.7倍）サイズの荷物は1400円（2.3倍）であるから、本文中の数字はやや宅配便業者に有利なものとなっている。

国配送ネットワークをもたない宅配便業者を活用することもできるという状況が生まれつつあり、ネット通販を担う宅配便業界の参入障壁を下げるという構造変化が起こってきているのである。この点について次項で重点的に議論する。

❸ 配送プロセスの変化による代替可能業者の増加

ネット通販業者が物流拠点を設立し、配送プロセスが分割されるという状況は、いま現在の物流費を削減するばかりでなく、第1節で述べた「広域な配送ネットワークというインフラによる規模の経済性」と「経験効果」という2つの参入障壁の効力を弱め、業界構造を大きく変える可能性を秘めている。具体的には、「発地・拠点間」では宅配便ではない長距離輸送物流企業が、「拠点・着地間」では地場の中堅宅配便業者が代替可能な業者として増加する。その結果、既存企業間の対抗度が高くなるだけでなく、買い手の交渉力も高まるため、宅配便業者の利益ポテンシャルは低下することになる。

具体的に「発地・拠点間」と「拠点・着地間」の各フェーズにおける競争関係の変化について見ていこう。

● 発地・拠点間配送──宅配便業者以外のプレーヤーの参入

発地・拠点間配送に関しては、宅配便業者以外のプレーヤーが参入する可能性がある。アマゾンのホームページを見ると、同社の物流拠点への自社便による納品は禁止されており、納品できる配送業者は、ヤマト運輸・佐川急便・日本通運・郵便事業・福山通運・西濃運輸・名鉄運輸・カトーレック・フットワークエクスプレス・エコ配の10社とある[11]。2013年4月にアマゾンとの取引を中止したとされる佐川の名前があったり、2012年3月30日付でトールエクスプレスジャパン（株）に社名変更したフットワークエクスプレス（株）があったりするなど、ホームページに記載されている企業が現状を正確に表しているとは言い難いが、特筆すべきことは、日本通運や名鉄運輸など、宅配便が主力サービスとはいえない長距離輸送物流企業がリストに入っていることである。

---

11) アマゾンホームページ「フルフィルメント by Amazon (FBA) よくあるご質問」(http://services. amazon.co.jp/support/fulfillment-by-amazon-faq.html) より

ドアtoドアで配送を行なう場合、これらの業者にとって最大の参入障壁は、「ラスト・ワンマイルといった配送作業に関する経験効果」であった。しかし、物流拠点が設立されたことにより、全国数カ所の物流拠点に運ぶだけで事足りるようになるため、この参入障壁はきわめて小さくなった。

● 拠点・着地間配送──地場中堅業者の参入

拠点・着地間配送に関しては、地場の中堅宅配便業者が参入すると考えられる。アマゾンのホームページを見ると、千葉県内の配送にはカトーレック（2012年度売上高約645億円）を、大阪府・兵庫県・広島県の一部の配送にはTMG（2008年の年商約38億円）を利用するなど、利用人数が多い大都市圏の配送をヤマトなどの大手だけではなく、中堅宅配便業者に委託している。楽天の場合、自社のネットスーパー事業「楽天マート」の配送を地場の中堅業者と組んで行ない、将来的には楽天市場での購入品も合わせて届けようとしている[12]。

こちらの場合は、「大量配送による規模の経済性と経験効果」「配送ネットワークの広さによる競争優位性」という参入障壁が低下すると考えられる。

第一に、大量配送によって生み出されていた2つの参入障壁が低下する。1点目に「規模の経済性」である。ヤマトなど大手は全国各地に仕分けのための拠点をもっている。しかし、中堅宅配便業者がネット通販の商品を配送する場合、その物流拠点に関する費用はアマゾンや楽天といったネット通販業者がもつ。ヤマトが大規模な物流拠点で発揮する規模の経済性のメリットを、中堅物流業者が単独で克服することは難しいと思われるが、通販業者がそのインフラを提供してくれるのであれば、大手宅配便業者が享受してきた規模の経済性は競争優位にはなりにくくなる。2点目に、「仕分け作業における経験効果」も、規模の経済性と同様に低下する。仕分け作業は買い手であるネット通販業者に依存することになるため、ヤマトの蓄積してきた経験効果と中堅物流業者の経験効果の差は重要なポイントにはならなくなる。

第二に、中堅宅配便業者が参入する最大の理由として、「配送ネットワークの広さ」という参入障壁が低下する点が指摘できる。地場の中堅宅配便業者が全国に配送ネットワークを構築することはきわめて難しい。だからこそ、いま

---

12) 『週刊ダイヤモンド』2012年12月15日号、p.38

までの宅配便業界は「ヤマトvs佐川vsペリカン便」といった全国配送ネットワークをもつ企業同士で、全国規模の競争が展開されていた。しかし、ネット通販業者が分散して物流拠点を設立したことにより、その全国配送ネットワークをもたない業者でもネット通販の配送業務に参入できるようになってきた。これまで全国規模で2、3社と競争していた大手宅配便業者は、地域ごとで異なるプレーヤーとの競争に身を置くこととなり、寡占による安定的な業界構造が変容する可能性がある。

4 宅配便業者の利益ポテンシャル低下

　ここまでの議論をまとめると図5-2-2のようになる。本章で筆者が強く主

図5-2-2　宅配便業者の利益ポテンシャル

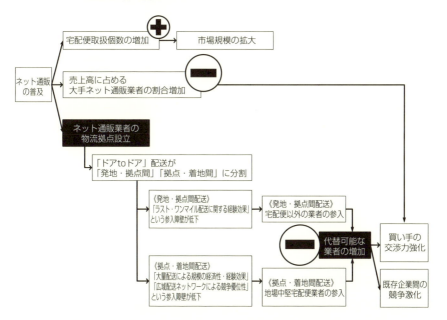

張したいことは、ネット通販業者の物流拠点設立という戦略により、「ドアto
ドア」配送が「発地・拠点間」「拠点・着地間」という2つの配送に分割され
たことに伴う利益ポテンシャル低下の可能性である。配送の分割は代替可能な
業者を増加させ、買い手の交渉力強化と既存企業間の競争激化をもたらす。そ
の結果、宅配便業者はネット通販の普及によるパイの拡大を自らの利益に結び
つけづらくなると考えられる。

　もちろん、個人間配送など、大手宅配便業者が競争優位性をもつ市場はこれ
からも存在しつづけるだろう。しかし、ネット通販関連の配送の比率が今後ま
すます増加すると、利益ポテンシャルが相対的に低い市場が大きな割合を占め
るため、全体的な利益率も低下するおそれがある。

第3節————————————————————————————————
大手宅配便業者の動きと今後の展望

■1 佐川・ヤマトによる値上げ交渉が示す"現在"の力関係

　既述のとおり、2013年4月に佐川はアマゾンとの取引を中止した。これに先
立ち、2012年後半から、佐川はアマゾンに対して1、2割程度の値上げを交渉し、
これを拒否されたために取引を中止したといわれている[13]。しかし同時に、ヤマ
トもアマゾンに対して2014年3月に値上げ交渉を行なうという報道が流れた[14]。
報道によると、アマゾンはこの要請に応じるという。値上げ交渉の結果、佐川
は要求を退けられ、ヤマトは受け入れられるという異なる結果が見られる。そ
の背後には、ここまでに論じてきたのとは異なる宅配便業者の交渉力の源泉が
あるように思われる。

　現状においては、アマゾンの業務へのファインチューニングを達成し、受け
取る人が感じる「配送品質」の高さをヤマトと比較可能なレベルで達成できる
業者がいない、ということである。実際、佐川がアマゾンから撤退した後、ア

———————————————————————————
13)『週刊東洋経済』2013年9月28日号、p.46
14)『日本経済新聞』2014年3月12日朝刊、p.1

マゾンはその分を日本郵便に委託したが、配達品質の維持を理由にヤマトに変更したといわれている[15]。アマゾンとしては、佐川撤退後もヤマト依存を極力抑えたかったのだろうが、結局それは実現せず、ヤマトへの依存度を高める結果になった。そのタイミングでヤマトから取引を打ち切られると、アマゾンは事業が立ちいかなくなる恐れがある。アマゾンがヤマトの値上げ要請を受け入れる背後には、このようなヤマト独自の交渉力の源泉が存在するのである。

ただし、この独自の交渉力の源泉は、あくまでも"現状においては"と強調されなければならない。なぜなら、第2節で述べたように、宅配便業界の利益ポテンシャルが構造的に低下していく可能性が高いからである。現在のヤマトの交渉力の強さは、代替可能な業者の供給能力がヤマトの抜けた穴を埋めるには至っていないからこそ存在している。しかし、物流拠点が分散して配置されるようになれば、長期的には代替可能な業者は増加するだろう。その供給能力の総計が大きくなれば、ヤマトの交渉力は低下していく可能性が高い。

現時点では、アマゾン等の通販業者の物流システムとうまく適合して対応できる企業がヤマトのみであるとしても、通販業者が物流拠点への投資を強化し、自社が行なう業務を増やし、宅配部分は比較的多くの企業が担当できるように業務プロセスを設計していけば、代替的な宅配便業者の数を増やしていくことができる。

「ネット通販業者の物流拠点設立による宅配業務の代替可能業者の増加」という業界構造の変化は、ヤマトのような宅配便業者側の抜本的な対策なしには止めることができないのである。

2 業界構造変化への対応策

前節で述べたとおり、宅配便業界はネット通販業者の戦略によって、長期的に利益ポテンシャルが低下する可能性が高い。図5-2-2の状況を考慮すると、宅配便業者、特にヤマトをはじめとする大手宅配便業者のKFS（Key Factors for Success）としては、「ネット通販業者に対して代替不可能なサービスを提供すること」及び「個別配送を行なう小口の業者が多数残るように心がけること」

---

15)『週刊東洋経済』2013年9月28日号、p.44

の2点があげられる。

前者、すなわち「ネット通販業者に対して代替不可能なサービスを提供すること」という方向性は、おそらく同社も常に心がけているところであろう。とりわけ、アマゾンや楽天などのネット通販業者の物流拠点との連携に関して、ヤマトでなければならないという独自性をいかに出すのかが重要となる。そのために非常に微細な作業手順・手続について、できるかぎりヤマトのシステムへと最適化されたものとなるために、ネット通販業者側の情報システムや作業者の標準作業手順を改変するよう働きかけているはずである。そのようにヤマト側が働きかけることで、積み上げられるスイッチング・コストがどの程度になるかというのは、今後のネット通販業者の設備投資のやり方と、ヤマトとネット通販業者の両方の現場をよく知る経営管理者たちの工夫によって大きく左右されるであろう。この種の問題は、実に繊細な細部に大きな違いを生み出すタネが含まれている可能性がある。神は細部に宿るのである。

●ヤマトの超高速配送システム

後者、すなわち「個別配送を行う小口の業者が多数残る」ために、また大手通販業者にとってもヤマトが一段と魅力的になるようにするために、現在ヤマトが推し進めている改革としては、超高速配送システムの構築があげられる。ヤマトは現在、3都市間ゲートウェイを用いて配送の超高速化を進めており、2016年から大都市間での当日配送サービスを始めると発表した。現在厚木にあるゲートウェイと呼ばれる大型物流施設に加えて、関西、中部圏にそれぞれ200億円を投じ大型物流施設を設けて配送網を整備し、現在の料金水準を維持して当日配送をめざすという[16]。

この超高速配送システムを支えるカギは、荷物を溜め置かずに常に動かしつづけることである。図5-3-1に見られるように、現在のヤマト宅急便（上段）では、集荷された荷物は全国69カ所のベース店に集められる。そこで荷物が十分な量になるまで溜め置かれ、1日に1回、夜9時になると全国の各ベース店に向けて69×68便の幹線輸送車が一斉に出発する。

しかし、ゲートウェイのネットワークが完成すると、集められた荷物はすぐ

16)『日本経済新聞』2014年1月23日号朝刊

図5-3-1 ヤマト宅急便の変化

《現在》

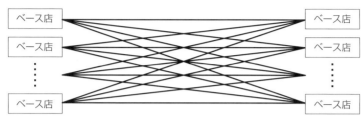

《ゲートウェイ導入後》

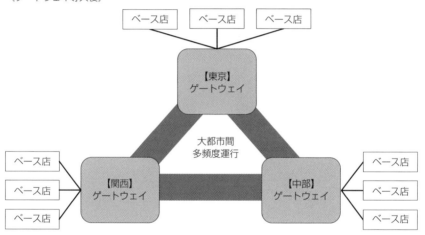

出所:『日経ビジネス』2013年9月16日号を参考に筆者作成

にゲートウェイに配送され、3都市間を絶え間なく荷物が動くことになる。荷物を溜め置かず、常に動かしつづけるという基本コンセプトは、リーン生産方式に通じるところがある。この輸送法に加えて、FRAPS（フリー　ラック　オート　ピック　システム）と呼ばれる高速仕分けシステムを各ベース店に導入することにより、ヤマトは当日配送網を拡大しようとしている。

このようなシステムは、アマゾンなど、大手ネット通販業者にとっても魅力的であろう。これらの企業の荷物も高速に配送できるので、超高速システムはヤマトの「他社に替えられない価値」を高める手としても重要である。同時に、大手ネット通販業者の荷量を確保できるのはヤマトにとっても「かけがえのな

い価値」をもつ。大手通販業者の大量の荷物量が存在するがゆえに、24時間絶え間なく荷物を配送してもヤマトが赤字にならないですむからである。

超高速のゲートウェイのシステムは、大手通販業者との相互依存関係を高めるばかりでなく、中小のネット通販業者が生み出す小口ニーズにも対応することを視野に入れて推進されている。ゲートウェイの導入によって、物流拠点を分散してもつことができない中小ネット通販業者が大手並みの配送スピードを実現できるようになるからである。ネット通販業者は受注分を一括して発注すれば、ヤマトの高速仕分けシステムと高速配送ネットワークによって当日配送を行なうことができ、配送サービス面で大手ネット通販業者と対等に渡り合うことが可能になる。

●中小ネット通販業者への効果

中小ネット通販業者が大手と並ぶスピードを達成できるようになるという意味で、このサービスは、物流拠点をもつことができない中小ネット通販業者を多数生き残らせる効果があるかもしれない。ますます集中度を高めていくアマゾンや楽天のような業者のみになっていけば、ヤマトにとっては買い手の交渉力は高まっていくばかりであり、大手通販業者の物流システム投資次第では、宅配便業者の利益ポテンシャルは低下していってしまう。その意味では、中小ネット通販業者が多数生き残り、ネット上の小売店も通販業者も共にロングテールでありつづけてくれることが、宅配便業者にとっては望ましい。

上記の高速配送インフラの構築は、ネット通販業界のロングテールを維持するように見える。しかし、残念ながらそれだけでは足りない。配送サービスが大手と同程度に維持できるだけでは、中小ネット通販業者が生き残ることは難しいのである。

その最大の理由は、アマゾンや楽天がもつフィルター機能である。ロングテールが成り立つためには、数多あるテール部分の中から、消費者が自分の求めているものを検索するためのフィルターが必要となる。アマゾンはこのフィルターの役割を果たしている。多様な商品の中から、キーワード検索で欲しいものを見つけることができるし、購買履歴から欲しそうなものを提案もしてくれる。大量の品揃えの中から、顧客とモノがうまく出合えるようになっている

のである。いくら良い商品で、配送スピードが速くても、エンドユーザーに見つけてもらえなければ意味がない。

それゆえ、アマゾンや楽天が用意するフィルター機能が、例えばGoogleの提供する検索機能よりも格段に優れた機能を発揮するのであれば、高速の配送システムだけで中小のネット通販業者が生き残るのは難しい。しかし逆に、Googleなどの提供する一般的な検索サービスが大手通販業者の用意するフィルター機能と遜色がないほどまでに進化するか、あるいはヤマト自体が荷物の流れのデータから独自のフィルター機能を提供できるようになるのであれば、補完財の領域における技術進歩が今後の利益ポテンシャルを左右する重要な要因となる。このことが、業界の構造分析から明確になるのである。

3 まとめ

本章はネット通販業界の規模拡大に伴って、その主たる供給業者である宅配便業界の利益ポテンシャルがどのように変化するのかを論じてきた。もともと差別化の難しかった宅配便業界ではあったが、大規模な全国配送ネットワークの構築と過去の業務を通じた経験効果の蓄積といった重要な参入障壁を築き上げ、厳しい競争を通じて少数の企業のみが生き残ったがゆえに、比較的安定的な利益を稼得できる状況で落ち着いていた。

しかし、近年のネット通販業者の集中度の高まりと、上位2社による物流インフラへの投資などから、宅配便業者がネット通販業者に課金できる配送距離が減少している。また、徐々にネット通販宅配のセグメントへの新規参入が容易になり、既存業者の利益ポテンシャルが低下する傾向が出現してきている。

このような状況に対応しようとして、ヤマトも大規模な投資を行なって超高速配送システムを構築してきている。それがうまく完成すれば、物流システムに独自に投資する余力のない中小ネット通販業者も、大手と比肩するサービスを顧客に提供できるようになるので、この業界のロングテールを維持しやすくなるであろう。しかし、このロングテールを維持するためには、欲しい商品と欲しい人とをマッチングさせるフィルター機能が必要である。それゆえ、今後のヤマトのような宅配便業者とネット通販業者の間における交渉力の推移を分

析していくに当たって、Googleのような検索サービスやヤマト自身の物流情報などから、アマゾンや楽天がもつフィルター機能に対抗できるものが提供されるかどうかということが非常に重要になる。広域の業界構造分析は、このような知見を生み出す重要な知的テンプレートなのである。

参考文献

〈書籍〉
沼上幹 [2008]、『わかりやすいマーケティング戦略 新版』有斐閣
沼上幹 [2009]、『経営戦略の思考法 時間展開・相互作用・ダイナミクス』日本経済新聞出版社

〈新聞〉
『日本経済新聞』2014年1月23日朝刊、p.1
『日本経済新聞』2014年3月12日朝刊、p.1

〈雑誌〉
『月刊ロジスティクス・ビジネス』「特集 クロネコヤマト解剖」2006年7月、pp.12-27
『月刊ロジスティクス・ビジネス』「特集 宅配便市場のすべて」2009年5月、pp.10-27
『月刊ロジスティクス・ビジネス』「特集『ペリカン便』消滅後」2010年5月、pp.16-25
『月刊ロジスティクス・ビジネス』「特集 止めない物流」2011年6月、pp.16-21
『月刊ロジスティクス・ビジネス』「特集 実勢トラック運賃」2012年4月、pp.10-43
『月刊ロジスティクス・ビジネス』「特集 当日配達・送料無料」2012年5月、pp.10-37
『月刊ロジスティクス・ビジネス』「特集 物流不動産2012」2012年10月、pp.16-47
『月刊ロジスティクス・ビジネス』「特集 物流のプロになる」2012年11月、pp.20-29
『月刊ロジスティクス・ビジネス』「特集 それでも運賃は上がらない」2013年4月、pp.14-45
『月刊ロジスティクス・ビジネス』「特集 物流不動産2013」2013年10月、p.20-65
『月刊ロジスティクス・ビジネス』「『衰退への危機感が革新へと駆り立てる』ヤマトホールディングス 木川眞社長」2013年11月、pp.6-7
『月刊ロジスティクス・ビジネス』「特集 クロネコヤマト独走」2013年11月、pp.14-38
『週刊ダイヤモンド』「特集 楽天vsアマゾン 日本で勝つのはどちらだ!!」2012年12月15日、pp.28-55
『週刊東洋経済』「宅配便 新・ゆうパックが失態 34万個「大遅配」の顛末」2010年7月17日、pp.16-17
『週刊東洋経済』「特集 新・流通モンスター アマゾン」2012年12月1日、pp.36-69
『週刊東洋経済』「特集 物流最終戦争」2013年9月28日、pp.40-67
『日経アーキテクチュア』「羽田クロノゲート 常識を覆す次代の物流拠点」2013年11月25日、pp.70-77
『日経コンピュータ』「特集 物流ITウォーズ」2013年11月14日、pp.24-41
『日経ビジネス』「特集 物流大激変 ヤマト、アマゾン『超速配送』の舞台裏」2013年9月16日、pp.28-50

〈ウェブサイト〉

SGホールディングス株式会社2014年3月期第2四半期（中間）決算説明資料（http://www.sg-hldgs.co.jp/finance/pdf/h26finance.pdf）

SPEEDAホームページ（http://www.uzabase.com/speeda/）

アマゾンホームページ「フルフィルメント by Amazon (FBA) よくあるご質問」（http://services.amazon.co.jp/support/fulfillment-by-amazon-faq.html）

経済産業省「平成18年度 電子商取引に関する市場調査 報告書」（http://www.meti.go.jp/policy/it_policy/statistics/outlook/H18EC_070330.pdf）

経済産業省「平成20年度我が国のIT利活用に関する調査研究事業（電子商取引に関する市場調査）報告書」（http://www.meti.go.jp/policy/it_policy/statistics/outlook/h20houkoku.pdf）

経済産業省「平成22年度我が国情報経済社会における基盤整備（電子商取引に関する市場調査）報告書」（http://www.meti.go.jp/policy/it_policy/statistics/outlook/h22houkoku.pdf）

経済産業省「平成24年度我が国情報経済社会における基盤整備（電子商取引に関する市場調査）報告書」（http://www.meti.go.jp/press/2013/09/20130927007/20130927007-4.pdf）

国土交通省「平成24年度宅配便等取扱個数の調査及び集計方法」（http://www.mlit.go.jp/common/001007227.pdf）

総務省「信書便事業の現状」（http://www.soumu.go.jp/main_content/000255696.pdf）

ヤマトホームページ「資料 宅急便取扱個数の推移」
（http://www.yamato-hd.co.jp/news/140305news_2.html）

第6章
コンビニエンスストア業界の二極化要因
—— セブン-イレブン優位の構造分析

　本章では、財務分析と業界構造分析を使って、コンビニエンスストア業界（以下、コンビニ業界）の構造を明確化し、近年の二極化がなぜ起こっているかを明らかにする。コンビニ業界のフランチャイザー（以下、フランチャイザー企業）は、セブン-イレブン・ジャパン（以下、セブン-イレブン）と下位企業の収益性の格差が拡大し二極化が進行している[1]。セブン-イレブンは、良循環が働くことによりロイヤリティ収入を増加させ、収益性を高めているが、悪循環に陥った下位企業は収益性を低下させつづけるため、フランチャイザー企業間の格差は今後も拡大する、というのが本章の基本的な主張である。

　日本の小売業界では既存の業態の多くが徐々に規模を縮小してきているが、その中でコンビニ業界は成長市場だととらえられてきた。たしかに2013年のコンビニ業界の売上高は前年比プラス4.0％の成長を遂げているという意味では、まだ成長を継続している。しかし、この成長は新規出店も含めた全店ベースでの値であり、既存店の売上高に注目するなら、年間を通じてマイナス1.1％であった[2]。対前年比5.2％という活発な新規店舗数の拡充によって、対前年比4.0％の売上アップを得ているのであって、既存店のみに注目すればすでに2012年から今日に至るまで月別の変動はあるものの年間を通じて見れば微減が続いている[3]。

---

1) フランチャイザーとはチェーンストアの本部のことであり、セブン-イレブンやローソンなどがこれに当たる。これに対して、加盟店を運営する企業や個人をフランチャイジーという。
2) 一般社団法人日本フランチャイズチェーン協会ホームページ「コンビニエンスストア統計データ」（http://www.jfa-fc.or.jp/particle/320.html）。
3) 同上。

プロダクト・ライフサイクルのステージで見るならば、成長期というよりも成熟期に入っているととらえるのが適切であろう。成熟期では、各社の戦略的なポジションの取り方次第で大きく収益性に差が出てくる。まさに現在、コンビニ業界ではこの企業間格差が大きく開いている状況を確認できる。

図6-0-1は、フランチャイザー企業の主要6社における2008年度から2012年度までの売上高営業利益率（以下、ROS）の推移を示している[4]。コンビニ業界を牽引してきたセブン-イレブンが高いROSを維持しているにもかかわらず、ミニストップとスリーエフの下位企業はROSを大幅に低下させており、収益性の格差が拡大している。

2010年度から2012年度にかけて、セブン-イレブンのROSは一貫して30%前後で推移しているのに対して、ミニストップとスリーエフのROSは2012年度に大きく低下している。セブン-イレブンの2008年度から2012年度にかけての平均成長率は売上高が3.4%、営業利益が1.2%である。さらに、業界全体では対前年比売上高が4.0%の増加にとどまっているにもかかわらず、セブン-イレブンの売上高は対前年比で7.2%の増加であり、業界の中で高い成長率を誇っている。

これに対して、ミニストップとスリーエフの2008年度から2012年度にかけての平均成長率は売上高および営業利益ともにマイナスである。その結果、他企業とセブン-イレブンの利益率の差が大きく広がっている。セブン-イレブンとミニストップのROSにおける格差は、2010年度から2012年度にかけて19.7%から22.4%へと2.7ポイント広がり、スリーエフとの格差は28.8%から30%へと1.2ポイント広がっている。セブン-イレブンと下位企業の収益性は大きく二極化してきているのである。

本章は、市場が衰退し業界全体の利益ポテンシャルが低下しているなかで、「なぜセブン-イレブンと下位企業の収益性が二極化するのか」を明らかにすることを目的としている。結論を先取りすれば、次のとおりである。

第一に、ロイヤリティ収入の格差によりフランチャイザー企業間で収益性に差が生まれている。第二に、消費者獲得と出店、協力メーカーの獲得、フランチャイジー獲得のすべての競争に勝つことで良循環が働き、フランチャイザー

---

4) 以下、本章における売上高は、営業総収入合計（直営店売上＋ロイヤリティ収入）とする。

図6-0-1　主要フランチャイザー企業（単体）のROSの推移

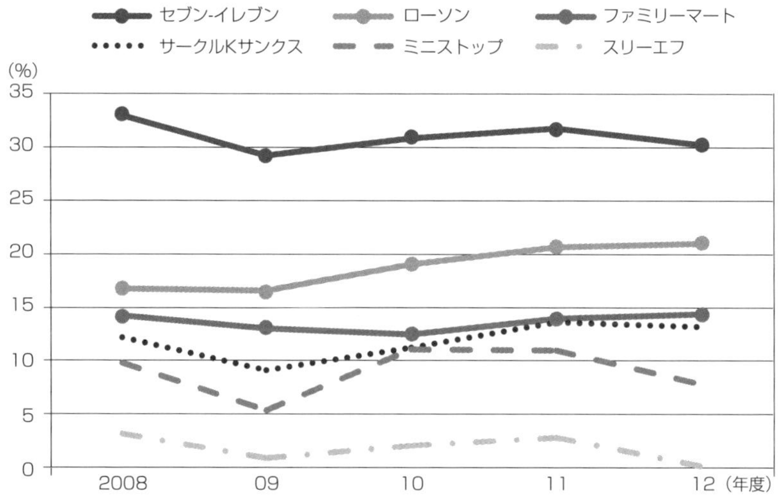

出所：各社「有価証券報告書」、セブン＆アイHD「決算短信」より著者作成

企業間でロイヤリティ収入の格差が生じている。

　本章ではまず第1節で、フランチャイザー企業のROSが二極化する原因を、財務分析の手法を用いて明らかにしていく。第2節では、ロイヤリティ収入の格差が生まれる原因を、業界の構造分析の手法を用いて考察する。これらの分析結果を総合して、第3節で本章の結論を引き出すことにする。

第1節
フランチャイザー企業の財務分析

　本節では、セブン-イレブンと下位企業のROS二極化がどのようにして起こるのかを財務分析によって明確化していく。財務分析の諸手法は、ROSの違いを生み出す環境要因などの因果関係そのものを明らかにするものではない。いわば会計的な数字の操作によって、どのような会計的な数字の構成によって、ROSの違いが生まれているのかということを明らかにするものである。一見、単なる数字操作によるトートロジーに見えるかもしれないが、実際のところ、

企業ごとに会計的な数字の構成が異なり、その差異が各社の基本的な活動の構造の違いから生み出されていることが示唆されることになる。いわば、会計数字の操作から企業の戦略の実態を推測していく分析法なのである。

各社のROSの相違を明らかにするために、ROSを分解する作業を行なっていくことにしよう。図6-1-1に示されたとおり、ROSは、営業利益＝売上総利益－販管費を用いて、売上高総利益率と売上高販管費率に分解できる（ROS $=\frac{\text{営業利益}}{\text{売上高}}=\frac{\text{売上総利益}}{\text{売上高}}-\frac{\text{販管費}}{\text{売上高}}$）。売上総利益は売上高から売上原価を引いたものであるから、売上総利益率は売上高と売上原価によって決まってくる。セブン-イレブンのようなフランチャイズチェーンの場合、売上高は、直営店の売上高とフランチャイジーからもたらされるロイヤリティ収入の合計である[5]。さらに売上原価は直営店の仕入れを意味している。また、販管費は地代家賃と減価償却費が主たる構成要素であるが、本章では後にその構成比率の高い地代家賃に注目した分析を行なう。

このように財務諸表の数字を分解していくと、後のデータで示されるように、セブン-イレブンは1店舗当たりのロイヤリティ収入が高いため、高い収益性を維持することができている、ということが明らかになる。これに対して、下

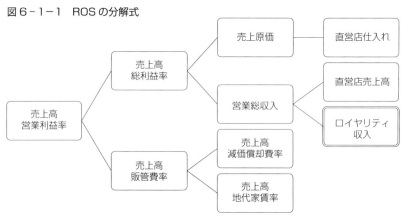

図6-1-1　ROSの分解式

出所：筆者作成

---

5) 各社の売上高に即した勘定科目は名称が異なっている。本章では、セブン-イレブン、ローソンにおける「営業総収入」、ファミリーマート、サークルKサンクス、スリーエフにおける「営業総収入合計」、ミニストップにおける「営業収入」の数値を売上総収入とする。

位企業は1店舗当たりのロイヤリティ収入が少ない。これがセブン-イレブンと下位企業との格差が広がる根源的な理由である。

しかも、このロイヤリティ収入の差に近年の出店競争の特徴が追い打ちをかけている。後に詳しく説明するように、現在の出店競争はフランチャイジー側ではなく、フランチャイザー企業側が大きなコスト負担をする方法が多くとられるようになってきている。こうなると、セブン-イレブンと競争する下位フランチャイザー企業は、フランチャイザー企業側がコストを負担する店舗数が増加することで販管費が増加し、収益性をさらに低下させることになる。以下では、売上高総利益率と売上高販管費率に分けて収益性の二極化要因を突き止めていく作業を行なう。

1 売上高総利益率の比較

まず各企業の売上高総利益率の推移を見ておきたい。図6-1-2は、2008年度から2012年度にかけての主要フランチャイザー企業の売上高総利益率の推

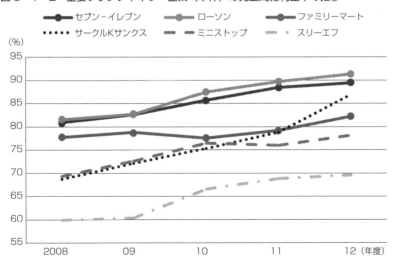

図6-1-2 主要フランチャイザー企業（単体）の売上高総利益率の推移

出所：各社「有価証券報告書」、セブン＆アイHD「決算短信」より筆者作成

移を示している。3社とも売上高総利益率は増加傾向であるものの、3社の間には大きな格差が存在し、とりわけセブン-イレブン（およびローソン）の売上高総利益率が一貫して圧倒的に高いレベルで推移していることが読み取れる。

　すでにROSの分解をした図6-1-1でも確認したように、コンビニの店舗は、フランチャイザー企業が運営する直営店とフランチャイジーが運営する加盟店の2つに大きく分類できるので、フランチャイザー企業の売上高総利益率は、直営店とフランチャイジーの構成比によって大きく変わってくる。誤解をおそれずに簡略化するなら、売上高総利益率は$\frac{直営店利益＋ロイヤリティ収入}{直営店売上高＋ロイヤリティ収入}$のように書けるのだから、直営店の利益率が高いばかりでなく、フランチャイジーが多く、またそこから得られるロイヤリティ収入が高いほど、フランチャイザー企業の売上高総利益率は高くなる。

　図6-1-3には、2012年度末時点における主要フランチャイザー企業の店舗数と直営店率及び加盟店率を図示している。2012年度末時点におけるセブン-イレブンの店舗数1万5074店は2位であるローソンの店舗数9752店の約1.5倍

図6-1-3　主要フランチャイザー企業（単体）の店舗数、直営店率及び加盟店率
　　　　　（2012年度末時点）

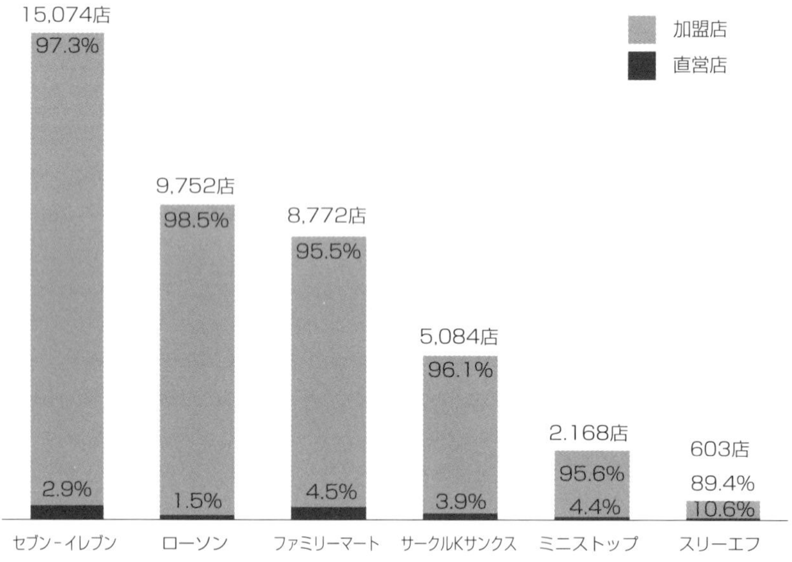

出所：各社「決算補足資料」より筆者作成

であり、他社の店舗数を大きく引き離している。主要フランチャイザー企業の直営店の比率は、スリーエフの10.6%を除き、5%以下であり各社間において特段大きな差はないといえる。

図6-1-4から確認できるように、セブン-イレブンの売上高に占めるロイヤリティ収入は84.5%であり、残りの15.5%が直営店の売上げなどである。これに対して、スリーエフの売上高に占めるロイヤリティ収入は43.9%であり、直営店の売上げが50%以上を占めていることがわかる。この点ではローソンとファミリーマートも、それぞれ6ポイントと17ポイントの差があり、セブン-イレブンの高水準が際立っている。

また、総利益を計算する際に売上高から引かれる売上原価の側を見ても、フランチャイズチェーンの場合には注意するべき点がある。なぜなら、フランチャイザー企業の売上原価に計上されている棚卸商品は、直営店で扱っているもののみだからである。つまり、直営店の割合を減少させ加盟店の割合を増や

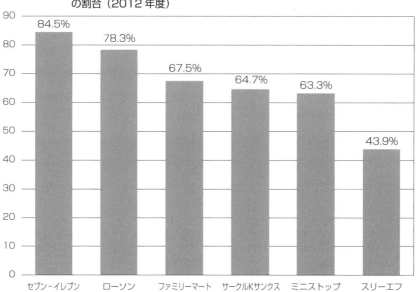

図6-1-4　主要フランチャイザー企業（単体）の売上総収入に占めるロイヤリティ収入の割合（2012年度）

注：サークルKサンクスは2012年度の数値が非公表であるため、2011年度の数値を使用
出所：各社「有価証券報告書」、「決算補足資料」より筆者作成

せば、売上原価が減少するので、売上高総利益率を上昇させることができる。フランチャイジーの構成比が大きいフランチャイザー企業は、売上原価が低めになり、その結果として総利益が大きめになる、という傾向をもつのである。

このような関係があることを確認するべく、図6-1-5に、主要フランチャイザー企業の直営店比率と売上高総利益率の2008年から2012年にかけての増減の関係を図示した。縦軸に各社の売上高総利益率がどれほど変化したか、横軸には各社の直営店比率がどれほど変化したかを示している。

ミニストップの直営店比率は年々減少しており、それに伴って売上高総利益率が増加している。2008年度に9.4%だった直営店比率は、2012年度には4.1%にまで約5ポイントも低下しており、その間に売上高総利益率は69.3%から78.2%へと約9ポイント増加している。

セブン-イレブンもミニストップと同様に直営店比率は年々減少しており、それに伴って売上高総利益率が増加している。2008年度に9.4%だった直営店比率は、2012年度には4.1%にまで約5ポイントも低下しており、その間に売上高総利益率は69.3%から78.2%へと約9ポイント増加している。他の主要フランチャイザー企業も同じ傾向を示しており、直営店比率を減少させ、それに

図6-1-5 主要フランチャイザー企業（単体）の直営店比率と売上高総利益率の5年増減の推移

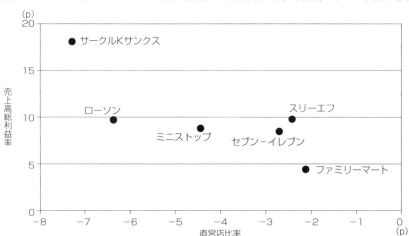

出所：各社「有価証券報告書」、「決算短信」、「決算補足資料」より筆者作成

伴って全体的に売上高総利益率が上昇している。

売上高総利益率とフランチャイジー比率あるいはロイヤリティ収入の高さとの関係を確認していけば、セブン-イレブンが他社より高い売上総利益率を維持している最大の理由が、1店舗当たりのロイヤリティ収入を高い水準で維持していることだという点が明らかになる。

図6-1-6は、2012年度における主要フランチャイザー企業の加盟店1店舗当たりの年間平均ロイヤリティ収入と売上高総利益率の関係を示しており、縦軸に売上高総利益率、横軸にロイヤリティ収入を加盟店数で除した値をとったものである。セブン-イレブンの1店舗当たりの平均ロイヤリティ収入は、業界2位と3位のローソンやファミリーマートと比較しても約1000万円以上差があり、ロイヤリティ収入に大きな格差が生まれていることがわかる。この1店舗当たりのロイヤリティ収入の格差が営業総収入の増加をもたらし、セブン-イレブンの売上高総利益率を高めている。

図6-1-6 主要フランチャイザー企業（単体）の加盟店1店舗当たりの年間平均ロイヤリティ収入と売上高総利益率の推移（2012年度）

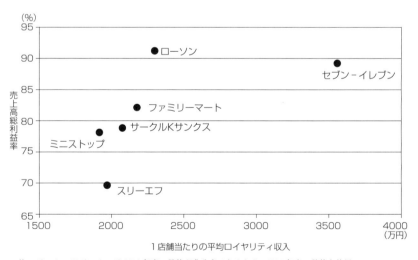

注：サークルKサンクスは2012年度の数値が非公表であるため、2011年度の数値を使用
出所：各社「有価証券報告書」、「決算短信」、「決算補足資料」、セブン＆アイHD「コーポレートアウトライン」より筆者作成

2 売上高販管費率の比較

　売上高総利益率が、加盟店の比率とロイヤリティ収入の大きさで大きく左右されること、またその点でセブン-イレブンが非常に良い数字を達成していることが明確になった。総利益の側面ではなく、販管費の側面に注意を向けてみても、やはりセブン-イレブンは優れているのだろうか。

　先にも触れたように、販管費は主として、地代家賃と減価償却費から構成されている。このうち、各社の地代家賃の差がどのようにして生まれるのかを明らかにするには、まず、フランチャイズ契約のタイプの違いに注目する必要がある。近年のフランチャイザー企業では、フランチャイズ契約に多様なタイプがあり、それに応じてフランチャイザー企業の販管費が変わってくるのである。以下で見るように、実はセブン-イレブンは比較的販管費のかかりにくいフランチャイジーの比率が他のフランチャイザー企業よりも高い。その点がセブン-イレブンのROSの高さの一因にもなっているのである。

　図6-1-7は、2008年度から2012年度にかけての主要フランチャイザー企業

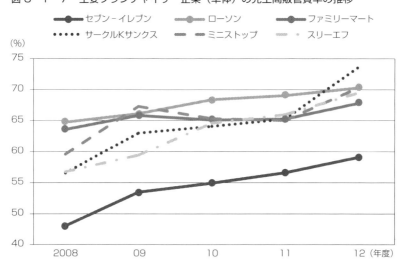

図6-1-7　主要フランチャイザー企業（単体）の売上高販管費率の推移

出所：各社「有価証券報告書」、「決算短信」より筆者作成

の売上高販管費率の推移を図示している。

　セブン-イレブンの売上高が2008年度から2012年度にかけて14.2%増加したのに対して、販管費は40.6%増加している。その結果、セブン-イレブンの売上高販管費率は2008年度の48.0%から2012年度の59.1%まで約11ポイントも増加している。さらに、ミニストップも2008年度から2012年度にかけて売上高が3.1%減少したのに対して、販管費が14.4%増加している。その結果、ミニストップの売上高販管費率は2008年度の59.5%から2012年度の70.3%まで約11ポイントも増加している。主要フランチャイザー各社とも売上高販管費率が上昇しており、年々コストが増加していることがわかる。

　フランチャイザー企業における販売管理費の構成は、全社において地代家賃が最も大きな割合を占めている。セブン-イレブンでは、地代家賃だけで販売管理費の27.1%を占めており、ミニストップは38.6%、スリーエフは27.6%と、各社における販管費の約30%から40%が地代家賃で占めている。この点では、ローソンは2012年度37.8%、サークルＫサンクスは2011年度41.2%と比較的高めであり、セブン-イレブンの低水準が際立っている。

　地代家賃は、どのようなタイプの店舗がどの程度の比率でチェーンを構成しているのかに依存して変わる。近年のフランチャイザー企業は、フランチャイジーを増やしてくために、契約のタイプを多様に揃えている。たとえば、初期段階で典型的だった酒屋などのフランチャイジーの場合、フランチャイジーが土地と建物を用意するタイプのフランチャイズ契約であった。これをＡタイプ店舗という。

　これに対して、セブン-イレブンなどのフランチャイザー企業側が土地と建物を用意して、フランチャイジーが運営するタイプの契約が近年は増えてきている。これをＣタイプ店舗と呼ぶ。ほとんどのフランチャイザー企業では、Ａタイプ店舗とＣタイプ店舗の2種類が用意されているが、その他に、ローソンやミニストップなどではＡタイプ店舗とＣタイプ店舗の中間として、フランチャイジーが土地と建物の一部を負担するＢタイプ店舗を用意している。

　土地と建物をフランチャイザーが用意するＣタイプ店舗であれば、その分だけフランチャイザー企業側の地代家賃負担が増え、これが販管費の増加をもたらすことになる。それゆえ、全体に占めるＡタイプ店舗の割合が大きいほど、

販管費は抑えられ、逆にＣタイプ店舗の比率が多くなれば販管費負担が増えるのである。

　図6−1−8は、2008年度と2012年度の主要フランチャイザー企業における全店に占める店舗タイプ別割合の推移を図示したものである。2008年度から2012年度にかけて、3社ともＣタイプ店舗の増加により、全店舗に占めるＡタイプ店舗の割合が減少している。

●Ｃタイプ店舗の増加

　Ｃタイプ店舗が増加した理由は3点ある。

　第一に、Ｃタイプ店舗の場合は誰でもオーナーになれるため激しい出店競争の中でも優れたオーナーの確保が可能になるからである。店舗の経営者としても優れていて、土地も保有しているという両方の条件を備えた人を探すのは難しい。しかし、土地と経営者を別々に探すのであれば、厳しい制約条件から解放されることになる。質の高い新規出店をスピーディーに行なう競争に勝つためには、Ｃタイプ店舗の契約は非常に重要だったのである。

　第二に、土地と経営者を分離できれば、自社の戦略に適した立地を探す自由度も増える。Ｃタイプ店舗の場合はフランチャイザー企業の希望する場所に出店できるため、その地域での支配的なポジション獲得（ドミナント戦略）がしやすいので、Ｃタイプ店舗の契約は重要になっていったのである。

　さらに第三に、各フランチャイザー企業は近年、ひとりのオーナーが複数店舗を経営することを奨励している。この点もＣタイプ店舗の増加を促している。なぜなら、Ａタイプ店舗で1店目を開業したオーナーも、何カ所も店舗に適した土地を所有しているわけではない。そのため、複数店舗の経営者は2店舗目をＣタイプ店舗で出店することが多くなる。各フランチャイザー企業が複数店舗経営をオーナーに促すのであれば、Ｃタイプ店舗が増えてくる傾向が高まる。これら3つの要因によってＣタイプ店舗の比率が高まり、地代家賃が上昇し、各社の売上高販管費率が上昇傾向となっているのである。

　図6−1−8を見るかぎり、すべてのフランチャイザー企業でＣタイプ店舗の比率が高まっていることは明らかである。しかし、視点を変えて、フランチャイザー企業全体に占めるＡタイプ店舗の比率を各社で比較してみると、異なる

第6章 コンビニエンスストア業界の二極化要因 211

図6-1-8 2008年度と2012年度の主要フランチャイザー企業（単体）のタイプ別店舗構成比

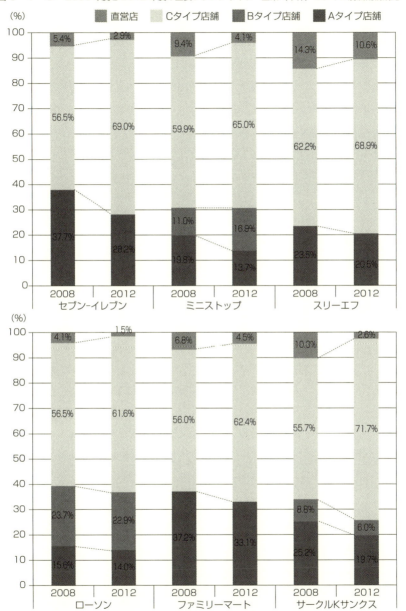

注：各社の契約タイプの名称が異なっている場合があるため、以下のように整理する。【ミニストップ】Sタイプと SL タイプを A タイプ、AL タイプと CM タイプを B タイプ、ML タイプを C タイプ【ローソン】B タイプを A タイプ、G タイプを B タイプ【ファミリーマート】第 2 タイプを A タイプ、第 1 タイプを C タイプ【サークル K サンクス】E タイプを B タイプ

出所：各社「決算補足資料」、「アニュアルレポート」セブン＆アイ HD「コーポレートアウトライン」より筆者作成

側面が見えてくる。すなわち、セブン-イレブンのAタイプ店舗比率は、この4年で低下したとはいえ、現時点ではファミリーマートと並んで最も高い水準にある、という点である。他社はいずれも20%程度あるいは10%台であるのに、セブン-イレブンはまだ28%を超えている。

なお、ファミリーマートのAタイプ店舗比率が高いように描かれているのは、同社がAタイプ店舗とBタイプ店舗を一緒にした「第一タイプ」の店舗数しか公表していないためである。ここでは便宜上、両方ともAタイプ店舗であるように図示しているが、実際にはファミリーマートの「第一タイプ」には相当数のBタイプ店舗が含まれていると考えられる。この点を考慮に入れれば、セブン-イレブンのAタイプ店舗比率は業界屈指であり、それがセブン-イレブンの売上高販管費率の低さを支えているということが理解できる。

図6-1-9は、2012年度における主要フランチャイザー企業のAタイプ店舗比率と売上高地代家賃率の関係を示したものであり、縦軸に売上高地代家賃率、

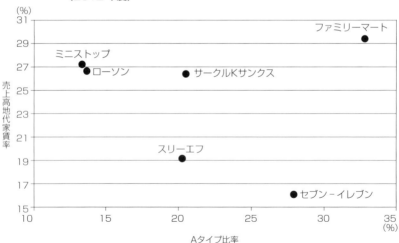

図6-1-9　主要フランチャイザー企業（単体）のAタイプ店舗比率と売上高地代家賃率（2012年度）

注1：各社の契約タイプの名称が異なっている場合があるため、以下のように整理する。【ミニストップ】SタイプとSLタイプをAタイプ【ローソン】BタイプをAタイプ【ファミリーマート】第2タイプをAタイプ
注2：サークルKサンクスは2012年度の数値が入手困難であったため、2011年度の数値を使用
出所：各社「有価証券報告書」、「決算短信」、「決算補足資料」、セブン＆アイホールディングス「コーポレートアウトライン」より筆者作成

横軸に全店に占めるＡタイプ店舗の割合をとったものである。公表数字がＡタイプ店舗＋Ｂタイプ店舗になっているファミリーマートを除いて各社を見れば、Ａタイプ比率が高くなるほど、売上高地代比率は低くなる、という右下がりの傾向が見えるはずである。セブン-イレブンは、1990年代前半に酒屋からコンビニに転換したフランチャイジーが多いことからＡタイプ店舗比率が高いため、フランチャイザー企業側の負担が少なく、売上高地代家賃率が低い。これが、セブン-イレブンの売上高販管費率が低いことにつながっている。

3 まとめ

　セブン-イレブンのROSの高さは、売上高総利益率の点でも、売上高販管費率の点でも他社とは異なる構造をもつことで説明できる。セブン-イレブンの売上高総利益率の高さは、まず売上高総利益率の側面から見るならば、加盟店の比率の高さとロイヤリティ収入の高さによって説明できる。売上高販管費率の側面から見れば、セブン-イレブンは特にＡタイプ店舗と呼ばれる土地オーナーのフランチャイズ契約の比率が高いことから販管費を下げて利益率を高めることになっていることが明確になった。

　売上高総利益率の側面と売上高販管費率の側面は、連動しているという点にも注意が必要であろう。なぜなら、売上高総利益率を高めようとしてフランチャイジーを増やそうと思っても、それを増加させるためには近年ではどうしてもＣタイプ店舗の契約を増やしていくしかない。そうなると、地代家賃の負担が増え、売上高販管費率が高まることになる。

　もちろん、今後の店舗数増加の局面ではＣタイプ店舗を増やさないとならないという点ではセブン-イレブンも同じ状況にある。セブン-イレブンが売上高販管費率で他社に対して優位に立っているのは、過去にＡタイプ店舗の契約の蓄積が大きかったからである。その意味では今後の店舗数増加に際しては、他のフランチャイザー企業との有利不利の差はこの点では出にくいように思われる。そう考えるならば、セブン-イレブンが他のフランチャイザー企業に比して決定的に優位に立っている点は、ロイヤリティ収入の差だということが示唆される。

ロイヤリティ収入の差は、フランチャイジーが達成できる売上高の多寡とそこにかけられる料率（チャージ率）の積で決まってくる。セブン-イレブンは、業界内の他のフランチャイザー企業よりもチャージ率が高いことで有名である。Aタイプ店舗の場合、ローソンは34%、ファミリーマートは35%など各社30%台のチャージ率であるにもかかわらず、セブン-イレブンは45%のチャージ率である。この高いチャージ率をフランチャイジーに要求しつづけることが可能なかぎり、他のフランチャイザー企業に比べて高い利益率を達成することができる。

また同時に、フランチャイジーが年間を通じて大きな売上高を達成でき、より大きな売上総利益を獲得できれば、その分だけやはりセブン-イレブンが受け取るロイヤリティ収入は大きくなる。後に見るように、この2つは連動している。セブン-イレブンに加盟すれば、フランチャイジーが高い売上高・売上総利益を達成できるがゆえに、フランチャイジーは高いチャージ率も支払うのである。セブン-イレブンはフランチャイザー企業として強力なポジションを達成しているがゆえに、他のフランチャイザー企業との利益率の二極化はさらに続いていくことになると思われる。

第2節

コンビニ業界における4つの競争

第1節の分析によって、フランチャイジーに対して高いチャージ率を課し、しかもより多くの売上げを達成させることで、ロイヤリティ収入を高めていることこそがセブン-イレブンの強さの秘訣だということが示唆された。このような強力なポジションを確立している背後にはどのようなロジックがあるのだろうか。この点を明らかにするためには、単に財務の数字を操作するばかりでなく、業界構造に注目して、企業間競争の分析を行なう必要がある。多様な取引関係を構造分析の観点で考察することで、セブン-イレブンの戦略的強みを明確化するのである。

コンビニ業界の業界構造分析を行なう際には、フランチャイザー企業が複数の複合的な競争に直面しているという視点をもって臨む必要がある。

① 消費者獲得競争

② 良き立地への出店競争

③ メーカーの協力的姿勢の獲得競争

④ 優良なフランチャイジーの獲得競争

以上の4種類の競争である。実は、この4つの競争は相互に原因となり、結果となって、良循環・悪循環を生み出すようになっている。たとえば、良き立地を占めて、多数の顧客を獲得できた企業は、メーカーにもプライベートブランド（以下、PB）の開発などで協力を要請でき、その結果、より良い商品が生み出せるので、さらに多くの顧客を獲得できる。こうして売上高が高まれば、より多くの優れたフランチャイジーを獲得でき、良い店舗運営を行なって「1店舗当たりの1日の販売額」（以下、日販）を高めることができるとともに、より多くのチャージ率を要求できる〈フランチャイザー企業としての魅力〉を保つことが可能になる。

もちろん逆に1つの競争で負け始めれば、負のサイクルが回り始める。つまり、これら4つの側面の競争が良循環・悪循環に作用しており、このサイクルを良い方向に回せた企業は、良循環を享受してますます成功し、逆にマイナスのサイクルにはまった企業はますます業績を悪化させていき、簡単には抜け出せない状況になる。これがセブン-イレブンと下位フランチャイザー企業の間の格差拡大の背後に作用していると思われるのである。

図6-2-1は、ロイヤリティ収入を分解したものである。日販から商品原価と廃棄ロスの仕入値を引いた売上総利益に対して、チャージ率をかけた値がロイヤリティ収入になる。このように、ロイヤリティ収入は主に日販と商品粗利率、チャージ率の3つにより構成されているため、これら3つにどのようなインパクトを与えられるかが重要となる。

図6-2-2は、コンビニ業界における循環メカニズムを簡潔に示したものである。ロイヤリティの収入は、日販と商品粗利益率、チャージ率によって決まる。日販は、より多くの消費者に、より多くの品目で、より高価な商品の魅力を感じてもらえれば、高まる。だから、日販を高める競争とは、簡単にいえば消費者を獲得する競争である。この消費者の獲得競争は、PBの開発力と店舗

運営の品質、より良い立地によって決まる。PBの開発力は、そのフランチャイザー企業でしか手に入らない魅力的なPB商品や留め型商品（特定のフランチャイザー企業のみで販売する専用商品：以下、簡便のためPBに含めて記述する）が開発できているかどうかで決まる。

　立地はフランチャイザー企業がどのような出店を行なえるかによって決まり、PBの開発力はメーカーの協力をどれほど得られるかによって決まる。この両者と店舗品質は、良きフランチャイジーを獲得できるかどうかで決まってくる。良いフランチャイジーを得て、良い立地パターンと高い店舗品質を達成できれば、その分だけ日販も上がり、メーカーの協力も得やすくなる。メーカーの協力が得られれば、より魅力的なPBを開発できるばかりでなく、仕入れ原価を下げることができるため、商品の粗利益率が高くなる（粗利益率は、良き立地パターンで出店による配送コストの削減によっても達成できる）。
　こうして各店舗の日販が上がり、商品粗利益率が上がると、フランチャイザー企業のロイヤリティ収入が上がり、店舗全体への共通サポートを手厚く展開できるようになる。こうしてフランチャイジーの収入も上がるので、多くのフランチャイジーにとって魅力的なフランチャイザー企業となり、フランチャイザー企業全体として良きフランチャイジーを獲得する競争で有利になるとともに、チャージ率を高くしておくことができる。こうして、多様な要因が互いに原因となり、互いに結果となり、良循環と悪循環をつくり出しているのである。

図6-2-1　ロイヤリティ収入の分解

図6-2-2　コンビニ業界の循環メカニズム

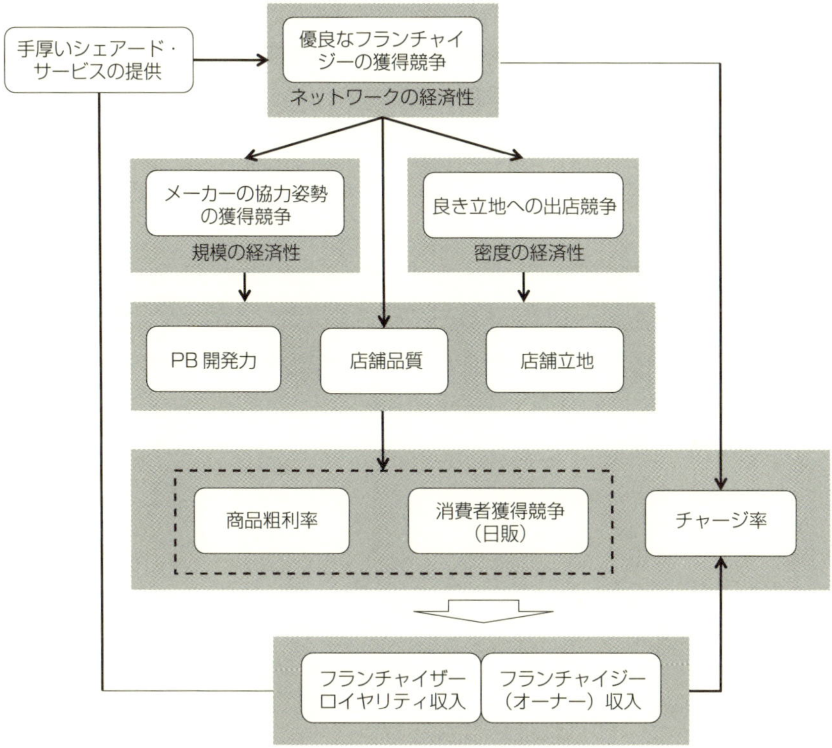

```
┌──────────────┐      ┌──────────────────┐
│ 手厚いシェアード・ │ ───→ │ 優良なフランチャイ │
│ サービスの提供    │      │ ジーの獲得競争     │
└──────────────┘      │ ネットワークの経済性  │
                       └──────────────────┘
       ┌─────────────────────┴─────────────────────┐
┌────────────────────┐          ┌────────────────────┐
│ メーカーの協力姿勢    │          │ 良き立地への出店競争  │
│ の獲得競争           │          │                    │
│   規模の経済性       │          │    密度の経済性      │
└────────────────────┘          └────────────────────┘
┌──────────┐  ┌──────────┐  ┌──────────┐
│ PB 開発力  │  │ 店舗品質   │  │ 店舗立地   │
└──────────┘  └──────────┘  └──────────┘
┌──────────────────────────────────┐  ┌──────────┐
│ ┌──────────┐  ┌──────────────┐ │  │ チャージ率 │
│ │ 商品粗利率 │  │ 消費者獲得競争 │ │  │          │
│ │          │  │ （日販）      │ │  └──────────┘
│ └──────────┘  └──────────────┘ │
└──────────────────────────────────┘
┌────────────────────────────────┐
│ ┌──────────────┐ ┌──────────────┐ │
│ │ フランチャイザー  │ │ フランチャイジー  │ │
│ │ ロイヤリティ収入  │ │ （オーナー）収入  │ │
│ └──────────────┘ └──────────────┘ │
└────────────────────────────────┘
```

　以下では、優良なフランチャイジーの獲得競争を中心にコンビニ業界の良循環と悪循環のメカニズムについて考察を加えていく。

▓ 良循環と悪循環による格差拡大

●ネットワークの経済性

　コンビニ業界はフランチャイジーの側から見ると、ある種の「ネットワーク外部性」が作用している。正確にはネットワーク外部性とは少し異なるので、ここではネットワークの経済性と呼んでおくことにしよう。新たにフランチャ

イジーになろうとするオーナー（コンビニ経営者）は、より優良で、それゆえに多数派のフランチャイザー企業に参加することでメリットを得ようとする。その結果、多数派になったフランチャイザー企業には、メーカーとの交渉力やフランチャイジーへのサポート体制の構築などという点で有利になり、結果的により魅力的なフランチャイザー企業になる。このようにして生まれた強いフランチャイザー企業は、チャージ率を高く設定し、高いロイヤリティ収入を得ることが可能になり、ますます強力になっていく。

　フランチャイジーのオーナーがフランチャイズ契約を結ぶとき、オーナーの生活に大きな影響を与える選択であるため、高い収入が得られるフランチャイザー企業を選ぼうと真剣にフランチャイザー企業選びをする。それゆえ、高いオーナー収入が得られるフランチャイザー企業にフランチャイジーの人気が集中し、優秀な新規オーナーがトップ企業に応募する。存続可能な店舗経営ができる上積みの新規オーナーを獲得できるフランチャイザー企業は、その結果として長期で維持可能なネットワークの規模を拡大させることにより、メーカーとの交渉力を高め、多様な売れ行き動向の情報を集め、ますます優れた経営をできるようになっていく。それを本部が活用してフランチャイザー企業全体の利益になるように活用することで、このネットワークに参加しているフランチャイジーのメリットが大きくなる。

　このように、フランチャイジーの獲得競争によりネットワークの経済性が働き、企業間格差が拡大していくのである。

●ロイヤリティ収入とオーナー月収──際立つセブン-イレブンの優位性

　このメカニズムは、個々の店舗に注目して、ロイヤリティ収入とオーナー月収を試算してみると、明確になる。表6-2-1は、主要フランチャイザー企業のＡタイプ店舗とＣタイプ店舗の主なフランチャイズ契約条件を一覧にしたものである。この契約条件を基にして、図6-2-3では、フランチャイザー各社と契約したときに、フランチャイジーのオーナー収入とフランチャイザー企業のロイヤリティ収入が1店舗当たり月にどのくらいになるかを試算した。

　日販に30日を乗じて月収を算出し、その月収に原価率を乗じて売上原価を算出した。売上高から売上原価を引いた売上総利益に対してチャージ率を乗ず

表6−2−1 主要フランチャイザー企業の主なフランチャイズ契約条件一覧

Aタイプ店舗(土地をフランチャイジーが用意)			
	契約期間	加盟料(万円)	チャージ率	最低保証(万円)
セブン-イレブン	15年	307	43%	1900
ローソン	10年	307.5	34%	2220
ファミリーマート	10年	307.5	35%	2000
サークルKサンクス	10年	300	30%(600万以下)	2300
ミニストップ	7年	255	30%	2100
スリーエフ	10年	310	33%	2000

Cタイプ店舗(土地をフランチャイザー企業が用意)			
	契約期間	加盟料(万円)	チャージ率	最低保証(万円)
セブン-イレブン	15年	255	56%(250万未満)	1700
ローソン	10年	307.5	45%(300万以下)	2100
ファミリーマート	10年	307.5	48%(300万以下)	2000
サークルKサンクス	10年	300	37%(240万以下)	2000
ミニストップ	7年	255	36%(360万以下)	2100
スリーエフ	10年	255	45%(200万以下)	1800

注：各社の契約タイプの名称が異なっている場合があるため、以下のように整理する。【ミニストップ】SタイプをAタイプ、MLタイプをCタイプ【ローソン】BタイプをAタイプ【ファミリーマート】第2タイプをAタイプ、第1タイプをCタイプ
出所：各社HP、日本フランチャイズチェーン協会（http://www.jfa-fc.or.jp/）より筆者作成

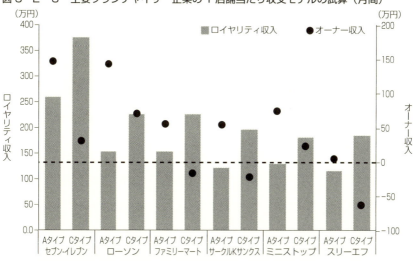

図6−2−3 主要フランチャイザー企業の1店舗当たり収支モデルの試算（月間）

注1：日販、商品原価率は全店平均を使用し、1カ月を30日と仮定して日商を算出している。人件費（120万円）、廃棄ロス（50万円）、水道光熱費（25万円）、消耗品（8万円）、その他経費（25万円）は『月刊コンビニ』2010年11月号 p.13を参考に設定し、各社同じ額であると仮定している。
注2：セブン-イレブンは廃棄ロスの25%を本部が負担するため、売上高総利益から廃棄ロス（50万円）に0.75を乗じた値を引いている。
注3：ローソンは売上高総利益から廃棄を引いた値にチャージ率を乗じてロイヤリティ収入を試算している。
出所：『月刊コンビニ』2010年11月号 pp.9-15、各社「決算補足資料」、各社HPより筆者作成

ることによりロイヤリティ収入が試算される。さらに、売上総利益からロイヤリティ収入と人件費、廃棄ロス、水道光熱費、消耗品、その他経費を引いた値がフランチャイジーの収入となる。セブン-イレブンの1店舗当たりロイヤリティ収入はAタイプ店舗の場合、ミニストップより128.8万円高く、スリーエフより143.8万円高い。さらに、Cタイプ店舗の場合でも、セブン-イレブンのロイヤリティ収入はミニストップより195.0万円高く、スリーエフより191.9万円高い。

　セブン-イレブンの店舗から本部へ納入されるロイヤリティ収入は他のフランチャイザー企業よりも高いが、オーナー収入もセブン-イレブンはミニストップとスリーエフよりも高い水準にある。セブン-イレブンオーナーの月収は、Aタイプ店舗で72.5万円、Cタイプ店舗で6.3万円、ミニストップのオーナーよりも多い。スリーエフとセブン-イレブンの差はさらに大きい。セブン-イレブンとスリーエフのオーナー月収は、Aタイプ店舗で142.3万円の差、Cタイプ店舗で94.1万円の差である。

　セブン-イレブンは、オーナー収入が他のフランチャイザー企業より高いため、フランチャイジーを容易に獲得することが可能である。図6-2-4は、主

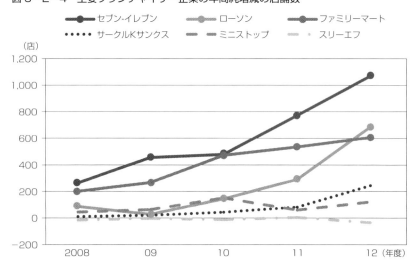

図6-2-4　主要フランチャイザー企業の年間純増減の店舗数

出所：各社「決算補足資料」より筆者作成

要フランチャイザー企業の今期の店舗数から前期の店舗数を引いた年間純増減店舗数の推移を示している。2012年度において、ミニストップが122店増加、スリーエフが35店減少させているなかで、セブン–イレブンは1067店増加している。二番目に増加店舗が多いローソンでさえも687店であり、セブン–イレブンの店舗増加数が圧倒的であることがわかる。この店舗数の増加はフランチャイジーから高い支持を受けていなければ不可能な数字である。しかも、月収が一番多いフランチャイザー企業であるがゆえに、最も経営的に成功しそうなオーナーほど、まずセブン–イレブンに加盟しようとするはずである。それゆえ、他のフランチャイザー企業よりも出店数が多いばかりでなく、その店舗運営の質を高く保てる可能性も一番高いと考えられる。

● **メーカーに対する交渉力**

優良なフランチャイジーを獲得したフランチャイザー企業は、メーカーの協力姿勢の獲得競争でも有利になる。

ネットワークの経済性が働くことにより、フランチャイジーの数が増加する。これにより、フランチャイザー企業がメーカーから購入する金額が大きくなり、メーカーがフランチャイザー企業の販売力を無視できなくなる。通常、商品をフランチャイザー企業側の販売力に依存するメーカーは、フランチャイザー企業側からのPBや留め型の商品開発に対して抗えなくなる。

例えば、2014年6月、全国のセブン–イレブンにおいてセブン–イレブン専門のコカ・コーラが発売された[6]。正確には過去にあった「コカ・コーラレモン」のセブン–イレブン限定復活ではあるが、世界的なブランドであるコカ・コーラが特定の小売店向けに留め型を用意することはきわめて稀なことである。このように、セブン–イレブンのような規模の大きいコンビニによる消費者に対する影響力は大きく、メーカーも協力せざるをえない環境になっている。

● **ドミナント出店の容易さ**

フランチャイジーから人気があるフランチャイザー企業は出店戦略の貫徹も容易である。フランチャイザー企業は新規出店時に、特定地域に集中して出店

---

6)『日本経済新聞』2014年7月1日朝刊、p.11

するドミナント戦略をとることで「密度の経済性」を享受している。密度の経済性とは、ある一定のエリアに集中して事業を展開することで、共有の活動・サービス部分が効率的に活用され、単位当たりの経済性が高まることである。最も典型的なメリットは、店舗間の距離が近くなることにより、各店への配送コストを低下させることができることと、複数店舗を指導する店舗指導員の活動の効率性を高められることなどがある。

この密度の経済性を達成するためには、特定の地域をターゲットに定めたら、その周辺に集中して出店していく必要がある。密度の経済の論理で、フランチャイザー企業側が主導権をとって新規出店の立地を決定していかなければならないのである。この点でも、潜在的なフランチャイジーから人気のあるフランチャイザー企業は有利である。Aタイプ店舗の契約であれ、Cタイプ店舗の契約であれ、自社の戦略に沿って自由にフランチャイジーを選ぶことができるからである。

●まとめ

取引規模を背景とした魅力的なPB・留め型の開発力、また高質なフランチャイジーを獲得して店舗品質で有利になったフランチャイザー企業は、消費者から高い支持を受けることができる。しかも、ドミナント戦略を会社の意志どおりに貫徹できるので、効率性を高く保てる。高い効率性は、その分だけ製品開発やプロモーションに資金を回すことを可能とし、その結果としてさらに消費者から見た魅力度が高まることになる。

こうして得られた消費者からの支持は売上高、すなわち日販となって表れる。近年のコンビニ業界では、フランチャイザー企業によって日販に大きな格差が生まれている。図6-2-5は、2008年度から2012年度にかけての主要フランチャイザー企業における、全店の平均日販の推移を示している。セブン-イレブンと他のフランチャイザー企業の日販には約20万円の差がある。いちばん日販の高いセブン-イレブンといちばん日販の低いスリーエフの差は24.2万円であり、これを年間に変換すると1店舗当たりの売上げが8833万円も異なることになる。図6-2-3で明らかになったように、この差はそのまま直接フランチャイザー企業が受け取れるロイヤリティ収入に結びつく。

第6章　コンビニエンスストア業界の二極化要因　223

図6-2-5　主要フランチャイザー企業（単体）の全店日販の推移

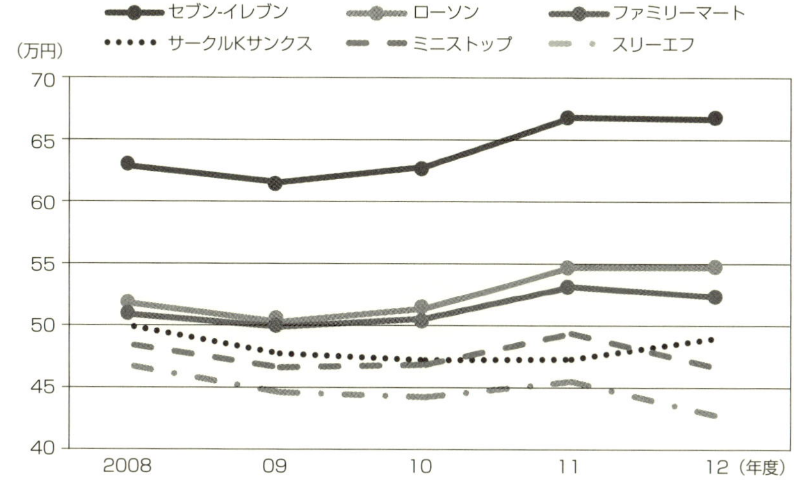

凡例：セブン-イレブン　ローソン　ファミリーマート　サークルKサンクス　ミニストップ　スリーエフ

（万円）

出所：各社『決算補足資料』より筆者作成

　日販が高い企業は、フランチャイジー収入とロイヤリティ収入の双方を高く維持することができる。フランチャイジー収入が大きい場合、チャージ率を高く設定しても、他社よりフランチャイジー収入が高くなるため、チャージ率を高く設定できる。これにより、フランチャイザー企業のロイヤリティ収入が増加することになる。さらに、フランチャイザー企業のロイヤリティ収入が大きい場合、フランチャイジーに対する手厚いサービスを提供することができるため、新規加入希望者に安心感を与え、新たなフランチャイジーを獲得しやすくなる。このように、優良なフランチャイジーを獲得することができたフランチャイザー企業は良循環となり格差が拡大しつづけることになる。

② 急速な上昇が予測される業界集中度

　前項の結果、コンビニ業界は良循環の働くフランチャイザー企業と悪循環に陥ったフランチャイザー企業の二極化が起こる構造であることが明らかになった。優良なフランチャイジーを獲得することができたフランチャイザー企業は、良循環が働くことにより収益力を拡大させることができる。しかし、良循環が

途絶えてしまうと、悪循環が働き収益力が低下してしまうことになる。それゆえ、セブン-イレブンと下位企業の格差は今後も拡大しつづけると考えられる。

　各企業に注目すると良循環か悪循環が作用し、コンビニ業界のトップと下位企業との差はますます拡大していく。個々の企業から見て格差が広がるということは、業界全体として見ると集中度が高まることを意味する。この集中度の高まり方は、特にコンビニ業界では急速であるように思われる。

　コンビニ業界は、オーナー収入の高い企業に新規加入フランチャイジーの人気が集中するため、新規オーナーを募集して新規開店を行なっているかぎり、フランチャイザー企業の集中化が急速に進む。また、すでに他のフランチャイザー企業に加入しているフランチャイジーも、契約期間満了後にはフランチャイザー企業を変わる可能性がある。しかも、すでに数十店舗を多店舗展開するフランチャイジーが現在の契約期間修了後に、他のフランチャイザー企業に全店を切り替えるということも起こりえる。これらの要因が重なって、コンビニ業界は集中度が高まるスピードが高いのである。

　図6-2-6は、2008年度から2012年度にかけて、コンビニ業界とスーパー業界の集中化がどれほど進行したかを示したものであり、縦軸に集中度を表すハーフィンダール・ハーシュマン指数（以下、HHI）、横軸に市場の5年平均成長率をとったものである。2012年度年平均成長率はコンビニが6.9%、スーパーが2.2%であった。スーパーの成長率のほうが低いが、両業界とも市場規模が拡大している点では共通している。しかし、コンビニ業界の集中度は、スーパー業界と比較して、急速に高まってきていることがわかる。2008年度から2013年度にかけて、スーパー業界のHHIは0.002ポイントの増加にとどまっているのに対して、コンビニ業界のHHIは0.044ポイントの増加であった。スーパー業界はすべて直営店として特定地域に腰を据えて経営をしているのに対して、コンビニ業界はフランチャイジーにより運営されているため、新規出店やフランチャイザー企業の鞍替えが起こりやすい。新規出店や契約更改時の鞍替えは、オーナー収入の高い企業に集中し、比較的速いスピードで集中度が高まっていくのである。

　コンビニ業界の集中度が高まれば、業界の構造上、ほぼ確実に上位企業に

とって利益を出しやすい構造になってくる。少なくともセブン-イレブンにとっては、自社に有利な状況がつくり出されていく。まず、集中度が上がると、互いに相手の手を読み合える少数企業間の戦いとなるので、激しい消耗戦が生じる可能性は低下する。少なくとも上位層にとっては比較的利益を出しやすい構造へと変わるのである。また、売り手の交渉力がさらに低下する。いまでもすでにコンビニの主要企業の数は少ない。今後ますます集中度が高まると、メーカーに対する交渉力はさらに高まる。

重要なことは、このようなコンビニ業界の構造変化が、通常の小売業の変化スピード以上の速さで生じるということである。コンビニ業界の下位企業が衰退している様子を同情のまなざしで観察している時間的余裕はない。

ここまでに論じてきたコンビニ業界の良循環・悪循環のメカニズムは下位と上位の間にのみ作用しているのではない。第1位のセブン-イレブンとその他企業の間でも作用するのである。焦らずに高質なフランチャイジーを獲得・維持し、良循環を回し続けていかないかぎり、上位企業といえども悪循環に陥る可能性がある。また、供給業者（メーカー）の利益ポテンシャルはこれまで以

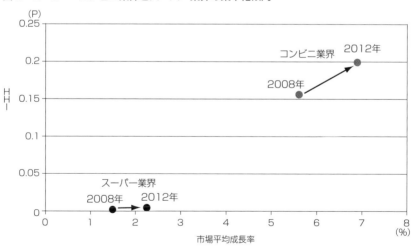

図6-2-6　コンビニ業界とスーパー業界の集中化傾向

出所：各社「有価証券報告書」、日本フランチャイズチェーン協会「コンビニエンスストア統計調査」（http://www.jfa-fc.or.jp/particle/320.html）、「チェーンストアエイジ」2013年5月1日号 pp.35-62、2008年5月1日号 pp.38-55 より筆者作成

上に急速に低下する。コンビニ業界の集中の進み方はスーパー業界以上である。コンビニ業界に利益ポテンシャルを奪われないようにするための対策をとれる時間的余裕は非常に少ないのである。

第3節―――――――――――――――――――――――――――――――――――――

まとめ――若干の可能性の考察

　セブン-イレブンには良循環が働いており、下位企業には悪循環が作用している。財務分析の結果、セブン-イレブンは高い売上高・売上総利益を達成できるがゆえに、高いチャージ率も維持できることが明らかになった。悪循環・良循環のメカニズムを分析した結果、他社より10万円以上高い日販を得ているセブン-イレブンは、高いチャージ率を維持するだけでなく、フランチャイジーの獲得競争においても有利であることが明らかになった。この強いポジションと良循環により、セブン-イレブンと他のフランチャイザー企業間における利益率の二極化はさらに続いていくことになると思われる。

　もちろん、このような二極化が起こる局面では、M&Aによってセブン-イレブンの独り勝ちを阻止する企業が登場する可能性もある。悪循環に陥った下位企業の業績が悪化しつづけると、その企業を安くM&Aで手に入れる企業が出てくる可能性がある。この場合、下位企業を買収した企業は、一度に新たなフランチャイジーを獲得することができる。そうなれば、取引規模の大きさを使ってメーカーへの交渉力を高めるなど、セブン-イレブンに対抗する競争力を手に入れることができるかもしれない。しかし、コンビニ業界ではフランチャイジーが契約更新のときに他のフランチャイザー企業に切り替えるという手が使えることを考えると、このようなM&Aによる大規模な規模増加を武器にする魅力度がそれほど高くないように思われる。

　さらに、セブン-イレブンの良循環の環は、優れたオーナーと強いフランチャイザーによって店舗の魅力度が高く維持されている点であることを忘れてはならない。単に数を増やせば、それだけで即座に強みを発揮して、良循環に持ち込めるのではない。あくまでも最終顧客から見た魅力度を高めるために、どのようにさまざまなメカニズムをうまく連動させるかが重要なのである。そ

の点で、M&Aによる規模の増加はそれほど魅力的な打ち手にはならないのではないだろうか。セブン‐イレブンの店舗オーナーの高齢化など、店舗品質の変化をもたらすような何らかの他の要因に注目しながら、それに対抗する会社の店舗品質を地道に高めていくという競争が今後のコンビニ業界の焦点になるのではないだろうか。

参考文献

〈新聞〉
『日本経済新聞』2014年7月1日朝刊、p.11

〈雑誌〉
『月刊コンビニ』「オーナー収入とコンビニの将来」2010年11月号、pp.9-15
『月刊コンビニ』「大量出店という戦略」2013年5月号、pp.12-13
『チェーンストアエイジ』「市場占有率」2013年5月1日号、pp.35-62
『チェーンストアエイジ』「市場占有率」2008年5月1日号、pp.38-55

〈ウェブサイト〉
一般社団法人日本フランチャイズチェーン協会ホームページ「コンビニエンスストア統計データ」（http://www.jfa-fc.or.jp/particle/320.html）
スリーエフホームページ「IRライブラリ」（http://www.three-f.co.jp/about/ir/ir-library.html）
「経営者募集」（http://www.three-f-franchise.com/）
セブン＆アイホールディングスホームページ「IR情報」（http://www.7andi.com/ir/）
セブン‐イレブン・ジャパンホームページ「フランチャイズ 募集」（http://www.sej.co.jp/owner/）
ファミリーマートホームページ「IRライブラリ」（http://www.family.co.jp/company/investor_relations/library/）
ミニストップホームページ「IR情報」（https://www.ministop.co.jp/corporate/ir/）
「経営者募集」（http://www.ministop.co.jp/corporate/franchise/）
ユニーグループホールディングスホームページ「IR資料室」（http://www.unygroup-hds.com/ir/）
ローソンホームページ「IR（株主・投資家）情報」（http://www.lawson.co.jp/company/ir/）

事項索引

【A〜Z】

Aタイプ店舗　209

Bタイプ店舗　209

CAGR　9，55

Cタイプ店舗　209

D-room　61，64，65

FBA　183

HHI　176，224

HOME's　65

KFS　191

M&A　226

Place　12

Price　12

Product　12

Promotion　12

ROS　200

RSL　184

STP　53，66

SUMO　65

【あ行】

アニオン界面活性剤　39

一次顧客　54，81，82，83

一次的被害　78

衣料用洗剤　7

インターネット生命保険　113

インターネット・チャネル　88

売上高営業利益率　200

売上高総利益率　202

売上高販管費率　202

売り手の交渉力　173

エコシステム　7

大口法人　180

【か行】

回帰分析　63，64

買い手の交渉力　173

買い手の集中度　181

海洋市場　132，136，137，140

価格交渉力　183

寡占化　9

カチオン界面活性剤　39

加盟店　204

間接顧客　54

既存企業間の対抗度　173

規模の経済性　173，217

業界の構造分析　201

居住者　60

「拠点・着地間」配送　173

経営資源　8

経験効果　173

ゲートウェイ　173

コーホート　69，71，72

コーホート分析　87, 96, 100
コカ・コーラ　221
コスト集中　154
コスト集中戦略　156
戸建住宅　54
コンビニエンスストア業界　199

■■■■■【さ行】■■■■■

財務分析　201
差別化　7
差別化集中　154
差別化集中戦略　156
シェア　7
市場地位別　131, 161
市場地位別のマーケティング戦略　129, 130
時代効果　100
シックス・フォーセズ・モデル　174
住宅事業　53, 57
住宅販売事業　54
集中度　224
柔軟剤　30
収入保険料　88
縮小市場　53
縮小市場における成長　83
受注残高　147
出生コーホート効果　100
出店競争　203
需要変化の波動　129, 161
商品粗利率　215
食器用洗剤　7
シリコーン　39

新規参入の脅威　173
新規住宅着工数　55, 67
シングルレバー水栓　13
スーパー業界　224
ストーカー犯罪件数　62
生産年齢人口　91
成熟期　9, 200
成熟市場　9
成長期　10, 200
成長セグメント　66
生命保険市場　87
船型　139
船種　139
選択と集中　146
造船業における付加価値向上の2つの道筋　142, 147
造船市場　136, 139

■■■■■【た行】■■■■■

ターゲット・セグメント　12
代替品の脅威　173
ダミー変数　64
単身女性世帯　53
単身世帯　53, 69
単身世帯比率　71
チャージ率　215
チャレンジャーの戦略の定石　150
直営店　202
直接顧客　54
賃貸住宅事業　53
テフロン加工　13
店舗指導員　222

ドア to ドア　173

等規模換算企業数　10, 176

同質化　21

都会の単身女性　64, 72

独自の生存領域　132

独自の生存領域をもつニッチャー　157

土地オーナー　54, 73, 74

ドミナント戦略　210

留め型商品　216

トレードオフ　16

犯罪被害　78

ファーストデリバリー　178

フィルター　194

4P's　53

フッ素樹脂加工　13

物流拠点　182

フランチャイザー　199

フランチャイジー　200

ブランドスイッチ　9

ブランド選好　9

フルフィルメント・バイ・アマゾン　183

フルライン・フルカバレッジ戦略　145

プロダクト・マップ　19

プロダクト・ライフサイクル　200

ヘドニック・アプローチ　63

ペントアップデマンド　113, 116

防犯配慮型賃貸住宅　53, 61, 62, 72, 77, 78

ホームセキュリティ　65

補完財　7, 173

ポジション　21

ボトルネック　82

保有契約高　88

【な行】

ニーズ　19

二次顧客　54, 82, 83

二次的被害　78

二重の縮小市場　68

二重のターゲティング　54, 60, 61

ネット生保　113

ネット通販　167

ネットワーク外部性　217

年平均成長率　9, 55

年齢効果　100

【は行】

ハーフィンダール・ハーシュマン指数　10, 176, 224

廃棄ロス　215

配送コスト　222

配送ネットワーク　173, 178

配送プロセス　184

「発地・拠点間」配送　173

【ま行】

マーケティング・ミックス　12, 77

マーケティング戦略　7

マクロ経済　68

密度の経済性　217, 222

目に見えない代替　181

持家事業　57

【や行】

4つのP　12

【ら行】

楽天スーパーロジスティクス　184

ラスト・ワンマイル配送　178
リーダー企業　8
リーダー企業の定石　153, 161
利益ポテンシャル　167, 200
ロイヤリティ収入　199
ロングテール　194

企業名索引

【A～Z】

Google　195
INAX　13
LIXIL　13
P&G　7

【あ行】

アクサダイレクト生命保険　115
アマゾン　167

【か行】

花王　7

【さ行】

サークルＫサンクス　201
佐川急便　167
サムスン重工業　131，146
スリーエフ　200
積水ハウス　53
セブン-イレブン　199

【た行】

大和ハウス　53，69，72，73，74，75

【な行】

名村造船所　131，153
日本通運　177

【は行】

パナソニック　37
現代重工業　129，131，143
ファミリーマート　201

【ま行】

三井海洋開発　131，156
ミニストップ　200

【や行】

ヤマト運輸　167

【ら行】

ライオン　7
ライフネット生命　115
楽天　167
ローソン　201

執筆者紹介

沼上　幹（ぬまがみ　つよし：全体編集責任および序章担当）
　1960 年　静岡県生まれ
　1983 年　一橋大学社会学部卒業
　1988 年　一橋大学大学院商学研究科博士後期課程単位取得退学
　2000 年　一橋大学博士（商学）
　現在　　一橋大学大学院商学研究科教授／国立大学法人一橋大学理事・副学長

尾茂田　秀一（おもだ　しゅういち：第 1 章）
　1980 年　広島県生まれ
　2003 年　北海道大学工学部卒業
　2014 年　一橋大学大学院商学研究科経営学修士コース修了
　現在　　地方自治体勤務

中村　有佑（なかむら　ゆうすけ：第 2 章）
　1981 年　東京都生まれ
　2004 年　東京大学文学部卒業
　2014 年　一橋大学大学院商学研究科経営学修士コース修了
　現在　　住宅設備機器メーカー勤務

高橋　淳一（たかはし　じゅんいち：第 3 章）
　1986 年　東京都生まれ
　2009 年　慶應義塾大学経済学部卒業
　2014 年　一橋大学大学院商学研究科経営学修士コース修了
　現在　　金融機関勤務

杉浦　孝昌（すぎうら　たかよし：第 4 章）
　1981 年　愛知県生まれ
　2003 年　大阪大学経済学部卒業
　2014 年　一橋大学大学院商学研究科経営学修士コース修了
　現在　　機械メーカー勤務

宮本　聡治（みやもと　としはる：第5章）

1987 年　北海道生まれ

2010 年　創価大学法学部卒業

2014 年　一橋大学大学院商学研究科経営学修士コース修了

現在　　コンサルティングファーム勤務

平井　智大（ひらい　ともひろ：第6章）

1990 年　東京都生まれ

2012 年　学習院大学経済学部卒業

2014 年　一橋大学大学院商学研究科経営学修士コース修了

現在　　コンサルティングファーム勤務

一橋 MBA 戦略ケースブック

2015 年 3 月 12 日　第 1 刷発行
2019 年 6 月 12 日　第 4 刷発行

著　者──沼上　幹＋一橋 MBA 戦略ワークショップ
発行者──駒橋憲一
発行所──東洋経済新報社
　　　　　〒 103-8345　東京都中央区日本橋本石町 1-2-1
　　　　　電話＝東洋経済コールセンター　03(5605)7021
　　　　　https://toyokeizai.net/

装　丁…………吉住郷司
ＤＴＰ…………群企画
印刷・製本………丸井工文社
編集担当…………黒坂浩一
Printed in Japan　　　ISBN 978-4-492-52213-4

　本書のコピー、スキャン、デジタル化等の無断複製は、著作権法上での例外である私的利用を除き
禁じられています。本書を代行業者等の第三者に依頼してコピー、スキャンやデジタル化することは、
たとえ個人や家庭内での利用であっても一切認められておりません。
　落丁・乱丁本はお取替えいたします。